Erwerbsminderungsrente bei psychischen Krankheiten

Petra Schewe

Erwerbsminderungsrente bei psychischen Krankheiten

Ein Praxishelfer für Betroffene und Nachschlagewerk für Rechtsanwälte, Fachberater und Sachverständige

Petra Schewe
Institut für Betriebswirtschaft und
Rentenberatung InBeRe
Bad Nauheim, Hessen, Deutschland

ISBN 978-3-658-45748-8   ISBN 978-3-658-45749-5 (eBook)
https://doi.org/10.1007/978-3-658-45749-5

Die Deutsche Nationalbibliothek verzeichnet diese Publikation in der Deutschen Nationalbibliografie; detaillierte bibliografische Daten sind im Internet über https://portal.dnb.de abrufbar.

© Der/die Herausgeber bzw. der/die Autor(en), exklusiv lizenziert an Springer Fachmedien Wiesbaden GmbH, ein Teil von Springer Nature 2024

Das Werk einschließlich aller seiner Teile ist urheberrechtlich geschützt. Jede Verwertung, die nicht ausdrücklich vom Urheberrechtsgesetz zugelassen ist, bedarf der vorherigen Zustimmung des Verlags. Das gilt insbesondere für Vervielfältigungen, Bearbeitungen, Übersetzungen, Mikroverfilmungen und die Einspeicherung und Verarbeitung in elektronischen Systemen.
Die Wiedergabe von allgemein beschreibenden Bezeichnungen, Marken, Unternehmensnamen etc. in diesem Werk bedeutet nicht, dass diese frei durch jede Person benutzt werden dürfen. Die Berechtigung zur Benutzung unterliegt, auch ohne gesonderten Hinweis hierzu, den Regeln des Markenrechts. Die Rechte des/der jeweiligen Zeicheninhaber*in sind zu beachten.
Der Verlag, die Autor*innen und die Herausgeber*innen gehen davon aus, dass die Angaben und Informationen in diesem Werk zum Zeitpunkt der Veröffentlichung vollständig und korrekt sind. Weder der Verlag noch die Autor*innen oder die Herausgeber*innen übernehmen, ausdrücklich oder implizit, Gewähr für den Inhalt des Werkes, etwaige Fehler oder Äußerungen. Der Verlag bleibt im Hinblick auf geografische Zuordnungen und Gebietsbezeichnungen in veröffentlichten Karten und Institutionsadressen neutral.

Planung/Lektorat: Irene Buttkus
Springer Gabler ist ein Imprint der eingetragenen Gesellschaft Springer Fachmedien Wiesbaden GmbH und ist ein Teil von Springer Nature.
Die Anschrift der Gesellschaft ist: Abraham-Lincoln-Str. 46, 65189 Wiesbaden, Germany

Wenn Sie dieses Produkt entsorgen, geben Sie das Papier bitte zum Recycling.

Geleitwort

Viele Menschen haben sich bestimmt auch schon einmal stressbedingt völlig überfordert gefühlt: Arbeit, Kinder, Privatleben und alle Dinge, die alltäglich organisiert und erledigt werden müssen. Die Steuererklärung ist fällig, der nächste Gesundheitscheck muss terminiert werden, das Auto muss zum TÜV, die Eltern warten seit Tagen auf einen Rückruf, eine Geburtstagsfeier ist noch nicht organisiert, etc. Wenn vieles auf einmal auf Dich einprasselt und Du nicht mehr weißt, wie und wann was zu erledigen ist, kann der Überblick schnell verloren gehen. Zu wenig Zeit für zu viele Aufgaben. So ergeht es vielen – auch mental, psychisch und körperlich gesunden Menschen, – wenn die schiere Menge an Belastungen zu rapide wächst und die Belastungsgrenze zumindest gefühlt erreicht und ggf. überschritten wird. Die Überzeugung sagt derweil: „Bist Du gesund, wirst Du mit klarem Verstand und einem wohlbedachten Zeitmanagement alles schaffen, irgendwie – das kann ja nicht so schwer sein". Dann entstehen auch noch Scham und Schuldgefühle, wenn es nicht adhoc gelingt, und eine Blockade kann als Folge eintreten. Oft werden hierdurch auch noch negative Schemata aktiviert (Überzeugungen, die aufgrund negativer Erlebnisse und Prägungen entstanden sind, wie z. B. „Du wirst es ohnehin im Leben zu nichts bringen", „Du bist unfähig" oder „Du wirst uns später einmal bestimmt blamieren"). Dies kann der Nährboden sein, aus dem sowohl körperlich (stressbedingt) als auch psychisch (Ängste/Depressionen/Anpassungsprobleme) und auch in der Kombination aus Beidem eine Krankheit oder kombinierte Erkrankungen entstehen.

Psychisch angeschlagenen Menschen wie depressiven, ängstlichen oder vorbelasteten Personen wächst hierbei alles noch schneller über den Kopf. Das weckt Selbstzweifel: Wenn ich noch nicht einmal in der Lage bin, meinem Tag eine durchorganisierte Struktur zu geben, geschweige denn überhaupt am Morgen aus dem Bett zu kommen, wie soll ich dann noch zusätzliche Aufgaben bewältigen? Dann noch eine Strategie zu entwickeln, „was mache ich wie zuerst", wird dann immer unwahrscheinlicher. Es entstehen Teufelskreise, aus denen sich die Betroffenen kaum allein befreien können.

Dauern diese an, beginnt eine Art Countdown. Spätestens, wenn Dich dann die Krankenkasse als „ausgesteuert" betrachtet und ggf. nachfolgend Arbeitslosengeld oder gar Bürgergeld fällig werden, drängt sich die Frage nach der langfristigen Leistungsfähigkeit und der beruflichen Zukunft auf. Die Erwerbsminderung oder Berufsunfähigkeit steht zur Disposition ...

Nur wie gehe ich das denn an, in meinem Zustand? Von irgendetwas muss ich doch leben! Der Antrag auf Erwerbsminderungsrente allein umfasst jedoch schon so viele Seiten, dass man ihn als Buch einbinden könnte.

- Was muss ich beim Ausfüllen beachten?
- Welche Unterlagen muss ich zufügen?
- Welche Ärzte muss ich konsultieren und benennen?
- Was ist, wenn ich mich bei einem Gutachter vorstellen muss?
- Wie fange ich das an und womit?

Die Beweislast bezüglich einer Erkrankung liegt zudem bei den Betroffen, die gegenüber der Rentenversicherung beweisen müssen, dass, „die Gesundheitsstörungen nicht durch zumutbare Willensanspannung aus eigener Kraft oder mit fremder Hilfe überwunden werden können" (laut Landessozialgericht München). Für den Erhalt einer Erwerbsminderungsrente muss also eine Reihe von Hürden überwunden werden. In dieser Situation ist es ratsam, jede Hilfe anzunehmen, die verfügbar ist, von wohlwollenden und urteilsfrei unterstützenden Angehörigen über Sozialverbände (z. B. dem VdK), Beratungsstellen und psychologischen oder medizinischen Therapeutinnen und Therapeuten bis hin zu gutem Rat.

Aber auch Therapeutinnen und Therapeuten, die mit den Betroffenen oft eng zusammenarbeiten und versuchen, diese psychisch und moralisch in ihrem Selbstwerterleben, in ihrer Selbstwirksamkeitsüberzeugung und ihrem Emotionsregulations- und Stressmanagement zu unterstützen, fehlt oft das juristische Hintergrundwissen über die Bezwingung der rechtlichen und behördlichen Widrigkeiten. Dieses Buch soll Ihnen als zusätzliche Hilfe dienen, basierend auf der langjährigen Erfahrung einer Rentenberaterin, die viele Hürden kennt und weiß, wie man sie überwinden kann, als roter Faden und Kompass in dieser schweren Zeit helfen, sich durch den Paragraphendschungel zu bewegen, ohne die Orientierung zu verlieren, um letztlich zu Ihrem guten Recht zu kommen.

Geleitwort von einer lebenserfahrenen Betroffenen in Kooperation mit Dipl. Psych. Psychologischer Verhaltenstherapeut Frieder Dreßler, Weilrod.

Vorwort

Wer dauerhaft zu krank ist, um selbst für den eigenen Lebensunterhalt zu sorgen, muss sich nach Alternativen für eine finanzielle Absicherung kümmern. Eine Möglichkeit ist, eine gesetzliche Rente zu beantragen. Eine gesetzliche Altersrente erhalten Versicherte der Deutschen Rentenversicherung allerdings erst, wenn sie ein bestimmtes Alter und gleichzeitig eine mindestens 35-jährige Beitragszahlung inkl. ggf. angerechnete Zeiten im eigenen Rentenkonto vorweisen können. Bei einer Krankheit oder Behinderung fehlt häufig mindestens eine dieser beiden Voraussetzungen. In solchen Fällen kann eine Erwerbsminderungsrente den Einkommensverlust ganz oder teilweise ausgleichen.

Doch auch für eine Erwerbsminderungsrente sind die Hürden hochgesteckt. Unter anderem müssen die Beitragszahlungen zur Deutschen Rentenversicherung dem Grunde nach mindestens fünf Jahre betragen, wobei davon mindestens drei Jahre als Pflichtbeitragszahlungen benötigt werden. Neben den sozialversicherungsrechtlichen Vorgaben ist eine Erkrankung nachzuweisen, die es unmöglich macht, einer Erwerbstätigkeit nachzugehen.

In dieser Darstellung werden die zahlreichen sozialversicherungsrechtlichen Vorgaben im Detail erläutert und vor allen Dingen Möglichkeiten dargelegt, die Hürden im System einzuebnen. Neben den allgemeinen Grundlagen, die die Erwerbsminderungsrente mit all ihren unterschiedlichen Facetten erläutern, finden Sie zahlreiche Tipps, um mögliche Lücken im eigenen Versicherungsleben zu schließen und um die sozialversicherungsrechtlichen Voraussetzungen erfüllen zu können.

Der überwiegende Teil des Buches befasst sich mit den Vorgaben, die eine gesundheitliche Einschränkung für eine Erwerbsminderungsrente vorweisen muss. Zunächst werden die allgemeinen medizinischen Voraussetzungen erläutert, gefolgt von dem umfangreichen Schwerpunktthema der psychischen Erkrankungen.

Der Praxisteil nimmt diesen zentralen Punkt der psychischen Erkrankungen wieder auf und erläutert anhand von praktischen Fällen, wie eine Vorbereitung auf das Antragsverfahren für eine Erwerbsminderungsrente erfolgen kann, beleuchtet das Antragsverfahren im Detail und erklärt den Bescheid über eine Erwerbsminderungsrente.

Zahlreiche rechtliche Hinweise in den Kapiteln selbst und Erläuterungen von Urteilen zu wichtigen Fragestellungen geben Hinweise zum weiteren Vorgehen. Konkrete rechtliche Hilfestellungen zu Widerspruchsverfahren und Klagen vor den Sozialgerichten mit praktischen Beispielen fügen sich an. Die Ausarbeitung schließt mit Hinweisen, wer im Sozialversicherungsrecht fachliche Hilfestellungen bietet.

Bedanken möchte mich bei vielen meiner Mandanten, die – insbesondere für den Praxisteil – ihre Unterlagen bzw. Rentenbescheide zur Verfügung gestellt haben. Ohne praxisnahe Unterlagen wären die Praxisbeispiele kaum möglich gewesen.

Im Weiteren weise ich darauf hin, dass einige Passagen aus den Grundlagen, die keine Änderungen aufgrund rechtlicher Neuerungen erfahren haben, auf meinem ersten Buch von 2017 „Ratgeber Erwerbsminderungsrente" ISBN 978-3-658-16077-7 basieren und ähnlich oder gleich formuliert sein können.

Bad Nauheim
2024

Ihre
Petra Schewe
Dipl.-Betrw. Rentenberaterin

Disclaimer/Haftungsausschluss

Die in diesem Sachbuch enthaltenen Informationen und Daten stammen aus als zuverlässig eingestuften Quellen. Verlag und Autoren übernehmen hierfür jedoch keine Gewähr. Ebenso erbringen wir mit dieser Darstellung keine rechtliche Beratung, sondern verweisen lediglich in einigen inhaltlichen Zusammenhängen auf das geltende Gesetz.

Der Text enthält Verlinkungen. Diese wurden von der Autorin im Frühjahr 2024 sorgfältig überprüft und waren zu diesem Zeitpunkt aktuell und valide. Für Veränderungen, die die Betreiber der angesteuerten Webseiten danach an ihren Inhalten vornehmen oder für mögliche Entfernungen solcher Inhalte übernehmen der Verlag und die Autorin keinerlei Gewähr.

Zudem haben der Verlag und die Autorin auf die Gestaltung und die Inhalte der externen gelinkten Seiten keinerlei Einfluss genommen und machen sich deren Inhalte nicht zu eigen.

Inhaltsverzeichnis

1	**Voraussetzungen**		1
	1.1	Sozialversicherungsrechtliche Voraussetzungen	2
		1.1.1 Voraussetzung: Regelaltersgrenze noch nicht erreicht	2
		1.1.2 Voraussetzung: Allgemeine Wartezeiterfüllung	5
		1.1.3 Voraussetzung: Besondere Wartezeiterfüllung	6
	1.2	Medizinische Voraussetzungen	13
		1.2.1 Voraussetzung Krankheit oder Behinderung	15
		1.2.2 Voraussetzung auf nicht absehbare Zeit	16
		1.2.3 Voraussetzung übliche Bedingungen auf dem Arbeitsmarkt	16
		1.2.4 Voraussetzung allgemeiner Arbeitsmarkt	19
		1.2.5 Voraussetzung zeitliche (quantitative) Leistungseinschränkung	19
		1.2.6 Voraussetzung gesundheitliche (qualitative) Leistungseinschränkung	20
		1.2.7 Prüfung Verweisungstätigkeiten	25
		1.2.8 Prüfung vorhandene Beschäftigung	26
		1.2.9 Prüfung Arbeitsmarktlage	27
		1.2.10 Prüfung Versicherte in Werkstätten für behinderte Menschen	27
	Literatur		28
2	**Erwerbsminderungsrenten**		29
	2.1	Reha vor Rente	29
		2.1.1 Antrag auf Reha	31
		2.1.2 Reha-Antrag wird Antrag auf Erwerbsminderung	32

	2.2	Volle Erwerbsminderungsrente	33
	2.3	Teilweise Erwerbsminderungsrente	34
	2.4	Erwerbsminderungsrente als Arbeitsmarktrente	35
	2.5	Erwerbsminderungsrente bei Berufsunfähigkeit	37
	2.6	Befristete und unbefristete Erwerbsminderungsrenten	40
	2.7	Beginn einer Erwerbsminderungsrente	41
	Literatur		45
3	**Hinzuverdienstgrenzen**		47
	3.1	(Weiter)Arbeiten mit einer Erwerbsminderungsrente	47
	3.2	Arbeitserprobung, Eingliederungsversuch (seit dem 01.01.2024)	48
	3.3	Hinzuverdienstgrenzen	50
	Literatur		53
4	**Rentenberechnungen**		55
	4.1	Berechnung der Rentenhöhe	55
	4.2	Von der Brutto- zur Netto-Rente	60
	4.3	Erwerbsminderungsrente ins Ausland schicken lassen	66
	4.4	Wechsel der Rentenart – Besitzstandswahrung	67
	4.5	Bestandsverbesserungsgesetz zum 01.07.2024	68
	4.6	Überblick: Digitale Rentenübersicht	70
	4.7	Ausblick: Rentenpaket II 2024	70
	Literatur		71
5	**Erwerbsminderungsrente bei psychischen Krankheiten**		73
	5.1	Entgeltfortzahlung	73
	5.2	Übergangsgeld	76
	5.3	Krankengeld	77
	5.4	Arbeitslosengeld nach der Nahtlosigkeitsregel	80
		5.4.1 Beurteilung des ärztlichen Dienstes der Arbeitsagentur	82
		5.4.2 Weiteres Verfahren in der Nahtlosigkeit	84
		5.4.3 Arbeitslosengeld: Dauer und Höhe	85
	5.5	Finanzielle Folgen einer Arbeitszeitverkürzung	86
	Literatur		88
6	**Psychische Einschränkungen und Bewertungen**		89
	6.1	Überblick psychische Beeinträchtigungen	90
	6.2	Ursachen, Krankheitsverläufe	92
	6.3	Diagnostik, Befunde	94

6.4		Gutachten, Psychologische Tests, Medikamente	95
	6.4.1	Psychologische Gutachten, Inhalt, Aussagekraft	95
	6.4.2	Beispiele für psychologische Tests	98
	6.4.3	Medikamente	101
6.5		Ausgewählte psychische Erkrankungen	101
	6.5.1	Depressionen	101
	6.5.2	Somatoforme Störungen, Schmerzen	103
	6.5.3	Abhängigkeitserkrankungen, Alkohol	105
6.6		Einschätzung der Gerichte	109
	6.6.1	Rente erst nach Ausschöpfung sämtlicher Behandlungsmethoden	109
	6.6.2	Rente, Leidensdruck und Tagesablauf	110
	6.6.3	Kein Dritter zulässig bei Gutachter-Untersuchung	111
	6.6.4	Rentenantrag aufgrund von Analphabetismus	112
	6.6.5	Renten aufgrund von Wegeunfähigkeit	112
	6.6.6	Nicht die Krankheit ist entscheidend, sondern die Auswirkungen	113
	6.6.7	Die Krankheit muss aktuell vorliegen	114
	6.6.8	Gutachter mit verschiedenen Ergebnissen	114
	6.6.9	Einseitige Befunderhebung, Selbstbeurteilungsbögen	115
	6.6.10	Verweisungstätigkeit	116
	6.6.11	Qualität eines Gutachtens	117
	6.6.12	Vollbeweis eines Gutachtens	117
	6.6.13	Kündigungsgrund Alkoholabhängigkeit	118
6.7		Hilfe von Ärzten und Therapeuten	119
Literatur			122
7	**Praxis: Antragsverfahren**		**123**
7.1		Antrag und Unterlagen	123
7.2		Antragsfristen	127
7.3		Der Bescheid	128
7.4		Verlängerungsantrag	129
7.5		Von der Erwerbsminderungsrente in die Regelaltersrente	130
8	**Praxis: Leistungsbeurteilungen Im Antragsverfahren**		**131**
8.1		Sozialmedizinische Leistungsbeurteilung aus der Reha	132
8.2		Medizinisches Gutachten der Krankenkasse	134
8.3		Ärztlicher Dienst der Arbeitsagentur	135

8.4		Prüfung des Restleistungsvermögens durch die Deutsche Rentenversicherung	136
8.5		Eigene ärztliche Unterlagen	139
Literatur			139

9 Rechtsschutz . . . 141

- 9.1 Der Bescheid . . . 141
- 9.2 Rechtsmittel: Widerspruch . . . 142
  - 9.2.1 Fristen für einen Widerspruch . . . 142
  - 9.2.2 Widerspruchsbegründung . . . 144
  - 9.2.3 Widerspruchsfrist versäumt . . . 146
  - 9.2.4 Ablauf eines Widerspruchsverfahrens . . . 147
  - 9.2.5 Behörde entscheidet nicht . . . 147
  - 9.2.6 Kostenerstattung bei erfolgreichem Widerspruch . . . 147
- 9.3 Rechtsmittel: Klage . . . 148
  - 9.3.1 Klagebegründung . . . 149
  - 9.3.2 Ablauf eines Gerichtsverfahrens . . . 150
  - 9.3.3 Eigenes medizinisches Gutachten in Auftrag geben . . . 152
  - 9.3.4 Kostenerstattung bei erfolgreicher Klage . . . 153
- Literatur . . . 153

10 Hilfe von Experten . . . 155

- 10.1 Rechtsanwälte für Sozialrecht . . . 156
- 10.2 Neutrale Rentenberater . . . 157
- 10.3 Deutsche Rentenversicherung . . . 157
- 10.4 Sozialverbände . . . 160

Glossar . . .

Voraussetzungen 1

Zusammenfassung

Bei einer Erwerbsminderungsrente handelt es sich um eine Leistung der Deutschen Rentenversicherung (DRV) für Versicherte, die aufgrund einer Krankheit oder Behinderung vorzeitig aus dem Erwerbsleben ausscheiden müssen. Um eine Erwerbsminderungsrente zu erhalten, müssen sozialversicherungsrechtliche Voraussetzungen erfüllt werden (allgemeine Wartezeit, besondere Wartezeit, kein Anspruch auf eine Regelaltersrente). Neben den sozialversicherungsrechtlichen Voraussetzungen sind medizinische Gegebenheiten zu erfüllen. Es muss eine Krankheit oder Behinderung vorliegen, und zwar für eine nicht absehbare Zeit. Die Prüfung der Erwerbsfähigkeit wird dabei unter den üblichen Bedingungen des allgemeinen Arbeitsmarktes gesehen.

Die Prüfung der Deutschen Rentenversicherung fokussiert sich zunächst auf die sozialversicherungsrechtlichen Voraussetzungen und erst im zweiten Schritt auf die medizinischen Begutachtungen. Sollten die sozialversicherungsrechtlichen Vorgaben nicht erfüllt werden, ergeht bereits ein Ablehnungsbescheid.

Die Rechtsgrundlage befindet sich im Sozialgesetzbuch Vier (SGB IV):

§ 43 SGB VI (Auszug)
(1) Versicherte haben bis zum Erreichen der Regelaltersgrenze Anspruch auf Rente wegen teilweiser Erwerbsminderung, wenn sie.
1. teilweise erwerbsgemindert sind,
2. in den letzten fünf Jahren vor Eintritt der Erwerbsminderung drei Jahre Pflichtbeiträge für eine versicherte Beschäftigung oder Tätigkeit haben und
3. vor Eintritt der Erwerbsminderung die allgemeine Wartezeit erfüllt haben.

Teilweise erwerbsgemindert sind Versicherte, die wegen Krankheit oder Behinderung auf nicht absehbare Zeit außerstande sind, unter den üblichen Bedingungen des allgemeinen Arbeitsmarktes mindestens sechs Stunden täglich erwerbstätig zu sein.
(2) Versicherte haben bis zum Erreichen der Regelaltersgrenze Anspruch auf Rente wegen voller Erwerbsminderung, wenn sie
1. voll erwerbsgemindert sind,
2. in den letzten fünf Jahren vor Eintritt der Erwerbsminderung drei Jahre Pflichtbeiträge für eine versicherte Beschäftigung oder Tätigkeit haben und
3. vor Eintritt der Erwerbsminderung die allgemeine Wartezeit erfüllt haben.
Voll erwerbsgemindert sind Versicherte, die wegen Krankheit oder Behinderung auf nicht absehbare Zeit außerstande sind, unter den üblichen Bedingungen des allgemeinen Arbeitsmarktes mindestens drei Stunden täglich erwerbstätig zu sein.

1.1 Sozialversicherungsrechtliche Voraussetzungen

Die sozialversicherungsrechtlichen Voraussetzungen gliedern sich wie folgt:

1. die Regelaltersgrenze wurde noch nicht erreicht,
2. die allgemeine Wartezeit wurde erfüllt,
3. die besonderen Wartezeitmonate wurden erfüllt.

1.1.1 Voraussetzung: Regelaltersgrenze noch nicht erreicht

Eine Erwerbsminderungsrente wird nur bis zum Beginn einer Regelaltersrente gezahlt. Das bedeutet, dass ein Wechsel von einer Regelaltersrente zu einer Erwerbsminderungsrente ausgeschlossen ist (§ 34 SGB VI).

Der individuelle Beginn der Regelaltersrente lässt sich aus der jährlich zugehenden Renteninformation ablesen, siehe Abb. 1.1.
oder auch unter dem Link:
https://www.deutsche-rentenversicherung.de/DRV/DE/Online-Services/Online-Rechner/RentenbeginnUndHoehenRechner/rentenbeginnrechner.html

1.1.1.1 Alternative Altersrente statt Erwerbsminderungsrente

Sind die Voraussetzungen für eine Erwerbsminderungsrente nicht zu erfüllen oder würde die Lebensplanung auch eine andere Alternative sehen, kann ggf. eine andere Altersrente beantragt werden. Die verschiedenen Rentenarten sind im § 33 SGB VI aufgeführt:

> § 33 SGB VI (Auszug) *(1) Renten werden geleistet wegen Alters, wegen verminderter Erwerbsfähigkeit oder wegen Todes.*
> *(2) Renten wegen Alters sind.*
> *1. Regelaltersrente,*
> *2. Altersrente für langjährig Versicherte,*
> *3. Altersrente für schwerbehinderte Menschen,*
> *3.a Altersrente für besonders langjährig Versicherte,*

Für die Altersrente für langjährig Versicherte sind 35 Beitragsjahre zu leisten – ebenso für die Altersrente für schwerbehinderte Menschen, siehe Abb. 1.2. Die Altersrente für besonders langjährig Versicherte verlangt 45 Beitragsjahre. In der eigenen Rentenauskunft sind diese besonderen Renten aufgeführt und auch der Hinweis, ob die Wartezeiten im konkreten Fall erfüllt wurden. Die Rente für langjährig Versicherte und die Rente für schwerbehinderte Menschen können vorzeitig in Anspruch genommen werden (mit Abschlag). Die jeweiligen Beginnzeiten der einzelnen Renten sind ebenfalls in der individuellen Rentenauskunft aufgezeigt.

Die individuelle Rentenauskunft kann bei der Deutschen Rentenversicherung beantragt werden, entweder bei einer Rentenauskunftsstelle oder im Online-Service: www.eservice.de

---

in dieser Renteninformation haben wir die für Sie vom 01.08.1973 bis zum 31.12.2011 gespeicherten Daten (einschließlich Versorgungsausgleich) und das geltende Rentenrecht berücksichtigt. Ihre **Regelaltersrente** würde nach Erreichen der Regelaltersgrenze (03.11.2024) am **01.12.2024** beginnen. Änderungen in Ihren persönlichen Verhältnissen und gesetzliche Änderungen können sich auf Ihre zu erwartende Rente auswirken. Bitte beachten Sie, dass von der Rente auch Kranken- und Pflegeversicherungsbeiträge sowie gegebenenfalls Steuern zu zahlen sind. Auf der Rückseite finden Sie zudem wichtige Erläuterungen und zusätzliche Informationen.

Abb. 1.1 Renteninformation zum Beginn einer Regelaltersrente (mit freundlicher Genehmigung des Versicherten)

G Altersrente für schwerbehinderte Menschen

Die Altersrente für schwerbehinderte Menschen kann bei erfüllter Wartezeit gezahlt werden, wenn das maßgebende Lebensalter erreicht ist, bei Rentenbeginn eine Schwerbehinderung mit einem Grad der Behinderung von wenigstens 50 vorliegt und die Hinzuverdienstgrenze nicht überschritten wird.

Die Wartezeit für diese Rente beträgt 35 Jahre mit Beitragszeiten, Ersatzzeiten, Anrechnungszeiten und Berücksichtigungszeiten. Diese Wartezeit ist erfüllt.

Die Altersgrenze von 63 Jahren und die Altersgrenze von 60 Jahren für die vorzeitige Inanspruchnahme dieser Rente sind durch das RV-Altersgrenzenanpassungsgesetz auf 65 bzw. 62 Jahre angehoben worden.

Werden die Anspruchsvoraussetzungen für diese Rente erfüllt, ergibt sich für Sie Folgendes:
Kein Rentenabschlag bei einem Rentenbeginn ab 01.12.2022.
Mit Rentenabschlag frühester Rentenbeginn ab 01.12.2019.
Die vorzeitige Inanspruchnahme dieser Rente zu dem genannten Zeitpunkt würde zu einer Minderung der Rente um 10,8 % führen.

Abb. 1.2 Möglicher Beginn einer Rente für schwerbehinderte Menschen (mit freundlicher Genehmigung des Versicherten)

Die Rente für schwerbehinderte Menschen verlangt zusätzlich noch eine Schwerbehinderung von mindestens 50 GdB (Grad der Behinderung). Der Grad der Behinderung von mindestens 50 muss an dem Tag vorliegen, an dem die Rente beginnt. Ob der Schwerbehindertengrad befristet ist und somit ggf. im Laufe des Rentenbezugs endet, ist völlig ohne Belang.

Beinhaltet der Schwerbehindertenbescheid eine Befristung und endet die Schwerbehinderung von 50 GdB vor Beginn der Rente, liegt dem Grund nach keine Schwerbehinderung mehr vor. Häufig trifft dies bei Krebserkrankungen ein, denn meist wird bei dieser Krankheit nur für fünf Jahre ein Grad der Behinderung von 50 zuerkannt. Danach greift die sog. Heilungsbewährung und es erfolgt eine Herabstufung auf 30 GdB. Die GdB-Voraussetzung für die Rente für schwerbehinderte Menschen liegt dann nicht mehr vor.

Sollte der GdB vor der Rente auslaufen, greift die sog. 3-Monats-Schonfrist. Eine kurze Übergangszeit bis zum Beginn der Rente für schwerbehinderte Menschen lässt sich damit überbrücken, gesetzlich geregelt im § 199 SGB IX – Auszug:

§ 199 SGB IX (Auszug) *(1) Die besonderen Regelungen für schwerbehinderte Menschen werden nicht angewendet nach dem Wegfall der Voraussetzungen nach § 2 Absatz 2, wenn sich der Grad der Behinderung auf weni-*

1.1 Sozialversicherungsrechtliche Voraussetzungen

ger als 50 verringert, jedoch erst am Ende des dritten Kalendermonats nach Eintritt der Unanfechtbarkeit des die Verringerung feststellenden Bescheides.

Beispiel 1: Würde im Mai vom Versorgungsamt ein Neufeststellungsbescheid eintreffen, wonach der Grad der Behinderung von 50 auf 30 GdB zurückgestuft wurde und es wird kein Widerspruch eingelegt, wird der Bescheid im Juni (einen Monat nach Zustellung) unanfechtbar. Am Ende des dritten Kalendermonats nach Eintritt der Unanfechtbarkeit (September) erlischt der alte Bescheid von 50 GdB.

Beispiel 2: Wie eben, es wird ein Widerspruch eingelegt. Der Widerspruch wird im August zurückgewiesen. Der neue Bescheid wird im September (einen Monat nach Zustellung des Widerspruchbescheides) unanfechtbar. Am Ende des dritten Kalendermonats (Dezember) erlischt der alte Bescheid von 50 GdB.

▶ **Wichtig**
Wurden die nötigen 50 GdB mit neuem Bescheid aberkannt, ist es von entscheidender Bedeutung, diesen Bescheid ggf. nicht rechtskräftig werden zu lassen. Werden keine Rechtsbehelfe (Widerspruch, Klage) eingereicht, greift die 3-Monats-Schonfrist. Wird ein Widerspruch gegen den neuen Schwerbehindertenbescheid beim Versorgungsamt eingereicht, verlängert sich die Gültigkeit so lange, bis ein Widerspruchsbescheid ergeht und dieser rechtskräftig wird.

1.1.2 Voraussetzung: Allgemeine Wartezeiterfüllung

Rentenleistungen von der Deutschen Rentenversicherung können nur beansprucht werden, wenn vorher eine bestimmte Zeit Beiträge gezahlt oder anerkannt worden sind (zum Beispiel durch Kindererziehungszeiten). Diese Mindestversicherungszeit wird Wartezeit genannt. Die Mindestversicherungszeit oder allgemeine Wartezeit (§ 50 SGB VI) beträgt fünf Jahre bzw. genau 60 Kalendermonate. Sie muss vor Eintritt einer möglichen Erwerbsminderung erfüllt sein.

Der Versicherte erhält regelmäßig eine Renteninformation mit Angaben über die Höhe einer möglichen Erwerbsminderungsrente, die zweite Zahl ist die Rente, die bereits erreicht worden ist und die dritte Zahl eine Hochrechnung. Diese Renteninformation wird nur versandt, wenn auch die Mindestversicherungszeit erfüllt worden ist. Zu beachten ist allerdings, dass es sich um eine Zeitpunktbetrachtung handelt. So ist nur gewährleistet, dass zum Zeitpunkt der Ausstellung der Renteninformation die nötigen Voraussetzungen vorlagen.

```
SVN      01.08.77-31.12.77     1.625,00 DM    5 Mon.  Pflichtbeitragszeit
SVN      01.01.78-31.12.78     5.021,00 DM   12 Mon.  Pflichtbeitragszeit
SVN      01.01.79-31.12.79    10.696,00 DM   12 Mon.  Pflichtbeitragszeit
SVN      01.01.80-31.12.80    22.396,00 DM   12 Mon.  Pflichtbeitragszeit
SVN      01.01.81-31.12.81    26.804,00 DM   12 Mon.  Pflichtbeitragszeit
SVN      01.01.82-31.12.82    27.424,00 DM   12 Mon.  Pflichtbeitragszeit
```

Abb. 1.3 Versicherungsverlauf mit Angaben von Wartezeiten und Pflichtbeitragszeiten (mit freundlicher Genehmigung des Versicherten)

▶ **Wichtig**
Werden nicht durchgängig Pflichtbeiträge ins eigene Rentenkonto gezahlt, sollte regelmäßig geprüft werden, ob ggf. vorhandene Lücken mit Beiträgen geschlossen werden können.

Wartezeiten sind Beitragszeiten aus Pflichtbeiträgen (siehe Abb. 1.3) für eine sozialversicherungsrechtliche Beschäftigung oder Sozialleistungen wie Krankengeld oder Arbeitslosengeld oder auch Zeiten der nicht erwerbstätigen Pflege. Ebenso zählen Ersatzzeiten wie Kriegsdienst, Flucht etc., Zeiten aus dem Versorgungsausgleich oder Rentensplitting sowie Zeiten aus einer ausländischen Versicherung mit den entsprechenden Geltungsräumen (Europäische Union Art. 51 EG-VO Nr. 883/04 oder EWR) zu möglichen Wartezeiten.

1.1.3 Voraussetzung: Besondere Wartezeiterfüllung

Neben den allgemeinen Wartezeiten sind für eine Erwerbsminderungsrente noch „besondere" Wartezeiten zu erfüllen.
Diese Voraussetzungen können in drei unterschiedlichen Varianten erfüllt werden. Hierbei reicht es, wenn nur eine der drei nachstehenden Alternativen vorliegt:

- die 3/5tel Belegung oder
- die vorzeitige Wartezeiterfüllung oder
- die Anwartschaftserhaltung

1.1.3.1 Alternative mit der 3/5tel-Belegung

Die 3/5tel-Belegung bedeutet, dass in den letzten fünf Jahren vor Eintritt der Erwerbsminderung (Leistungsfall) mindestens drei Jahre (36 Monate) Pflichtbeiträge gezahlt bzw. anerkannt wurden. Die Zeitleiste von fünf Jahren, die zurückblickend betrachtet wird ist taggenau zu betrachten (§ 26 SGB X). Da der Monat des Beginns mitzählt, sind es nicht genau fünf Jahre, also 60 Kalendermonate, sondern 61 Kalendermonate. Tritt die Erwerbsminderung zum Beispiel am 08.04.2024 ein, so wird ab dem 08.04.2024 rückwirkend bis zum 07.04.2019 gerechnet.

Innerhalb der Zeitleiste von fünf Jahren müssen die nötigen Wartezeitmonate mit Pflichtbeitragszeiten zu finden sein. Die 36 Monate können sich dabei auch innerhalb des Zeitrahmens verteilen. Pflichtbeiträge sind Beiträge aus einer sozialversicherungspflichtigen Beschäftigung oder auch aus einer Selbstständigkeit, wenn diese kraft Gesetz oder auch auf Antrag pflichtversichert ist bzw. wird. Auch Beiträge aus einem Minijob können Pflichtbeiträge sein, allerdings nur, wenn der Versicherte selbst auch Beiträge zahlt. In diesem Fall können durch wenig eigene Beiträge nötige Pflichtbeitragszeiten aufgebaut werden.

Exkurs: Pflichtbeiträge durch einen Minijob erhalten
Es handelt sich um einen „Minijob" (geringfügig entlohnte Beschäftigung), wenn das Monatsgehalt die Grenze von 520 € (Oktober 2022 bis Dezember 2023) nicht übersteigt. Die jeweilige Grenze wird auf der Grundlage des jeweils gültigen Mindestlohns berechnet mit nachfolgender Formel:

Mindestlohn × 130: 3. Das Ergebnis wird auf einen vollen Euro-Betrag gerundet. Die Minijob-Obergrenze würde sich somit für den Zeitraum Oktober 2022 bis Dezember 2023 wie folgt berechnen: 12 € Mindestlohn pro Stunde × 130: 3 = 520 € pro Monat.

Der gesetzliche Mindestlohn steigt zum 01.01.2024 auf 12,41 € pro Stunde und zum 01.01.2025 auf 12,82 € pro Stunde. Auf der Grundlage der Formel steigt die Minijob-Grenze somit wie folgt:
01.01.2024 bis 31.12.2024 = 12,41 € × 130: 3 = 538,00 € pro Monat
01.01.2025 bis 31.12.2025 = 12,82 € × 130: 3 = 556,00 € pro Monat

Diese dynamische Minijobgrenze hat den Effekt, dass die Stundenanzahl für Minijobbeschäftigte ggf. angeglichen werden muss, damit die Grenze nicht überschritten wird. Die Formel zur Berechnung der maximalen monatlichen Arbeitszeit im Minijob:
Minijob-Entgeltgrenze: gesetzlicher Mindestlohn = maximale Arbeitsstunden im Monat
Beispiel:
538 € (für das Jahr 2024): 12,41 € Mindestlohn = max. 43,352 h im Monat

Eine Überschreitung der Minijobgrenze ist seit Oktober 2022 nur noch bis zu zwei Kalendermonaten gestattet, und auch nur in begründeten Ausnahmefällen. Zum Beispiel nicht vorhersehbare Krankheit des Arbeitskollegen und keine anderweitige Möglichkeit, die Fehlzeiten auszugleichen. Auch wurde nun eine konkrete Überschreitungshöhe festgelegt: aktuell 1040 €, ab dem Jahre 2024 steigt die Summe auf 1076 €. Die Summe errechnet sich aus dem max. 14-fachen der MinijobGrenze (520 € × 14 = 7280 € bis zum 31.12.2023, für das Jahr 2024 insgesamt 538 € × 14 = 7532 €).

Mit einem sehr kleinen Beitrag über den Minijob ins eigene Rentenkonto können Pflichtbeiträge eingezahlt werden. Bei einem gewerblichen Arbeitgeber bedeutet das, dass der Arbeitgeber 15 % Rentenversicherungsbeitrag zahlen muss und der Arbeitnehmer lediglich den Differenz zum aktuellen Rentenversicherungsbeitrag (zurzeit 18,6 %).

Beispiel:
520 € Monatsverdienst = 18,72 € eigene Rentenversicherungsbeiträge für den Arbeitnehmer. Der Arbeitgeber zahlt den „Rest" zur Rentenversicherung, einen Pauschalbeitrag zur Krankenversicherung sowie Umlagen und Pauschalsteuer von insgesamt 182 € nebst Vergütung von 520 € an den Arbeitnehmer. Ein Minijobrechner ist bei der Minijobzentrale zu finden:
https://www.minijob-zentrale.de/SiteGlobals/Forms/Rechner/Minijob-Rechner-Formular.html#rechner_ab905b72-5487-4d7f-85da-bd0c40918099

Neben den erwähnten Pflichtbeiträgen aus einer pflichtversicherten Beschäftigung bzw. Selbständigkeit zählen u. a. auch Kindererziehungszeiten, Zeiten der nicht erwerbsmäßigen Pflege, Übergangsgeld, Arbeitslosengeld 1., Arbeitslosengeld 2 für den Zeitraum zwischen 2005 und 2010 sowie Zeiten einer politischen Verfolgung in der ehemaligen DDR, Zeiten aus Wehr- oder Zivildienst oder Sozialleistungsbezug, zu den Pflichtbeitragszeiten.

Zu beachten ist, dass es nur eine Zeitpunktbetrachtung sein kann. Im vorliegenden Beispiel sind Daten bis zum 31.12.2020 in der Berechnung berücksichtigt worden. Sind in den letzten Jahren wenige oder keine Pflichtbeiträge gezahlt worden, wäre eine detaillierte Prüfung zu empfehlen. Fachstellen, die Hilfe anbieten, sind am Ende des Buches aufgeführt.

Der 5-Jahres-Zeitraum kann verlängert werden, wenn die Wartezeitmonate mit Pflichtbeiträgen nicht vollständig sind. Die Verlängerung erfolgt durch eine Verlängerung in die Vergangenheit. Hierfür sind sog. Aufschubzeiten nötig (Anrechnungszeiten, Zeiten des Bezuges einer Rente wegen verminderter Erwerbsfähigkeit oder Berücksichtigungszeiten). Zu den Anrechnungszeiten zählen zum Beispiel Zeiten der Arbeitsunfähigkeit, Rehamaßnahmen, Schwangerschaft, Mutterschutz, Arbeitslosigkeit oder auch der Besuch von Schulen und Hochschulen sowie berufsvorbereitende Maßnahmen. Es muss vor Beginn der eben erwähnten Tatbestände mindestens ein Pflichtbeitrag in den letzten sechs Monaten gezahlt worden sein. Berücksichtigungszeiten können Kinderberücksichtigungszeiten sein (Erziehung eines Kindes bis zum vollendeten 10. Lebensjahr).

1.1.3.2 Alternative mit der vorzeitigen Wartezeiterfüllung

Die 3/5tel-Regelung muss nicht erfüllt werden, wenn eine vorzeitige Wartezeiterfüllung vorliegt. Zum Beispiel trat die Erwerbsminderung ein durch:

- einen Arbeitsunfall, eine Berufskrankheit, Wehr- oder Zivildienstbeschädigung (wenn unmittelbar vorher eine Versicherungspflicht bestand) oder

- innerhalb von sechs Jahren nach Beendigung einer Ausbildung (in den letzten zwei Jahren wurden 12 Pflichtbeitragsmonate eingezahlt) oder
- politischen Gewahrsam.

1.1.3.3 Alternative mit der Anwartschaftserhaltung

Die Anwartschaftserhaltung nach § 241 SGB VI besagt, dass die 3/5tel-Regelung ebenfalls entfällt, wenn

- vor dem 01.01.1984 bereits die allgemeine Wartezeit von fünf Jahren erfüllt wurde und jeder Kalendermonat ab diesem Zeitpunkt bis zum Eintritt der Erwerbsminderung (oder Berufsunfähigkeit nach § 240 SGB VI) mit Anwartschaftserhaltungszeiten gefüllt wurde oder
- die Erwerbsminderung oder Berufsunfähigkeit nach § 240 SGB VI bereits vor dem 01.01.1984 eingetreten ist.

Anwartschaftserhaltungszeiten sind Pflichtbeiträge, freiwillige Beiträge, beitragsfreie Zeiten (zum Beispiel durch eine schulische Ausbildung), Berücksichtigungszeiten (zum Beispiel Erziehung eines Kindes), Bezug einer Rente wegen Erwerbsminderung. Fehlt nur ein Monat, greift die Sonderregelung nicht. Eine weitere Sonderregelung können behinderte Menschen in Anspruch nehmen. Versicherte, die bereits vor Erfüllung der allgemeinen Wartezeit voll erwerbsgemindert waren und auch weiterhin sind, erfüllen automatisch die 3/5tel-Regelung, wenn diese Versicherten eine Wartezeit von 20 Jahren erfüllt haben. Die Wartezeiterfüllung kann in Werkstätten für Behinderte erbracht werden.

1.1.3.4 Alternative Fehler korrigieren für die Wartezeiterfüllung

Um für die spätere Erwerbsminderungsrente einen fehlerfreien Rentenbescheid zu erhalten oder auch fehlende Zeiten für die Voraussetzungen zur Wartezeiterfüllung nachtragen zu lassen, ist es sinnvoll, die Rentenauskunft bzw. mindestens den Versicherungsverlauf im Detail zu prüfen. Häufig verstecken sich Fehler im Verlauf oder es wurden Zeiten vergessen, sodass die Rentenhöhe niedriger ausfällt oder sogar die sozialversicherungsrechtlichen Voraussetzungen nicht erfüllt werden.

Nicht alle Informationen gehen automatisch bei der Deutschen Rentenversicherung ein und vervollständigen somit den Versicherungsverlauf. Zu prüfen sind insbesondere Zeiten der Schul- oder Ausbildung, Arbeitslosenzeiten, Beschäftigungszeiten im Ausland, Kindererziehungszeiten oder Pflegezeiten. Auch

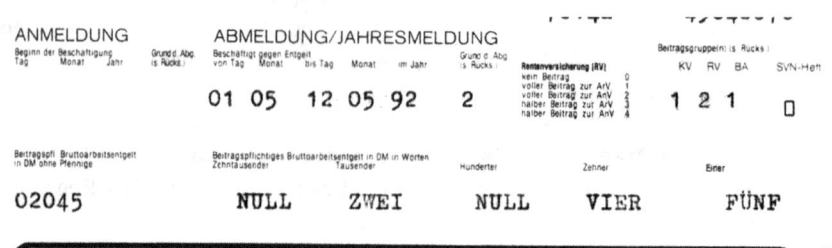

Abb. 1.4 Jahresentgeltmeldung aus dem Jahre 1992 (mit freundlicher Genehmigung des Versicherten)

kann es sein, dass nicht alle beruflichen Stationen erfasst wurden oder die Verdiensthöhe falsch ausgewiesen wurde.

Im Versicherungsverlauf (siehe Abb. 1.4) müssen sich die Zeit (hier 01.05. bis 12.05.1992) und die Summe des sozialversicherungspflichtigen Entgeltes (hier 2045) wiederfinden.

Sind Fehler im Versicherungsverlauf enthalten, so können diese durch eine Kontenklärung korrigiert werden. Insbesondere Kindererziehungszeiten und Kinderberücksichtigungszeiten sollten geprüft werden. Für die Erziehung eines Kindes können bis zu drei Jahre als Beitragszeiten gutgeschrieben werden. Darüber hinaus werden vom Tag der Geburt bis zum 10. Lebensjahr sog. Kinderberücksichtigungszeiten anerkannt. Diese Kindererziehungs- und berücksichtigungszeiten können Eltern untereinander zeitlich aufteilen. Sowohl Kindererziehungs- als auch Berücksichtigungszeiten werden im Versicherungskonto nur auf Antrag (Formular V0800) gespeichert.

Folgende Formulare sind für verschiedene Voraussetzungen nötig:

- Formular V 100 (Antrag auf Kontenklärung für Geburtsjahrgänge bis 1978)
- Formular V 101 (Antrag auf Kontenklärung für Geburtsjahrgänge ab 1979)
- Formular V 105 (Ergänzungsfragebogen für weitere Beitrags- u. Beschäftigungszeiten)
- Formular 110 (Erläuterungen zum Antrag auf Kontenklärung für Geburtsjahrgänge bis 1978)
- Formular 111 (Erläuterungen zum Antrag auf Kontenklärung für Geburtsjahrgänge ab 1979)

1.1 Sozialversicherungsrechtliche Voraussetzungen

Das Standardformular V0100 der Deutschen Rentenversicherung zur Kontenklärung (siehe Abb. 1.5) kann von der Homepage der Deutschen Rentenversicherung heruntergeladen werden: https://www.deutsche-rentenversicherung.de/SharedDocs/Formulare/DE/_pdf/V0100.html.

Bei der Nachtragung ist zu berücksichtigen, dass einige Zeiten glaubhaft nachgewiesen werden müssen, andere Zeiten hingegen sind mit (Original-) Belegen zu beweisen. Eine Glaubhaftmachung kann zum Beispiel durch Zeugen oder eine eidesstattliche Versicherung erfolgen.

Versicherungsnummer	Kennzeichen (soweit bekannt)		Deutsche Rentenversicherung
	Eingangsstempel		

Antrag auf Kontenklärung (kein Rentenantrag)   **V0100**

Hinweis: Um Ihr Versicherungskonto überprüfen und ergänzen zu können, benötigen wir aufgrund des Sechsten Buches Sozialgesetzbuch (SGB VI) von Ihnen einige wichtige Informationen und Unterlagen. Wir möchten Sie deshalb bitten, die gestellten Fragen vollständig zu beantworten und uns die erbetenen Unterlagen möglichst umgehend zu überlassen. Ihre Mithilfe erleichtert uns eine rasche Erledigung Ihrer Angelegenheiten. In welchem Umfang Ihre Mithilfe benötigt wird, ergibt sich aus § 149 Absatz 4 SGB VI. Danach sind Sie verpflichtet, alle für die Kontenklärung erheblichen Tatsachen anzugeben und uns die notwendigen Urkunden und sonstigen Beweismittel zur Verfügung zu stellen.
Wir informieren Sie zum Umgang mit Ihren personenbezogenen Daten und Ihren Rechten im Internet unter www.deutsche-rentenversicherung.de/Datenschutzinformationen. Auf Wunsch senden wir Ihnen diese Informationen auch gern zu.
Näheres finden Sie in den Erläuterungen (Vordruck V0110).
Sie können diesen Antrag auch elektronisch auf www.deutsche-rentenversicherung.de/eAntrag stellen.

1 Angaben zur Person

Name	Vorname (Rufname)	
Namenszusatz (Beispiel: Freifrau, Graf)	Vorsatzworte zum Namen (Beispiel: von, van, de)	Titel (Beispiel: Prof. Dr. med.)
Geburtsname	frühere Namen	
Geburtsdatum Geschlecht ☐ männlich ☐ weiblich ☐ ohne Eintrag ☐ divers		
Staatsangehörigkeit (gegebenenfalls frühere Staatsangehörigkeit bis)		

Abb. 1.5 Das Standardformular V0100 der Deutschen Rentenversicherung zur Kontenklärung

1.1.3.5 Wartezeit nachträglich erreichen

Im Antragsverfahren für eine Erwerbsminderungsrente wird ein negativer Bescheid (siehe Abb. 1.6) ergehen, falls eine Voraussetzungsart nicht erfüllt wird. Der häufigste Hinderungsgrund im sozialversicherungsrechtlichen Bereich ist das Fehlen der 36monatigen Pflichtbeiträge im vorangegangenen Zeitfenster von fünf Jahren.

Greifen Ausnahmetatbestände (siehe Abschn. 1.1.3: *Voraussetzungen: Besondere Wartezeiterfüllungen*) nicht, kann nur durch das nachträgliche Erreichen von Pflichtbeiträgen ggf. doch noch zu einer Erwerbsminderungsrente führen.

In diesem Zusammenhang ist besonders zu erwähnen, dass auch ein Minijob mit

---

Ihrem Antrag auf Rente wegen Erwerbsminderung können wir leider nicht entsprechen, weil Sie die besonderen versicherungsrechtlichen Voraussetzungen für diese Rente nicht erfüllen.

Begründung
Wir haben festgestellt, dass Sie seit dem 15.01.2012 befristet voll erwerbsgemindert sind.
Eine Rente wegen Erwerbsminderung können Sie jedoch nur erhalten, wenn weitere Voraussetzungen vorliegen.
Unter anderem ist eine Mindestzahl von Pflichtbeiträgen erforderlich.

Diese "besonderen versicherungsrechtlichen Voraussetzungen" sind gegeben, wenn Ihr Versicherungskonto
- innerhalb der letzten 5 Jahre vor Eintritt der Erwerbsminderung
- mindestens 36 Monate Pflichtbeiträge
enthält (§ 43 Absatz 1 Nr. 2 und Absatz 2 Nr. 2 Sechstes Buch Sozialgesetzbuch - SGB VI).

Wir haben geprüft, ob Sie die besonderen versicherungsrechtlichen Voraussetzungen erfüllen.

Daraus folgt, dass Ihr Versicherungskonto die Mindestzahl von 36 Monaten Pflichtbeiträgen im Zeitraum vom 15.10.2006 bis zum 14.01.2012 enthalten muss.

In diesem Zeitraum haben Sie jedoch nur 17 Monate mit Pflichtbeiträgen.

Abb. 1.6 Negativer Rentenbescheid (mit freundlicher Genehmigung des Versicherten)

1.1 Sozialversicherungsrechtliche Voraussetzungen

```
/02.11.17-31.12.17/    1.580,00 EUR    Pflichtbeitragszeit
                                       für Pflegetätigkeit✓
 01.01.18-11.07.18/    5.234,46 EUR    Pflichtbeitragszeit
                                       für Pflegetätigkeit✓
```

Abb. 1.7 Meldung über Pflegetätigkeit (mit freundlicher Genehmigung des Versicherten)

eigenen Rentenbeiträgen oder die Übernahme von Pflegetätigkeiten zu einem nachträglichen Erreichen führen kann.

Beim Minijob zahlt der Arbeitgeber grundsätzlich eine Pauschale für die Krankenkasse (13 %, 2 % Lohnsteuer und 15 % für die Rentenversicherung). Zahlt der Versicherte selbst keinen eigenen Beitrag zur Rentenversicherung, zählt der Beitrag des Arbeitgebers nicht als Pflichtbeitrag. Es ist also unbedingt nötig, dass der Versicherte selbst noch zusätzliche Rentenversicherungsbeiträge zahlt. Da der Arbeitgeber schon 15 % zahlt, muss der Arbeitnehmer nur noch den Differenzbetrag zum aktuellen Beitrag (zurzeit 18,6 %), also 3,6 % zahlen. Dieser Beitrag zählt als Pflichtbeitrag und kann somit (nach den erforderlichen 36 Monaten) für das Erreichen einer Voraussetzung für eine Erwerbsminderungsrente dienen.

Wird eine Pflegeleistung (nicht erwerbsmäßig) für Verwandte oder Familienangehörige übernommen, zahlt die Deutsche Rentenversicherung Beiträge ins Rentenkonto des Pflegenden (siehe Abb. 1.7). Die pflegebedürftige Person muss einen festgestellten Pflegegrad von zwei erhalten haben. Die Pflegetätigkeit umfasst mindestens 10 h pro Woche und selbst ist eine evtl. vorhandene Tätigkeit nicht über 30 h pro Woche vorhanden.

1.2 Medizinische Voraussetzungen

Eine Erwerbsminderung ist eine Einschränkung der Leistungsfähigkeit, dauerhaft oder für eine bestimmte Zeit. Die Feststellung der Erwerbsfähigkeit bestimmt sich aus dem quantitativen und qualitativen Leistungsbild. Eine vorhandene Krankheit oder Behinderung, die für eine nicht absehbaren Zeit vorliegt, kann diese Leistungsfähigkeit einschränken. Die Prüfung der Einschränkung wird unter den Voraussetzungen der üblichen Bedingungen des allgemeinen Arbeitsmarktes vollzogen.

Die rechtliche Grundlage zur Prüfung der medizinischen Voraussetzungen bildet wieder der § 43 SGB VI.

§ 43 SGB VI (Auszug) *Teilweise erwerbsgemindert sind Versicherte, die wegen Krankheit oder Behinderung auf nicht absehbare Zeit außerstande sind, unter den üblichen Bedingungen des allgemeinen Arbeitsmarktes mindestens sechs Stunden täglich erwerbstätig zu sein.*
bzw.
voll erwerbsgemindert sind Versicherte, die wegen Krankheit oder Behinderung auf nicht absehbare Zeit außerstande sind, unter den üblichen Bedingungen des allgemeinen Arbeitsmarktes mindestens drei Stunden täglich erwerbstätig zu sein.

Die medizinischen Voraussetzungen gliedern sich somit in

- vorliegende Krankheit oder
- vorliegende Behinderung und
- auf nicht absehbare Zeit und
- unter den üblichen Bedingungen des
- allgemeinen Arbeitsmarktes.

Die vorliegende Krankheit oder Behinderung wird dabei mit einer sog. Leistungsbeurteilung dargestellt. Die Leistungsfähigkeit beschreibt das Fähigkeitsprofil und setzt es in Beziehung zu den Anforderungen einer möglichen (oder zuletzt) ausgeübten Tätigkeit. Die sozialmedizinische Feststellung des Leistungsvermögens umfasst ein positiv oder negativ festgestelltes Leistungsbild bezogen auf die körperliche, geistige und psychische Belastbarkeit bei einer Arbeitszeit einer 5-Tage-Woche. Im Ergebnis wird die Leistungsfähigkeit in einer

- zeitlichen (quantitativen) und
- gesundheitlichen (qualitativen)

Leistungsfähigkeit zu einer möglichen Erwerbsminderung gesetzt.

Das Ergebnis umfasst schließlich noch die Prüfung eines möglichen Einsatzes auf dem allgemeinen Arbeitsmarkt, entweder unter abstrakten Gesichtspunkten, also ohne Berücksichtigung tatsächlicher Arbeitsplätze, oder unter konkreten Aspekten mit Darstellung vorhandener Arbeitsplätze auf dem Arbeitsmarkt. Hier spielen sog. Verweisungstätigkeiten eine entscheidende Rolle.

Auch wird im weiteren Vorgehen schließlich die letzte berufliche Tätigkeit herangezogen und deren zeitlicher Umfang, wobei der Arbeitseinsatz in Stunden pro Tag gemessen wird. Die letzte Tätigkeit ist besonders relevant, wenn das Be-

1.2 Medizinische Voraussetzungen

schäftigungsverhältnis noch besteht und der Arbeitseinsatz einen Zeitaufwand von zwischen drei und mindestens sechs Stunden pro Tag erfüllt.

Die nachfolgenden Abschnitte bieten eine detaillierte Betrachtung der einzelnen Prüfungskriterien.

1.2.1 Voraussetzung Krankheit oder Behinderung

Eine Krankheit im Sinne der Sozialversicherung gemäß § 43 SGB VI ist jeder regelwidrige Körper-, Geistes- oder Seelenzustand, der eine Erwerbsminderung verursacht hat. Der Grund, aus dem die Krankheit entstanden ist, ist in diesem Zusammenhang ohne Belang.

Bei einer Behinderung handelt es sich laut Definition um jeden Körper- und Geisteszustand, der von der Regel abweicht und nicht zu erwarten ist, dass dieser Zustand in absehbarer Zeit beseitigt werden kann. Eine klare Abgrenzung zwischen Krankheit und Behinderung ist nicht möglich.

Schwerbehinderte Menschen sind nicht unbedingt erwerbsgemindert. Der Grad der Behinderung (GdB) ist keine Grundlage für die Bewertung einer Erwerbsminderung. Eine Schwerbehinderung kann als Indiz dienen, mehr jedoch nicht.

Anders ist es bei schwerbehinderten Menschen, die in anerkannten Werkstätten oder ähnlichen Einrichtungen für schwerbehinderte Menschen arbeiten. Sie können im Allgemeinen nicht auf dem allgemeinen Arbeitsmarkt tätig werden, weil die Schwere oder Art der Behinderung dies nicht zulässt. In diesem Fall besteht eine Erwerbsminderung, wenn eine Wartezeit von 20 Jahren erfüllt worden ist.

Die Definitionen Krankheit oder Behinderung wurden in Gerichtsurteilen hinreichend aufgenommen, so zum Beispiel im Urteil des Bundessozialgerichts (BSG) vom 09.05.2012 (B 5 R 68/11 R). Auszug:

> c) Zwischen diesen Leistungseinschränkungen (Erwerbsminderung) und den Krankheit(en) bzw. Behinderung(en) muss ein Ursachenzusammenhang bestehen („wegen"). Die Leistungsminderung muss wesentlich (…) auf einer Krankheit oder Behinderung (den versicherten) Risiken) beruhen und nicht auf sonstigen Umständen wie Lebensalter, fehlenden Sprachkenntnissen …

Damit können Krankheiten bzw. Behinderungen, die nicht auch als solche anerkannt sind, nicht zu einer Erwerbsminderung und damit zu einer Erwerbsminderungsrente führen.

1.2.2 Voraussetzung auf nicht absehbare Zeit

Ein Anspruch auf eine Erwerbsminderungsrente besteht nur, wenn die Erwerbsminderung nicht nur vorübergehend vorliegt. „Auf nicht absehbare Zeit" bedeutet in diesem Zusammenhang, dass über einen mehr als sechsmonatigen Zeitraum eine Einschränkung vorhanden sein muss.

Beträgt die Einschränkung weniger als sechs Monate, ist von einer (vorübergehenden) Arbeitsunfähigkeit auszugehen. In diesen Fällen ist anzunehmen, dass eine Lohnfortzahlung vom Arbeitgeber in Anspruch genommen wird bzw. nach dieser Zeit ein Anspruch auf Krankengeld besteht.

▶ **Wichtig**
Für diese Zeit (während des Antragsverfahrens zur Erwerbsminderungsrente) kann ein Anspruch auf Entgeltfortzahlung, Krankengeld und ggf. Arbeitslosengeld nach dem Prinzip der Nahtlosigkeit bestehen. Hier wird auf das entsprechende Kapitel verwiesen.

1.2.3 Voraussetzung übliche Bedingungen auf dem Arbeitsmarkt

Unter üblichen Bedingungen im (allgemeinen) Arbeitsmarkt werden die Wegefähigkeit verstanden, die Lage und Verteilung der Arbeitszeit und die Fähigkeit, eine Tätigkeit mit einer gewissen Regelmäßigkeit ausüben zu können (Sozialmedizinisches Glossar, Deutsche Rentenversicherung, Band 81, Ausgabe Dezember 2021).

Laut Bundessozialgesetz (BSG), Urteil vom 19.10.2011, AZ: B R 78/09 R bestimmt „übliche Bedingungen" das tatsächliche Geschehen auf dem Arbeitsmarkt und in den Betrieben. Hierzu gehören rechtliche Bedingungen, Dauer und Verteilung der Arbeitszeit, Pausen- und Urlaubsregelung, Arbeitsschutzvorschriften, gesetzliche und (tarif-)vertragliche Vereinbarungen. Daneben gehören die Fähigkeiten geistige Beweglichkeit, Stressverträglichkeit und Frustrationstoleranz dazu. Üblich bedeutet insbesondere, dass es sich nicht um Einzel- oder Ausnahmefälle handelt, sondern die Tätigkeiten im nennenswerten Umfang und in beachtlicher Zahl anzutreffen sind. Im Bereich der Arbeitslosenversicherung wurden 20 in Betracht kommende Arbeitsplätze als „üblich" anerkannt (BSG-Urteil vom 20.06.1978 AZ: 7 Rar45/77). Aus dieser Betrachtungsweise fallen sog. Schonarbeitsplätze heraus und zählen nicht zu den zählbaren Arbeitsplätzen.

1.2 Medizinische Voraussetzungen

Schonarbeitsplätze werden im Allgemeinen als speziell eingerichtete Arbeitsplätze für zum Beispiel Verunfallte definiert, die die „normalen" Arbeitsplätze nicht mehr innehaben können.

Beim allgemeinen Arbeitsmarkt sind daher alle möglichen Erwerbstätigkeiten, die auf dem allgemeinen Arbeitsmarkt in ausreichender Anzahl angeboten werden, für einen Einsatz relevant.

1.2.3.1 Einschränkung betriebsunübliche Pausen

Grundsätzlich haben Arbeitnehmer einen Anspruch auf Pausen, die zur Erholung dienen sollen. Im Allgemeinen sind Pausen Arbeitsunterbrechungen und werden nicht bezahlt.

Gesetzlich geregelt sind die Pausenansprüche im Arbeitszeitgesetz:

§ 4 ArbZG (Auszug)
Die Arbeit ist durch im Voraus feststehende Ruhepausen von mindestens 30 min bei einer Arbeitszeit von mehr als sechs bis zu neun Stunden und 45 min von mehr als neun Stunden insgesamt zu unterbrechen. Die Ruhepausen nach Satz 1 können in Zeitabschnitte von jeweils mindestens 15 min aufgeteilt werden. Länger als sechs Stunden hintereinander dürfen Arbeitnehmer nicht ohne Ruhepausen beschäftigt werden.

Sind durch eine vorhandene Krankheit oder Behinderung zusätzliche Pausen nötig, so muss die Deutsche Rentenversicherung in einem Antragsverfahren für eine Erwerbsminderungsrente prüfen, ob diese Einschränkung ggf. zu einer Verschlossenheit des Arbeitsmarktes führen kann. In diesem Fall muss die Deutsche Rentenversicherung einen Verweisungstätigkeit benennen (konkrete Betrachtungsweise). Zuweilen wertete die Deutsche Rentenversicherung zusätzliche Pausen auch als ungewöhnliche Leistungseinschränkungen. Auch hier wäre eine konkrete Verweisungstätigkeit seitens der Deutschen Rentenversicherung aufzuführen. Einzelheiten siehe Kapitel Verweisungstätigkeiten. Besteht bereits ein Arbeitsplatz mit der Möglichkeit zu unüblichen Pausen, so entfällt die sog. konkrete Betrachtungsweise.

Häufig wird bei nötigen Kurzpausen, zum Beispiel für Diabetiker oder Krankheiten wie Morbus Crohn, auf persönlich mögliche Verteilzeiten hingewiesen. Dieser Ausdruck wurde vom Verband für Arbeitsgestaltung, Betriebsorganisation und Unternehmensentwicklung (REFA) entwickelt. Es wird hierbei zwischen den sachlichen und persönlichen Verteilzeiten differenziert. Die sachlichen Verteilzeiten sind in erster Linie allgemeine Rüstzeiten, wie das Einrichten des Arbeitsplatzes. Zur persönlichen Verteilzeit gelten Besprechungen, Verrichtung von persönlichen Bedürfnissen usw. Im gewerblichen Bereich oder auch Bürobereich werden rund 5 bis 10 % von der allgemeinen Tätigkeitszeit als persönliche Verteilzeit angesehen. Die Zahlen schwanken je Betrieb bzw. Vereinbarungen. Rechtsprechungen zur Verteilzeit sind unter anderem im Urteil des Bayerischen Landessozialgerichts vom 11.02.2004 AZ: L 13 RA 47/03 und im Hessischen Landessozialgericht vom 20.12.2012 AZ: L 5 R 553/11 zu finden.

Die persönliche Verteilzeit bzw. der Umgang mit nötigen Wegen, die zur Arbeitsunterbrechung führen, sind in den Unternehmen und Betrieben sehr unterschiedlich geregelt. In größeren Unternehmen sind hierzu häufig Tarifverträge zu finden, die im Detail klären, ob und wie auch unübliche Pausen möglich sind.

Grundsätzlich werden übliche Pausen nicht entlohnt. Kommt es jedoch zu unüblichen Pausen kann es zu unterschiedlicher Auslegung zwischen Arbeitgeber und Arbeitnehmer führen, ob es sich um eine bezahlte Arbeitsunterbrechung handelt. Das Arbeitsgericht Köln hat mit Urteil vom 21.01.2020 AZ: 6 Ca 3846/09 entschieden, dass ein täglicher Toilettenaufenthalt von über 30 min noch keine Lohnkürzung rechtfertigt.

1.2.3.2 Einschränkung besonders einzurichtender Arbeitsplatz

Kann das vorhandene Leistungsvermögen nur an einem besonders eingerichteten Arbeitsplatz ausgeübt werden, fehlt die Basis unter den üblichen Bedingungen des allgemeinen Arbeitsmarktes. Ein besonderer Arbeitsplatz umfasst mehr als die üblicherweise vorhandene allgemeine und technische Ausstattung. Normal sind dabei die üblichen orthopädischen Bürostühle, höhenverstellbare Schreibtische usw.

Besteht bereits ein derartiger Arbeitsplatz, so entfällt die sog. konkrete Betrachtungsweise bei der Prüfung durch die Deutsche Rentenversicherung. Auch wird bei diesen Beispielen grundsätzlich zunächst geprüft, ob eine Leistung zur Teilhabe am Arbeitsleben eine Besserung bringen kann.

Ein eventuell vorhandener Arbeitgeber kann die Organisation eines leidensgerechten Arbeitsplatzes für den Erkrankten nur dann ablehnen, wenn sie ihm unzumutbar oder unmöglich ist. Hierbei zählen nicht ggf. wirtschaftliche Interessen oder die Rücksichtnahme auf andere Arbeitnehmer.

1.2.4 Voraussetzung allgemeiner Arbeitsmarkt

Der allgemeine Arbeitsmarkt unterscheidet sich vom besonderen Arbeitsmarkt. Der besondere Arbeitsmarkt beinhaltet die vom Staat geförderten Arbeitsverhältnisse, wie zum Beispiel Werkstätten für behinderte Menschen.

Der allgemeine Arbeitsmarkt bzw. der erste oder reguläre Arbeitsmarkt bezeichnet Arbeitsverhältnisse, die ohne Zuschüsse oder sonstige Hilfen von der Politik am freien Markt entstanden sind.

Betrachtet wird auch der allgemeine Arbeitsmarkt unter dem Gesichtspunkt der „Erwerbstätigkeit". Die Erwerbstätigkeit ist eine Verrichtung von Arbeit, die auf Gewinn abzielt. Sinn und Zweck der Tätigkeit ist somit die Erzielung von Entgelt zur Bestreitung des Lebensunterhaltes. Eine Tätigkeit als Hausfrau bzw. Hausmann kann daher nicht als Erwerbstätigkeit im Sinne der Sozialversicherung und damit als Grundlage für eine mögliche Erwerbsminderungsrente angesehen werden.

So im Urteil des Bundessozialgerichts (BSG) vom 09.05.2012 (B 5 R 68/11 R). Auszug:

> 4. Folglich kommt es entscheidend darauf an, ob die Klägerin trotz ihrer qualitativen Leistungseinschränkung noch imstande ist, „erwerbstätig zu sein", d.h., durch (irgend)eine Tätigkeit Erwerb(seinkommen) zu erzielen...

1.2.5 Voraussetzung zeitliche (quantitative) Leistungseinschränkung

Die Möglichkeit einer noch vorhandenen Erwerbsfähigkeit wird auf der Grundlage des quantitativen und des qualitativen Leistungsvermögens ermittelt.

Die zeitliche (quantitative) Leistungsfähigkeit wird unter den soeben genannten Bedingungen des allgemeinen Arbeitsmarktes geprüft. Dabei ist es zunächst unerheblich, ob der Versicherte sich in einem Beschäftigungsverhältnis befindet, eine selbstständige Tätigkeit ausübt oder zurzeit ohne Beschäftigung ist. Die Beurteilung umfasst auch die Prüfung der letzten beruflichen Tätigkeit, um eine Einschätzung der zeitlichen Leistungsfähigkeit erbringen zu können. Die letzte berufliche Tätigkeit ist grundsätzlich die Beschäftigung vor Rentenantragsstellung, die noch ausgeübt wird oder bis zur Antragsstellung ausgeübt wurde. Einzelheiten zum Prüfungsverfahren bei bestehendem Arbeitsverhältnis oder einer selbstständigen Tätigkeit im Kapitel Prüfung vorhandene Beschäftigung.

Der § 43 SGB VI unterscheidet eine noch mögliche Erwerbsfähigkeit von bis zu sechs Stunden bzw. von bis zu drei Stunden pro Tag. Liegen diese Einschränkungen vor, so wäre eine Erwerbsminderungsrente wie folgt möglich:

- Erwerbsfähigkeit von unter 6 h pro Tag entspricht einer teilweisen Erwerbsminderung
- Erwerbsfähigkeit von unter 3 h pro Tag entspricht einer vollen Erwerbsminderung

Wird ein Leistungsvermögen von mehr als 6 h pro Tag festgestellt, ist in der Regel davon auszugehen, dass die üblichen Bedingungen des allgemeinen Arbeitsmarktes bewältigt werden können – es werden daher in diesem Fall bei der Bewertung auch keine Verweisungstätigkeiten benannt. Hier gilt die abstrakte Betrachtung der Beschäftigungsmöglichkeiten.

Die Einschätzung eines Leistungsvermögens von mindestens sechs Stunden pro Tag entspricht einer Vollzeittätigkeit (30 h wöchentlich). Branchenübliche oder tarifliche Arbeitszeiten spielen hierbei keine Rolle.

Liegt hingegen eine Summierung von Leistungseinschränkungen vor oder eine stark einschränkende Minderung, kann in Einzelfällen die Deutsche Rentenversicherung aufgefordert werden, dennoch eine konkrete Verweisungstätigkeit zu benennen.

1.2.6 Voraussetzung gesundheitliche (qualitative) Leistungseinschränkung

Laut Statistik der Deutschen Rentenversicherung (Flyer Erwerbsminderungsrenten im Zeitablauf 2023 der Deutschen Rentenversicherung) wurden im Jahre 2022 insgesamt 338.014 Erwerbsminderungsrentenanträge gestellt; davon wurden 172.832 Anträge bewilligt.

Die meisten Krankheiten, die zu einer Erwerbsminderungsrente führten, lagen bei den psychischen Störungen (42,3 %), gefolgt von Neubildungen (z. B. Krebs) mit 14,6 % der Anträge, Skelett-, Muskel-, Bindegewebserkrankungen bildeten einen Anteil von 11,1 %, Herz- und Kreislauferkrankungen mit 9,2 % und Stoffwechsel- und Verdauungskrankheiten schließlich mit 3,3 %.

Grundlage des gesundheitlichen Leistungsvermögens auf dem (allgemeinen) Arbeitsmarkt bei einer täglichen Arbeitszeit und einer 5-Tage-Woche bildet das noch vorhandene Leistungsvermögen. Das Leistungsbild gibt den Hinweis auf festgestellte positive und negative Einschränkungen.

1.2 Medizinische Voraussetzungen

Die genaue Einschätzung der gesundheitlichen Situation wird von medizinischen Gutachtern der Deutschen Rentenversicherung festgestellt und/oder von vorliegenden medizinischen Unterlagen, die bei Antragsstellung eingereicht werden.

1.2.6.1 Einschränkung der Wegefähigkeit

Zu einer Erwerbsfähigkeit gehört ebenso, dass eine Arbeitsstelle aufgesucht werden kann. Hier spricht die Deutsche Rentenversicherung von einer sog. Wegefähigkeit. Eine Wegefähigkeit ist vorhanden, wenn der Versicherte in der Lage ist, viermal am Tag eine Wegstrecke von mehr als 500 m in 20 min zurücklegen oder zweimal am Tag mit öffentlichen Verkehrsmitteln den Weg zur Arbeitsstelle erreichen kann. Hierbei spielt es keine Rolle, wenn die Strecke nur mit Mobilitätshilfen (Gehstock, Kraftfahrzeug usw.) bewältigt wird.

Das Bundessozialgericht erarbeitete Kriterien, aufgrund dessen die Mobilität geprüft werden kann. Eine Mobilität bzw. Wegefähigkeit ist demnach vorhanden, wenn der Erkrankte eine Entfernung von über 500 m zu Fuß erreicht. Die Gegebenheit der Strecke spielt keine Rolle (Steigung, Unebenheiten, Glatteis). Für die Wegstrecke wird im Allgemeinen ein Zeitaufwand von 20 min angesetzt (BSG vom 30.01.2002 AZ: B 5 RJ 36/01).

Wird beim Fußweg die Gesundheit gefährdet, zum Beispiel treten starke Schmerzen auf oder es bedarf einer übermäßig hohen körperlichen Anstrengung, ist die Wegefähigkeit eingeschränkt. Ebenso, wenn die Strecke nicht gelaufen bzw. diese nur mit einem erheblichen Zeitaufwand bewältigt werden kann.

Ist ein eigenes oder überlassenes Kraftfahrzeug vorhanden, dass für die Wegstrecke von der Wohnung zur Arbeitsstelle bereit steht, wird die Deutsche Rentenversicherung auf das Fahrzeug verweisen.

Ist eine Erwerbstätigkeit besonders durch eine nicht vorhandene Wegefähigkeit eingeschränkt, so wird von der Deutschen Rentenversicherung geprüft, ob andere Maßnahmen eingesetzt werden können, um eine Mobilität zu erreichen. So kann die Übernahme von Fahrtkosten eine Möglichkeit sein, die Stellung eines Pkw und in erster Linie mögliche Reha-Maßnahmen, um die Gehfähigkeit zu stärken. Steht keine Maßnahme zur Verfügung, so kann (neben den vorhandenen gesundheitlichen Einschränkungen) auch eine Wegeunfähigkeit zu einer (vollen) Erwerbsminderungsrente führen. In diesem Fall gilt der Arbeitsmarkt als verschlossen.

Auszug: Das Sozialgericht Münster hat zum Beispiel im Urteil vom 25.05.2022 AZ: S. 24 R214/21 entschieden, dass ein Versicherter – trotz vollschichtigem Leistungsvermögen bei allerdings nur noch leichten Arbeiten

– nicht in der Lage sei, mit dem vorhandenen Restleistungsvermögen Erwerbseinkommen zu erzielen. Maßgeblich ist nicht der konkrete Weg von der Wohnung bis zur Arbeitsstelle, sondern ein generalisierter Maßstab (allgemein). Die Mobilität war eingeschränkt, ein Kfz hätte Abhilfe geschaffen. Es stand als Hilfsmittel kein Kfz zur Verfügung (es war defekt), sodass die Wegefähigkeit nicht vorhanden war. Damit gilt der Arbeitsmarkt als verschlossen, sodass eine Erwerbsminderungsrente zu zahlen ist.

1.2.6.2 Einschränkung Summierung von Leistungseinschränkungen

Bei der Prüfung der Erwerbsfähigkeit und vorliegenden Leistungseinschränkungen wird zwischen

- gewöhnlichen Leistungseinschränkungen,
- ungewöhnlichen Leistungseinschränkungen und
- einer schweren spezifischen Leistungsbehinderung

unterschieden.

In den sozialmedizinischen Leistungsbeurteilungen der Deutschen Rentenversicherung werden im negativen Leistungsbild häufig sog. gewöhnliche Leistungseinschränkungen dargestellt mit dem Ergebnis, dass – trotz dieser Einschränkungen – noch unter den üblichen Bedingungen auf dem allgemeinen Arbeitsmarkt eine Erwerbstätigkeit von mindestens sechs Stunden täglich zu leisten ist.

So wird zum Beispiel aufgeführt, dass der Versicherte noch Arbeiten verrichten kann, aber nur unter folgenden Einschränkungen:

- nur noch im Wechsel zwischen Gehen, Stehen und Sitzen,
- nicht mehr überwiegend im Gehen, Stehen oder Sitzen,
- keine Arbeiten unter Einfluss von Hitze, Kälte, Nässe, Zugluft oder starken Temperaturschwankungen, Einfluss von Staub, Reizstoffen
- keine Gerüstarbeiten, kein Steigen, Klettern, Knien, Kriechen, Hocken, Bücken oder ständige Überkopfarbeiten,
- kein Heben, Tragen von Lasten über 5 Kilo,
- kein Arbeiten im Schichtdienst, Nachtdienst oder unter Zeitdruck
- kein ständiges Arbeiten an Computern oder mit starker Konzentration
- keine erhöhte Verantwortung, Überwachungstätigkeiten, Steuerung von komplexen Vorgängen, keine Arbeiten im Publikumsverkehr.

1.2 Medizinische Voraussetzungen

In vielen Urteilen und im Prüfungsverfahren der Deutschen Rentenversicherung wird angegeben, dass ein Arbeitsmarkt für körperlich leichte und geistig einfache Tätigkeiten weiterhin in ausreichender Anzahl vorhanden ist. Auch die Veränderung der Arbeitswelt hätte hier keine Änderung gebracht, im Ergebnis wird eine Erwerbsminderungsrente verneint.

Liegen also gewöhnliche Leistungsminderungen vor, wird zunächst davon ausgegangen, dass diese Einschränkungen den Versicherten nicht daran hindern, in ausreichender Zahl geeignete Arbeitsplätze zu finden.

▶ **Wichtig**
Es ist von entscheidender Bedeutung, bei Vorliegen von mehreren gewöhnlichen Leistungseinschränkungen zu prüfen, ob diese sich ggf. gegenseitig beeinflussen. Denn liegen ggf. mehrere gewöhnliche Leistungseinschränkungen vor, die sich in ihrer Kombination so verstärken, dass insgesamt gesehen eine ungewöhnliche Leistungseinschränkung entsteht, die sich derart negativ auf dem allgemeinen Arbeitsmarkt auswirkt, dass keine Tätigkeit möglich ist, würde die weitere Prüfung als „ungewöhnliche Leistungseinschränkung" erfolgen.

Das Bundessozialgericht hat im Urteil vom 11.12.2019 AZ: B R 13 R 7/18 R eine zusätzliche Prüfung bei derartigen Leistungseinschränkungen empfohlen:

- Prüfung, ob der Versicherte folgende Tätigkeiten verrichten kann: ungelernten Tätigkeiten (Zureichen, Abnehmen, Transportieren, Reinigen, Bedienen von Maschinen, Verpacken usw.). Hier reicht das Benennen von Arbeitsfeldern. Wird festgestellt, dass diese Tätigkeiten ggf. durchgeführt werden könnten, so folgt die nächste Prüfung.
- Prüfung, ob eine Summierung ungewöhnlicher Leistungseinschränkungen vorliegt oder eine besondere spezifische Leistungseinschränkung.
- Besteht eine Summierung ungewöhnlicher oder eine spezifische Leistungseinschränkungen, so muss eine konkrete Verweisungstätigkeit benannt werden, die der Versicherte aufgrund der vorhandenen Qualifikation erledigen oder diese Qualifikation innerhalb von drei Monaten erworben werden kann.

Die „Summierung ungewöhnlicher Leistungseinschränkungen" ist ein unbestimmter Rechtsbegriff aus den Urteilen des Bundessozialgerichts. Liegen diese ungewöhnlichen Leistungseinschränkungen vor, geht man davon aus, dass das Zusammenwirken die Gesundheit derart einschränkt, dass ein Arbeitseinsatz zu den üblichen Bedingungen des Arbeitsmarktes ausgeschlossen ist. In diesen Fällen ist die Deutsche Rentenversicherung angehalten, eine konkrete Verweisungstätigkeit zu benennen. Ist das nicht möglich, wird von einem verschlossenen Arbeitsmarkt – trotz vollschichtigem Leistungsvermögen – ausgegangen mit der Folge, dass eine Erwerbsminderungsrente gezahlt wird.

Als ungewöhnlich wird dabei angesehen, wenn mindestens zwei Leistungseinschränkungen vorhanden sind, die für sich genommen schon eine erhebliche Einschränkung auf dem Arbeitsmarkt bedeuten würden.

Zu beachten ist, dass nicht allein die Anzahl der Einschränkungen maßgeblich sind, vielmehr sind die konkreten Einschränkungen zu betrachten und die damit verbundenen stark reduzierten Einsatzfelder. Aufgrund dieser Einzelfallbetrachtungen lässt sich keine generelle Vorgabe für die Summierung ungewöhnlicher Leistungseinschränkungen bzw. einer spezifischen Leistungseinschränkung benennen. Beispiele für eine Erwerbsminderung waren in der Vergangenheit unter Anderem:

- Einschränkungen bei Arm- und Handbewegung
- halbstündiger Wechsel von Sitzen und Gehen
- regelmäßige Fieberschübe
- Einarmigkeit
- Einäugigkeit
- Schwindelneigung

Bei Erkrankten mit einer Summierung ungewöhnlicher Leistungseinschränkungen oder einer schweren Leistungsbehinderung (z. B. Blindheit) muss die Deutsche Rentenversicherung stets prüfen, ob es auf dem allgemeinen Arbeitsmarkt Tätigkeiten gibt, die der Erkrankte noch wirtschaftlich erfolgreich ausüben kann.

Auch die „schwere spezifische Leistungsbehinderung" ist, wie die Summierung ungewöhnlicher Leistungseinschränkungen, ein unbestimmter Rechtsbegriff aus der Rechtsprechung des Bundessozialgerichts. Die schwere spezifische Leistungsbehinderung definiert Sonderfälle, die für diejenigen Versicherten zutrifft, bei denen bereits eine einzige schwerwiegende Leistungseinschränkung einen Einsatz im Arbeitsmarkt fast nicht möglich macht (Landessozialgericht München, Urteil vom 11.07.2012 AZ: L 13 R 195/11). Beispiele wären Einarmigkeit oder auch Amputation eines Beines mit weitergehenden Einschränkungen, die eine Nutzung einer Prothese ganztägig nicht möglich machen. Kann die Deutsche Rentenversicherung bei einer spezifischen Leistungsbehinderung keinen konkreten Arbeitsplatz benennen, so gilt auch hier der Arbeitsmarkt als verschlossen.

1.2.7 Prüfung Verweisungstätigkeiten

Im Zuge der Prüfung auf eine Erwerbsminderungsrente wird zunächst grundsätzlich davon ausgegangen, dass ein offener Arbeitsmarkt besteht und der Versicherte (mit seinem Restleistungsvermögen) in der Lage ist, einen entsprechenden Arbeitsplatz zu finden.

Die Deutsche Rentenversicherung ist gehalten, unter bestimmten Umständen Tätigkeitsfelder oder Berufe (Verweisungstätigkeiten) zu benennen, die für die Versicherten infrage kommen könnten, um damit die Vermutung eines offenen Arbeitsmarktes zu belegen. Das Ergebnis wäre, dass keine Erwerbsminderungsrente möglich ist.

Verweisungstätigkeiten können unter dem Gesichtspunkt der

- abstrakten Betrachtungsweise oder
- konkreten Betrachtungsweise

wichtig werden. Bei der abstrakten Betrachtungsweise ist ausschließlich der Gesundheitszustand für die Zubilligung einer Erwerbsminderungsrente relevant, der tatsächliche Arbeitsmarkt und damit die ggf. tatsächlich vorhandenen Arbeitsplätze spielen keine Rolle.

Bei einer konkreten Betrachtungsweise ist die Deutsche Rentenversicherung angehalten, konkrete Einsatzfelder bzw. Berufe zu benennen, die auf dem allgemeinen Arbeitsmarkt für den betreffenden Versicherten auch tatsächlich zur Verfügung stehen. Für Versicherte mit einem Restleistungsvermögen von unter drei Stunden pro Tag (nicht nur im Beruf) spielt die Verweisung auf andere Berufe keine Rolle, denn aufgrund gesetzlicher Definition ist dieser Kreis erwerbsgemindert und wird eine entsprechende volle Erwerbsminderungsrente erhalten. Auch bei Versicherten mit einem Restleistungsvermögen oberhalb von sechs Stunden pro Tag spielt der Arbeitsmarkt keine Rolle, diese Versicherten erhalten dem Grunde nach keine Erwerbsminderungsrente. Eine konkrete Betrachtungsweise ist daher (meistens) ausschließlich für Versicherte anwendbar mit einem Restleistungsvermögen zwischen drei und sechs Stunden pro Tag (teilweise erwerbsgemindert).

Laut BSG vom 11.12.2019 AZ: B 13 R 7/18 R sind wie nachfolgend Ausnahmen zum offenen Arbeitsmarkt zu beurteilen (Auszug) und Verweisungstätigkeiten zu benennen: Bei Vorliegen von ungewöhnlichem Pausenbedarf und bei einer Einschränkung der Wegefähigkeit. Wurde festgestellt, dass noch leichte Tätigkeiten möglich sind, aber dennoch eine Summierung ungewöhnlicher Leistungseinschränkungen oder eine schwere spezifische Leistungsbehinderung gegeben ist, so muss ebenfalls eine konkrete Betrachtungsweise angewandt werden. Es müssen zu diesem Zweck stets medizinische Grundlagen und ggf. berufskundliche Erkenntnisse herangezogen werden.

Zu beachten ist, dass es sich jeweils um eine Einzelfallbetrachtung handelt. Es sind somit keine grundsätzlichen Entscheidungen zu treffen, sondern immer auf den jeweiligen Versicherten bezogen.

1.2.8 Prüfung vorhandene Beschäftigung

Wird – trotz eingeschränktem Leistungsvermögen – eine Beschäftigung ausgeübt, so wird die Deutsche Rentenversicherung weitere Grundlagen einer möglichen Weiterbeschäftigung prüfen. Grundlage ist die Prüfung eines verschlossenen Arbeitsmarktes, dabei spielt es keine Rolle, ob es sich um eine Angestelltenposition oder um eine selbstständige Tätigkeit handelt.

Besteht noch eine Angestelltentätigkeit, so wird der Versicherte im Rahmen des Antragsverfahrens zur Erwerbsminderungsrente aufgefordert, beim Arbeitgeber nachzufragen, ob dieser einen (ggf. leistungsgeminderten) Arbeitsplatz anbieten kann. Hier sind im Einzelnen gesetzliche, tarifliche oder einzelvertragliche Bestimmungen zu berücksichtigen.

Zum Teilzeit- und Befristungsgesetz sind bei Vorliegen eines Restleistungsvermögens von drei bis unter sechs Stunden pro Tag folgende Voraussetzungen zu prüfen:

- Das Arbeitsverhältnis besteht länger als sechs Monate.
- Der Arbeitgeber beschäftigt mehr als 15 Mitarbeiter (ohne Auszubildende).
- Die arbeitsvertraglich vereinbarte Tätigkeit muss gesundheitlich innerhalb des Restleistungsvermögens verrichtet werden können.
- Der Versicherte muss den Antrag auf Änderung spätestens drei Monate vor Beginn beim Arbeitgeber einreichen.
- Es stehen einer Änderung des Arbeitsverhältnisses keine betrieblichen Belange entgegen.

Ein schwerbehinderter Mitarbeiter hat einen Rechtsanspruch auf Teilzeit (§ 164 SGB IX). In machen Tarifverträgen sind Teilzeitvereinbarungen gesondert getroffen worden (insbesondere im Öffentlichen Dienst).

Steht dem Versicherten mit eingeschränktem Leistungsbild kein Arbeitsplatz beim Arbeitgeber zur Verfügung, so gilt der Arbeitsmarkt als verschlossen und es

1.2 Medizinische Voraussetzungen

ist eine Erwerbsminderungsrente zu zahlen – siehe hierzu Abschn. 2.4 Arbeitsmarktrenten.

Lehnt der Versicherte einen angebotenen Arbeitsplatz beim Arbeitgeber ab, so gilt der Arbeitsmarkt nicht als verschlossen und es wird keine (volle) Erwerbsminderungsrente beschieden.

Bei Vorliegen einer teilweisen Erwerbsminderung gilt der Teilzeitarbeitsmarkt als verschlossen, wenn der Versicherte arbeitslos ist und von der Arbeitsagentur innerhalb eines Jahres kein leistungsgerechter Teilzeitarbeitsplatz angeboten werden kann (Arbeitsmarktrente).

Für selbstständig Tätige gelten dieselben Grundlagen wie für Beschäftigte. Wird eine selbstständige Tätigkeit von mindestens drei Stunden pro Tag (weiter) ausgeübt, so gilt der Teilzeitarbeitsmarkt als nicht verschlossen. Es besteht kein Anspruch auf volle Erwerbsminderungsrente.

Weitere detaillierte Erläuterungen siehe im Abschn. 2.4 zur Arbeitsmarktrente.

1.2.9 Prüfung Arbeitsmarktlage

Die Deutsche Rentenversicherung trägt einen Teil des Arbeitsmarktrisikos (Rechtsprechung des Bundessozialgerichtes) für leistungsgeminderte Versicherte. Es kommt somit nicht nur auf das Ausmaß der gesundheitlichen Einschränkungen an, sondern auch auf die jeweilige Lage am Arbeitsmarkt (konkrete Betrachtungsweise). Eine volle Erwerbsminderungsrente wird deshalb gezahlt, wenn zwar noch ein Restleistungsvermögen von mehr als drei bis unter sechs Stunden pro Tag vorhanden ist, aber kein geeigneter Teilzeitarbeitsplatz angeboten werden kann.

Derzeit gilt der Teilzeitarbeitsmarkt als verschlossen, deshalb wird bei der eben genannten Konstellation eine volle Erwerbsminderungsrente als Arbeitsmarktrente geleistet. Die Deutsche Rentenversicherung erhält für die Übernahme des Risikos einen Ausgleichsbetrag nach § 244 SGB VI von der Agentur für Arbeit.

1.2.10 Prüfung Versicherte in Werkstätten für behinderte Menschen

Versicherte, die in Werkstätten für behinderte Menschen tätig sind, die wegen Art und Schwere der Behinderung nicht auf dem allgemeinen Arbeitsmarkt tätig sein können, erhalten eine volle Erwerbsminderungsrente. Voraussetzung ist eine Wartezeit von 20 Jahren nach § 43 Abs. 6 SGB VI. Als Wartezeit gilt die Zeit der Beschäftigung in einer Werkstatt für Behinderte oder bei einem anderen Leistungsträger.

Literatur

1. Bundesregierung, Arbeit und Soziales, Fragen und Antworten zur Erwerbsminderungsrente, Berlin.
2. Bundesverband der Rentenberater (2024) Rechengrößen in der Sozialversicherung, Berlin.
3. Deutsche Rentenversicherung, Rentenart Erwerbsminderungsrente, Berlin.
4. Deutsche Rentenversichrung, rvRecht®, Berlin.
5. Deutsche Rentenversicherung (2023) , Studientext Nr. 17, Berlin.
6. Ihre Vorsorge®, Erwerbsminderungsrente (2023), Berlin
7. Lange, Dr. Peter in Jansen, SGB VI, § 43 SGB VI, Stand 19.01.2022.
8. Schewe, Petra (2017) Ratgeber Erwerbsminderungsrente, Bad Nauheim.
9. Sozialversicherungsprüfung im Unternehmen, Summa Summarum (01.2024) , Deutsche Rentenversicherung, Deutsche Rentenversicherung, Berlin.
10. Sozialversicherungsprüfung im Unternehmen, Auf den Punkt gebracht: Versicherung (2024), Berlin.
11. Statistik der Deutschen Rentenversicherung, Erwerbsminderungsrenten im Zeitablauf 2023, Berlin.
12. Von der Decken, Christel und Hecht, Christa, Die Erwerbsminderungsrente (2018) Frankfurt am Main.
13. Wagner, Britta und Heidemann (2024) Der Anspruch auf Rente wegen Erwerbsminderung – vom Arbeitsmarkt bis zum Hinzuverdienst, Bildungsabteilung Deutsche Rentenversicherung, Berlin.

Erwerbsminderungsrenten 2

Zusammenfassung

Welche Art von Erwerbsminderungsrente gezahlt wird, hängt von verschiedenen Faktoren ab. Im Grunde genommen wird auf der Grundlage der medizinischen Einschätzungen von der Deutschen Rentenversicherung zunächst geprüft, ob eine volle oder eine teilweise Erwerbsminderungsrente infrage kommt. Das hängt ausschließlich davon ab, wie viel Restleistungsvermögen für eine berufliche Tätigkeit noch vorhanden ist. Bei einem Restleistungsvermögen von unter drei Stunden pro Tag wird eine volle Erwerbsminderungsrente gezahlt, bei einem Restleistungsvermögen zwischen drei und unter sechs Stunden eine teilweise Erwerbsminderungsrente. Die Arbeitsmarktrente als volle Erwerbsminderungsrente wird gezahlt, obwohl noch ein Restleistungsvermögen von drei bis sechs Stunden pro Tag vorhanden ist. Hintergrund der Zahlung in voller Höhe statt nur teilweise Zahlung einer Erwerbsminderungsrente ist ein verschlossener Arbeitsmarkt. Auch die Rente bei Berufsunfähigkeit ist eine teilweise Erwerbsminderungsrente. Sie wird nicht als volle Erwerbsminderungsrente gezahlt und auch nur, wenn Versicherte vor dem 01.01.1961 geboren wurde (Altfall).

2.1 Reha vor Rente

Grundsätzlich wird von der Deutschen Rentenversicherung zuerst geprüft, ob die Arbeitsfähigkeit durch medizinische oder berufliche Maßnahmen ggf. wieder hergestellt werden kann. Denn es gilt der Grundsatz „Reha vor Rente". Laut

Rehabilitationsgesetz soll die Beeinträchtigung und damit das vorzeitige Ausscheiden durch eine Rehabilitationsmaßnahme verhindert werden.

Allgemeine Voraussetzungen für eine Rehabilitation
- Wartezeit von 15 Jahren liegt vor ODER
- eine Rente wegen Erwerbsminderung liegt vor ODER
- eine große Witwen- bzw. Witwerrente wegen Erwerbsminderung liegt vor.

Voraussetzungen für eine medizinische Rehabilitation
(Anschlussrehabilitation, onkologische Rehabilitation, Suchtrehabilitation)

- verminderte Erwerbsfähigkeit liegt vor bzw. droht einzutreten und die allgemeine Wartezeit von fünf Jahren wurde erfüllt
ODER
- in den letzten beiden Jahren vor dem Antrag auf Reha sind für sechs Kalendermonate Pflichtbeiträge für eine versicherte Beschäftigung oder Tätigkeit gezahlt
ODER
- innerhalb von zwei Jahren nach einer Ausbildung bis zum Antrag auf Reha wurde eine versicherte Beschäftigung oder selbstständige Tätigkeit ausgeübt oder wenn nach einer solchen Beschäftigung oder Tätigkeit bis zum Antrag Arbeitsunfähigkeit oder Arbeitslosigkeit vorlag.
- bei einer onkologischen Reha reichen auch das Vorliegen von fünf Jahren Wartezeit oder der Bezug einer Altersrente.

Voraussetzungen für eine berufliche Rehabilitation
(Berufliche Reha: Leistungen zur Teilhabe am Arbeitsleben)

- ohne diese Leistungen ist eine Rente wegen verminderter Erwerbsfähigkeit von der Deutschen Rentenversicherung zu leisten ODER
- eine medizinische Reha reicht nicht aus, um den angestrebten Rehabilitationserfolg zu erreichen.

Keine Rehabilitationsleistung von der Deutschen Rentenversicherung ist möglich, wenn

- die letzte Reha weniger als vier Jahre zurückliegt.
- Ausnahme: Die Reha-Leistungen sind aus gesundheitlichen Gründen dringend erforderlich, damit sich die Arbeitsfähigkeit nicht verschlechtert.

2.1 Reha vor Rente

Ferner keine Reha:

- Es liegen ein Arbeitsunfall vor, eine Berufskrankheit oder das soziale Entschädigungsrecht greift. Die Zuständigkeit liegt dann ggf. bei der Unfallversicherung oder der Kriegsopferfürsorge.
- Es wird bereits eine Altersrente gezahlt, wobei mindestens zwei Drittel einer Vollrente gezahlt werden müssen bzw. eine Altersrente wurde beantragt. Auch ein dauerhaftes Ausscheiden aus dem Arbeitsleben, ggf. in Form von Übergang durch betriebliche Leistungen, versagt eine Leistung durch die Deutsche Rentenversicherung. Die Zuständigkeit für Reha-Leistungen liegt dann bei den entsprechenden Krankenkassen. Ausnahme: Eine onkologische Reha.
- Keine Reha von der Deutschen Rentenversicherung für Beamte, Richter, Soldaten. Die Zuständigkeit liegt bei der Beihilfestelle usw.
- Keine Reha für Personen, die sich in Untersuchungshaft oder im Vollzug einer Freiheitsstrafe befinden.

Bei der Beendigung der Rehabilitationsmaßnahme wird eine sozialmedizinische Leistungsbeurteilung erstellt. Es wird das Ausmaß beurteilt, in dem Krankheiten bzw. Behinderungen körperliche, geistige und seelische Funktionen des Patienten beeinträchtigt haben. Die Zusammenfassung des qualitativen Leistungsvermögens umfasst die noch zumutbare körperliche Arbeitsschwere, Arbeitshaltung und –organisation. Der zeitliche Umfang (quantitatives Leistungsvermögen) gliedert sich in das Restleistungsvermögen (drei Kategorien: 6 h und mehr oder zwischen 3 und 6 h bzw. über 6 h). Die Einteilung erfolgt auf der Grundlage der Leitlinien zur Beurteilung der Leistungsfähigkeit im Erwerbsleben. Die Leitlinie kann über die Deutsche Rentenversicherung bezogen werden:
https://www.deutsche-rentenversicherung.de/DRV/DE/Experten/Infos-fuer-Aerzte/Begutachtung/begutachtung.html

Die Zusammenfassung der sozialmedizinischen Leistungsbeurteilung umfasst die letzte berufliche Tätigkeit und deren noch vorhandenes quantitatives Leistungsvermögen, gefolgt vom positiven und negativen Leistungsbild für den allgemeinen Arbeitsmarkt und dessen Beurteilung des quantitativen Leistungsbilds.

Weitere Zuständigkeiten für eine Rehamaßnahme finden Sie im Abschn. 5.2 *Übergangsgeld.*

2.1.1 Antrag auf Reha

Zunächst ist mit dem behandelnden Arzt oder Betriebsarzt zu besprechen, ob eine Rehabilitationsmaßnahme notwendig und sinnvoll sein kann. Der Arzt oder

Betriebsarzt muss für diesen Zweck einen Befundbericht ausfüllen. Das entsprechenden Formular S0051 steht hier bereit: https://www.deutsche-rentenversicherung.de/SharedDocs/Formulare/DE/_pdf/S0051.html.

Eine Ausnahme bildet die Deutsche Rentenversicherung Westfalen. Hier ist es nötig, dass ein medizinisches Gutachten erstellt wird. Das Gutachten wird von der dortigen Stelle in Auftrag gegeben: https://www.deutsche-rentenversicherung.de/DRV/DE/Reha/Reha-Antragstellung/Gutachtersuche-Westfalen/gutachtersuche_westfalen_node.html.

Die Formulare sind je nach den verschiedenen Rehabilitationsarten und diversen Zusatzleistungen gegliedert (Übernahme von zum Beispiel Reisekosten): https://www.deutsche-rentenversicherung.de/DRV/DE/Reha/Reha-Antragstellung/reha_antragstellung.html.

Im nächsten Schritt ist Kontakt mit den zuständigen Reha-Stellen der Deutschen Rentenversicherung aufzunehmen: Die Kontaktstellen sind nach Bundesländern eingeteilt: https://www.deutsche-rentenversicherung.de/DRV/DE/Beratung-und-Kontakt/Kontakt/Anschriften-Uebersicht/anschriften_uebersicht_detail.html.

Es ist möglich, eine bestimmte Klinik auszusuchen (Wunschklinik), diese sollte ein entsprechendes Reha-Angebot für die vorliegenden Krankheiten anbieten, siehe https://www.drv-reha.de/kliniken.

2.1.2 Reha-Antrag wird Antrag auf Erwerbsminderung

Diese sog. Rentenantragsfiktion (§ 116 SGB VI) kommt in Betracht, wenn die Rehabilitationsklinik eine Leistungsminderung festgestellt hat. Hintergrund ist, dass erwerbsgeminderte Versicherte vor den Folgen einer verspäteten Rentenantragsstellung geschützt werden sollen.

Allein ausschlaggebend für eine Rentenantragsfiktion ist, dass die Erfolgsaussicht für die Rehabilitationsmaßnahme negativ eingestuft wird. Hierbei ist es unerheblich, ob der Versicherte während der Rehamaßnahme als erwerbsgemindert beurteilt wird oder vor der Rehamaßnahme anderweitig diese Einstufung erfährt. Ob der Versicherte die sozialversicherungsrechtlichen und ggf. die medizinischen Voraussetzungen tatsächlich erfüllt, wird nicht geprüft.

Wünscht der Versicherte diese Rentenantragsfiktion nicht, ist es möglich, den Antrag auf Rehabilitationsleistungen zurückzunehmen oder einer Antragsfiktion zu widersprechen. Die Rücknahme des Antrages ist so lange möglich, wie dieser noch keine Bestandskraft erhält. Rechtskraft erhält der Antrag, wenn er in Form eines Rentenbescheides eintrifft und die Widerspruchsfrist abgelaufen ist – Einzelheiten siehe Abschn. 9.2 *Rechtsmittel Widerspruch*.

Falls die Rehabilitationsmaßnahme aus Gründen der Zuständigkeit an eine Krankenkasse verwiesen wurde, ist das Dispositionsrecht des Versicherten eingeschränkt (§ 51 SGB V). Der Umdeutung des Antrags auf Leistungen zur medizinischen Rehabilitation oder zur Teilhabe am Arbeitsleben in einen Rentenantrag kann nicht ohne Einwilligung der Krankenkassen widersprochen werden. Wurde der Rehaantrag ohne Aufforderung der Krankenkasse gestellt, so kann die Krankenkasse ihr Dispositionsrecht nicht direkt wahrnehmen. Die Krankenkasse hat allerdings die Möglichkeit der sog. nachgeschobenen Aufforderung zur Antragsstellung einer Rehabilitation und damit wieder ein Dispositionsrecht.

Das Dispositionsrecht ist ebenfalls eingeschränkt, wenn die Agentur für Arbeit (§ 145 SGB III) eine Aufforderung zur Reha mitteilt.

Kommt es zu einer Umdeutung des Reha-Antrages in einen Erwerbsminderungsantrag, wird die Deutsche Rentenversicherung den Versicherten entsprechend informieren. Die Rentenantragsstellung muss dennoch nochmals durchgeführt werden, da beim Antrag auf eine Erwerbsminderungsrente viele weitere Prüftatbestände durchgeführt werden. Die Frist zur Antragsstellung auf eine Erwerbsminderungsrente beträgt sechs Wochen. Einzelheiten enthält Kap. 7 Antragsverfahren.

2.2 Volle Erwerbsminderungsrente

§ 43 SGB VI (Auszug)
Voll erwerbsgemindert sind Versicherte, die wegen Krankheit oder Behinderung auf nicht absehbare Zeit außerstande sind, unter den üblichen Bedingungen des allgemeinen Arbeitsmarktes mindestens drei Stunden täglich erwerbstätig zu sein.

Detaillierte Erläuterungen sind in Abschn. 1.1 *„Sozialversicherungsrechtliche Voraussetzungen"* und Abschn. 1.2 *„Medizinische Voraussetzungen"* aufgeführt.

Wird eine volle Erwerbsminderungsrente bezogen, endet das Arbeitsverhältnis, so das Bundesarbeitsgericht vom 10.12.2014 AZ: R 1002/12. Die Bewilligung einer Dauerrente (hier Erwerbsminderungsrente) ist ein sachlicher Grund zur Beendigung des Arbeitsverhältnisses. Auch eine mögliche Wiederherstellung des Gesundheitszustandes ändert an dieser Gegebenheit nichts.

Demgegenüber steht eine Rentenbewilligung mit einer Befristung. Die Befristung bewirkt, dass das Arbeitsverhältnis ruht und wieder auflebt, wenn die Rente endet.

Die Rente wegen voller Erwerbsminderung bildet einen Lohnersatz. In diesem Fall wird der volle Anspruch als Rentenzahlung geleistet. Einen Überblick über die Höhe der Rentenzahlungen kann den individuellen/persönlichen Renteninformationen oder den Rentenauskünften entnommen werden. Einzelheiten zur Berechnung im Kapitel Rentenberechnungen.

2.3 Teilweise Erwerbsminderungsrente

§ 43 SGB VI (Auszug)
Teilweise erwerbsgemindert sind Versicherte, die wegen Krankheit oder Behinderung auf nicht absehbare Zeit außerstande sind, unter den üblichen Bedingungen des allgemeinen Arbeitsmarktes mindestens sechs Stunden täglich erwerbstätig zu sein.

Detaillierte Erläuterungen sind in Abschn. 1.1 *„Sozialversicherungsrechtliche Voraussetzungen"* und Abschn. 1.2 *„Medizinische Voraussetzungen"* aufgeführt.

Eine Rente wegen teilweiser Erwerbsminderung wird gezahlt, wenn wegen Krankheit oder Behinderung noch mindestens drei, aber nicht mehr als sechs Stunden pro Tag eine Erwerbstätigkeit durchgeführt werden kann – und zwar irgendeine Tätigkeit auf dem allgemeinen Arbeitsmarkt. Grundsätzlich ist der gesamte Arbeitsmarkt der Bundesrepublik Deutschland maßgeblich. Ist es jedoch bei einer Leistungseinschränkung nicht mehr möglich, eine volle Tätigkeit auszufüllen, so kann nur noch der regionale Arbeitsmarkt in Betracht kommen. Es muss also möglich sein, durch tägliches Pendeln die Arbeitsstelle zu erreichen (Bundessozialgericht Beschluss vom 11.12.1969 AZ: GS 4/69).

Besteht noch eine Teilzeitstelle, so erhält der Arbeitgeber ein Formular von der Deutschen Rentenversicherung, um die Möglichkeit einer Fortführung oder Änderung der bisherigen Teilzeitstellen abzuklären. Hierbei ist der Anspruch nach § 8 TzBfG zu beachten.

Ein Anspruch auf eine Teilzeitarbeitsstelle nach § 8 TzBfG besteht, wenn

- noch ein Arbeitsverhältnis besteht,
- das Unternehmen mindestens 15 Mitarbeiter (ohne Azubis) beschäftigt,
- der Einsatz von 3 bis max. 6 h/Tag im bisherigen Beschäftigungsbereich erfolgen kann,
- das Beschäftigungsverhältnis seit mindestens 6 Monaten besteht,
- wenn für den Arbeitgeber keine verhältnismäßig hohe Belastung besteht.

Die Voraussetzungen bei einer Arbeitsstelle im öffentlichen Dienst sind so weit geregelt (§ 33 TVöD), dass das Arbeitsverhältnis ruht, wenn eine teilweise

Erwerbsminderung vorliegt und der Beschäftigte einen Antrag auf Weiterbeschäftigung gestellt hat.

Bei schwerbehinderten Menschen muss das Integrationsamt gehört werden, falls eine Auflösung erfolgen soll (Bundesarbeitsgericht Urteil vom 16.01.2018 AZR 622/15).

Die Beurteilung einer teilweisen Erwerbsminderungsrente richtet sich nicht danach, ob eine Teilzeitstelle besteht, sondern geschieht nur aufgrund medizinischer Gründe. Anders wollte die Deutsche Rentenversicherung in der Vergangenheit entscheiden. Sie lehnte einen Rentenanspruch auf eine teilweise Erwerbsminderung ab, weil die Versicherte mit dem Restleistungsvermögen die bisherige Teilzeitstelle noch hätte ausfüllen können. Das Sozialgericht Frankfurt am Main hob mit Urteil vom 16.10.2009 (AZ: S. 6 R 407/08) diese Begründung auf : Die Rechtsprechung gibt hier keine entsprechende Grundlage. Ein Anspruch auf Erwerbsminderung kann somit nicht ausgeschlossen werden, wenn mit einem Restleistungsvermögen noch die bisherige Teilzeitbeschäftigung ausgeübt werden könnte.

▶ **Wichtig**
Ein Anspruch auf eine volle oder teilweise Erwerbsminderungsrente ist nur danach zu beurteilen, ob das Leistungsvermögen auf unter drei bzw. unter sechs Stunden gesunken ist. Sowohl in den Fällen, in denen der Versicherte keinen Teilzeitarbeitsplatz vorweisen kann als auch in den Fällen, wo noch ein Teilzeitarbeitsplatz besteht.

Die Rente wegen teilweiser Erwerbsminderung beträgt nur die Hälfte des Anspruches, der auf der individuellen Renteninformation oder Rentenauskunft aufgeführt wird. Diese Rente hat nur eine Lohnzuschussfunktion, weil der Versicherte noch teilweise arbeiten kann. Einzelheiten zur Rentenberechnung enthält Kap. 4.

2.4 Erwerbsminderungsrente als Arbeitsmarktrente

Versicherte, die eine teilweise Erwerbsminderungsrente erhalten, können bei Vorliegen eines verschlossenen Arbeitsmarktes auch eine volle Erwerbsminderungsrente beziehen. Hierbei handelt es sich dann um eine Rente wegen voller Erwerbsminderung bei Verschlossenheit des Teilzeitarbeitsmarktes (Arbeitsmarktrente).

Liegt Arbeitslosigkeit vor, so ist in den meisten Fällen davon auszugehen, dass mit dem Restleistungsvermögen keine Teilzeitstelle ausgefüllt werden kann bzw.

keine entsprechende Teilzeitstelle auf dem Arbeitsmarkt zu finden ist. Das bestimmt sich aus dem Umkehrschluss des § 43 SGB VI. Es wird bestimmt, dass unter den üblichen Bedingungen des Arbeitsmarktes mit einer Leistungsfähigkeit von sechs Stunden pro Tag eine Erwerbsfähigkeit möglich ist und es dabei auf den konkreten Arbeitsmarkt nicht ankommt. Im Umkehrschluss ist somit festzuhalten, dass der Arbeitsmarkt bei einem Leistungsvermögen von unter sechs Stunden sehr wohl von Bedeutung ist und deshalb eine passende Teilzeitarbeitsstelle vorhanden sein muss. Bei fehlender Vermittelbarkeit auf dem Arbeitsmarkt wird deshalb eine volle Erwerbsminderungsrente als Arbeitsmarktrente geleistet. Im Übrigen gilt bei teilweiser Leistungsminderung der regionale Arbeitsmarkt (Bundessozialgericht Beschluss vom 11.12.1969 AZ: GS 4/69).

Dazu das Hessisches Landessozialgericht mit Urteil vom 23.08.2019 AZ: L5 R 226/18 bei einem bestehenden Arbeitsverhältnis.

> Leitsatz:
> Der Verschlossenheit des Teilzeitarbeitsmarktes steht nicht entgegen, dass der Versicherte ggf. Ansprüche auf Verringerung der Arbeitszeit aus § 8 Teilzeitbefristungsgesetz (TzBfG) oder auf Teilzeitbeschäftigung aus § 8 SGB IX a.F. gegenüber seinem Arbeitgeber geltend machen kann.
> Den Versicherten trifft keine Mitwirkungspflicht, zur Vermeidung der Verschlossenheit des Teilzeitarbeitsmarktes einen Antrag auf Teilzeitbeschäftigung oder Verringerung der Arbeitszeit zu stellen.
> Die Weigerung, einen Antrag auf Teilzeitbeschäftigung oder Verringerung der Arbeitszeit gegenüber dem Arbeitgeber zu stellen, erfüllt bei einer Arbeitsmarktrente nicht die Voraussetzungen des Leistungsausschlusses nach § 103 SGB VI. (Anmerkung § 103 SGB VI: absichtliche Minderung der Erwerbsfähigkeit).

Grundlage zur Bestimmung zur Verschlossenheit des Teilzeitarbeitsmarktes bestimmt sich insoweit in der Tatsache, dass weder die Agentur für Arbeit noch die Deutsche Rentenversicherung innerhalb eines Jahres ab Stellung des Rentenantrages in der Lage sind, einen in Betracht kommenden, täglich von der Wohnung aus erreichbaren Arbeitsplatz anbieten zu können. Das Risiko, für Teilzeitarbeit einen ausfüllbaren freien Arbeitsplatz zu finden, wird somit auf die Deutsche Rentenversicherung übertragen.

Das LSG Hessen formuliert ferner, dass der Versicherte bei der Klärung der Arbeitsmarktlage mitwirken und sich ggf. bei der Agentur für Arbeit als Arbeitssuchender melden muss. Allerdings ist anzumerken, dass aufgrund der Sicht der Agentur für Arbeit, dass nur geringe Vermittlungschancen auf dem Teilzeitarbeitsmarkt bestehen, seitens der Deutschen Rentenversicherung seit 2018 keine Bemühungen um Sachaufklärung mehr erfolgen. Der Teilzeitarbeitsmarkt bleibt somit verschlossen.

Da grundsätzlich aber bei einem bestehenden Arbeitsplatz davon auszugehen ist, dass der Arbeitsmarkt nicht verschlossen ist, ist im konkreten Fall anzumerken, dass der Arbeitgeber keinen Teilzeitarbeitsplatz anbieten konnte und auch sonst keine Ausnahmeregelungen vorlagen (weitere Einzelheiten zu Ausnahmen im Abschn. 1.2.8 *Prüfung vorhandene Beschäftigung*).

2.5 Erwerbsminderungsrente bei Berufsunfähigkeit

Diese Sonderregelung (§ 240 SGB VI) gilt für Versicherte, die vor dem 02.01.1961 geboren und berufsunfähig sind. Konkret erläutert der zweite Absatz des § 240 SGB VI:

§ 240 SGB VI (Auszug)

(2) Berufsunfähig sind Versicherte, deren Erwerbsfähigkeit wegen Krankheit oder Behinderung im Vergleich zur Erwerbsfähigkeit von körperlich, geistig und seelisch gesunden Versicherten mit ähnlicher Ausbildung und gleichwertigen Kenntnissen und Fähigkeiten auf weniger als sechs Stunden gesunken ist. Der Kreis der Tätigkeiten, nach denen die Erwerbsfähigkeit von Versicherten zu beurteilen ist, umfasst alle Tätigkeiten, die ihren Kräften und Fähigkeiten entsprechen und ihnen unter Berücksichtigung der Dauer und des Umfangs ihrer Ausbildung sowie ihres bisherigen Berufs und der besonderen Anforderungen ihrer bisherigen Berufstätigkeit zugemutet werden können. Zumutbar ist stets eine Tätigkeit, für die die Versicherten durch Leistungen zur Teilhabe am Arbeitsleben mit Erfolg ausgebildet oder umgeschult worden sind. Berufsunfähig ist nicht, wer eine zumutbare Tätigkeit mindestens sechs Stunden täglich ausüben kann, dabei ist die jeweilige Arbeitsmarktlage nicht zu berücksichtigen.

Bei dieser Ausführung wird somit nicht auf den allgemeinen Arbeitsmarkt abgestellt (irgendeine Tätigkeit), sondern der bisher ausgeübte Beruf rückt konkret in den Mittelpunkt. Da bei einer Berufsunfähigkeit der bisherige Beruf nicht mehr ausgeübt werden kann, werden an einen Verweisungsberuf besondere Anforderungen gestellt. Dieser Verweisungsberuf muss hinsichtlich der Qualifikation und Anforderungen vergleichbar mit dem bisherigen Beruf sein.

Es werden zunächst die allgemeinen Voraussetzungen für eine Berufsunfähigkeitsrente geprüft:

- Mindestversicherungszeit von 5 Jahren (60 Kalendermonate,)
- vor dem 02.01.1961 geboren,

- in den letzten 5 Jahren wurden mindestens für drei Jahre Pflichtbeiträge gezahlt,
- die Regelaltersgrenze wurde noch nicht erreicht,
- es liegt eine Berufsunfähigkeit im Sinne der Sozialversicherung vor.

Bei der weiteren Prüfung wird der zuletzt ausgeübte Beruf festgestellt. Das ist meistens der zuletzt ausgeübte bzw. der am längsten ausgeübte Beruf. Die Dauer der Berufstätigkeit muss mindestens ein Jahr betragen, Tätigkeiten innerhalb einer Arbeitsbeschaffungsmaßnahme gelten nicht als Berufstätigkeit. Die Deutsche Rentenversicherung beurteilt den bisherigen Beruf auch anhand der Art der Beitragszahlung, also der gezahlten Rentenversicherungsbeiträge für das eigene Rentenkonto. Wurden für die Tätigkeit Pflichtbeiträge ins Rentenkonto gezahlt, so entspricht diese Tätigkeit dem Hauptberuf. Die Zahlung von freiwilligen Beiträgen, etwa nach der Entrichtung von Pflichtbeiträgen, durchbricht den Hauptberuf nicht, es verbleibt beim festgestellten Hauptberuf während der Zeit der Zahlung von Pflichtbeiträgen. Wurden ausschließlich nur freiwillige Beiträge gezahlt (etwa bei einer Selbstständigkeit), so entscheidet die Höhe der Zahlung den Wert des Berufes und wird – wie weiter unten dargestellt – wie eine berufliche Angestelltenposition beurteilt.

Da aufgrund des festgestellten Restleistungsvermögens eine Tätigkeit im bisherigen Beruf aus gesundheitlichen Gründen nicht mehr möglich ist, ist ein objektiv und subjektiv zumutbarer Verweisungsberuf zu benennen. Ein Verweisungsberuf kann nur infrage kommen, wenn er den Kräften, Fähigkeiten, Wissen und Können des Versicherten entspricht (objektive Prüfung). Subjektiv zumutbar sind solche Tätigkeiten, die keinen unzumutbaren sozialen Abstieg nach sich ziehen. Es muss somit der qualitative Wert des (neuen) Berufes beurteilt werden, dieser definiert sich durch die Berufsausbildung und sonstigen Merkmalen, wie zum Beispiel hohe Verantwortung, nötige Zuverlässigkeit usw. die die neue Tätigkeit prägen. Das Bundessozialgericht hat für die Eingruppierung ein Mehrstufenschema entwickelt, sodass gleichwertige Berufstätigkeiten in Berufsgruppen zusammengefasst werden können, um damit einen „passenden" Verweisungsberuf aufzeigen zu können.

Differenzierung für Arbeiter
1. Erste Stufe, Leitberuf eines Vorarbeiters mit Vorgesetztenfunktion, vergleichbar mit einem Meister oder besonders qualifizierten Facharbeitern.
2. Zweite Stufe, Leitberuf des Facharbeiters mit einem anerkannten Ausbildungsberuf, zwei oder drei Jahre Ausbildung nach der Handwerksordnung bzw. dem Berufsbildungsgesetz.

2.5 Erwerbsminderungsrente bei Berufsunfähigkeit

3. Dritte Stufe, angelernte Arbeiter in einem sonstigen Ausbildungsberuf bzw. mit Ausbildung bis zu zwei Jahren bzw. sonstige Angelernte mit nur geringer Einarbeitung.
4. Vierte Stufe, ungelernte Arbeiter, jedwede Tätigkeit auf dem allgemeinen Arbeitsmarkt.

Differenzierung für Angestellte
1. Erste Stufe, Angestellte mit einem abgeschlossenen Hochschulstudium oder einer vergleichbaren beruflichen Qualifikation bzw. leitende Angestellte.
2. Zweite Stufe, Angestellte mit einem abgeschlossenen Fachhochschulstudium oder einer vergleichbaren beruflichen Qualifikation bzw. leitende Angestellte.
3. Dritte Stufe, Angestellte mit Fachschule oder einer Meisterprüfung.
4. Vierte Stufe, Angestellte mit dreijähriger Ausbildung.
5. Fünfte Stufe, Angestellte mit ein- oder zweijähriger Ausbildung bzw. Angelernte.
6. Sechste Stufe, Angestellte mit Ausbildung von drei bis sechs Monaten bzw. Angelernte.
7. Siebte Stufe, Angestellte ohne Ausbildung.

Zulässig ist eine Verweisung auf Tätigkeiten der nächstniedrigeren Stufe (Bundessozialgericht Beschluss vom 27.08.2009 AZ B 13 R 85/09). Dabei ist zu berücksichtigen, dass die Verweisungstätigkeit lediglich eine dreimonatige Einweisung nötig macht, um diese auf der Grundlage des bisherigen Berufes auch ausüben zu können (Bundessozialgericht vom 22.09.1977 AZ: 5 R J 96/76). Eine Umschulung durch Leistungen zur beruflichen Rehabilitation ist grundsätzlich sozial zumutbar.

Der Verweisungsberuf muss exakt bestimmt werden und muss tatsächlich auch auf dem allgemeinen Arbeitsmarkt vorhanden sein. Die exakte Bestimmtheit entfällt bei ungelernten Tätigkeiten.

Für die exakte Eingruppierung der Berufsgruppen entstand ein Berufsgruppenkatalog. Dieser kann bei der Deutschen Rentenversicherung eingesehen werden: https://rvrecht.deutsche-rentenversicherung.de/SiteGlobals/Forms/Suche/DokumentSuche/dokumentSuche_Formular.html?nn=1505798&pathNonRecursive=%2FLitInternet%2FSharedDocs%2FrvRecht%2F04_GRA_Sonstige%2F00_berufsgruppenkatalog+%2FLitInternet%2FSharedDocs%2FrvRecht_Ergaenzungen%2F04_GRA_Sonstige%2F00_berufsgruppenkatalog

2.6 Befristete und unbefristete Erwerbsminderungsrenten

Ist die Wiedererlangung der Erwerbsfähigkeit eher ungewiss, wird die Rente stets mit einer Befristung versehen. Die Befristung wird auf maximal drei Jahre begrenzt und kann drei Mal verlängert werden. Die Gesamtdauer einer Befristung beträgt somit höchstens neun Jahre. Die neun Jahre beziehen sich auf die Anspruchsdauer. Sind andere Zeiten ohne Erwerbsminderungsrentenbezug innerhalb der Neunjahresfrist enthalten, werden diese Zeiten nicht addiert, die Zeitdauer beginnt erneut. Besteht die gesundheitliche Einschränkung nach der Gesamtdauer der Befristung fort, so ist die Erwerbsminderungsrente dauerhaft zu zahlen.

Die befristete Erwerbsminderungsrente endet ggf. vorzeitig, wenn medizinische Gründe belegen, dass die Erwerbsfähigkeit wieder vorhanden ist bzw. verbessert werden kann. Ebenso endet die Erwerbsminderungsrente, wenn sie als Arbeitsmarktrente gezahlt wird, und ein Anspruch auf einen Arbeitsplatz (Teilzeit) besteht. Die teilweise Erwerbsminderungsrente innerhalb der Arbeitsmarktrente wird separat beurteilt.

Befristung § 102 SGB VI (Auszug)
(2) Renten wegen verminderter Erwerbsfähigkeit und große Witwenrenten oder große Witwerrenten wegen Minderung der Erwerbsfähigkeit werden auf Zeit geleistet. Die Befristung erfolgt für längstens drei Jahre nach Rentenbeginn. Sie kann verlängert werden, dabei verbleibt es bei dem ursprünglichen Rentenbeginn. Verlängerungen erfolgen für längstens drei Jahre nach dem Ablauf der vorherigen Frist. Renten, auf die ein Anspruch unabhängig von der jeweiligen Arbeitsmarktlage besteht, werden unbefristet geleistet, wenn unwahrscheinlich ist, dass die Minderung der Erwerbsfähigkeit behoben werden kann, hiervon ist nach einer Gesamtdauer der Befristung von neun Jahren auszugehen...

Befristete Renten enden automatisch mit Ablauf der Frist. Ist angestrebt, dass die Erwerbsminderungsrente darüber hinaus gezahlt werden soll, so ist ein Antrag auf Weitergewährung zu stellen (siehe Abschn. 7.4 *Verlängerungsantrag*).

Die Befristung endet mit der Zugangsmöglichkeit zu einer Regelaltersrente. Die Regelaltersrente muss separat beantragt werden – ggf. wird die Deutsche Rentenversicherung ein Erinnerungsschreiben schicken. Das Formular R0110 der Deutschen Rentenversicherung erlaubt einen verkürzten Rentenantrag: https://www.deutsche-rentenversicherung.de/SharedDocs/Formulare/DE/_pdf/R0110.html

Werden Renten aus medizinischen Gründen gewährt, so entfällt eine Befristung nur, wenn es unwahrscheinlich erscheint, dass die Minderung der Erwerbsfähigkeit wieder behoben werden kann. Diese Beurteilung kann nur durch einen Arzt erfolgen und muss im Gutachten ausdrücklich vermerkt sein. Eine unwahrscheinliche Wiederherstellung des Gesundheitszustandes ist ggf. unter neuen therapeutischen Möglichkeiten zu betrachten. Dabei spielt es keine Rolle, ob die Therapiemöglichkeit zumutbar ist (Bundessozialgericht vom 29.03.2006 AZ: B 13 R J 31/05).

Die Beurteilung muss innerhalb der Höchstbefristung von neun Jahren erfolgen. Wird die Gesamtdauer überschritten, ist stets davon auszugehen, dass sich der Gesundheitszustand nicht mehr bessern wird, die Rente ist somit dauerhaft zu zahlen.

Arbeitsmarktrenten haben stets eine Befristung.

2.7 Beginn einer Erwerbsminderungsrente

Grundsätzlich beginnen die Renten wegen Erwerbsminderung, wenn die Anspruchsvoraussetzungen vorliegen und sie beantragt worden sind (§ 99 SGB VI i.V.m. § 101 SGB VI und § 102 SGB VI).

Es ist somit zu prüfen:

- Sozialversicherungsrechtliche und medizinische Voraussetzungen und
- Eintritt der Erwerbsminderung und
- Datum der Rentenantragsstellung.
- Ausnahmen: befristete Renten, fehlende Nahtlosigkeit.
- Besonderheiten: Arbeitsmarktrente.

Die Anspruchsvoraussetzungen liegen vor, wenn die sozialversicherungsrechtlichen und die medizinischen Voraussetzungen erfüllt sind. Die sozialversicherungsrechtlichen Voraussetzungen werden stets zu Anfang des Antragsverfahrens geprüft, die medizinischen Voraussetzungen im Laufe des Verfahrens und ggf. erst durch weitere Gutachten.

Die Beurteilung, ab wann eine Erwerbsminderungsrente gezahlt wird, stützt sich auf einen medizinisch bedingten Grund. Es muss also eine Erwerbsminderung ab einem bestimmten Tag festgestellt worden sein. In Fachkreisen ist das der „Leistungsfall". Der Leistungsfall, und damit der Eintritt von Erwerbsminderung, kann zum Beispiel durch einen Herzinfarkt oder einen Unfall eintreten.

Ist kein konkretes Datum feststellbar, beispielsweise durch eine schleichend verlaufende Erkrankung, so muss eine Einschätzung erfolgen. Hilfsweise können nachfolgende Ereignisse für die Zuordnung eines konkreten Datums dienen:

- Beginn einer Arbeitsunfähigkeit, wenn die Erkrankung bereits vorgelegen haben muss.
- Aufgabe der Erwerbstätigkeit aus Krankheitsgründen.
- Einweisung ins Krankenhaus.
- Datum des Rehaantrages.
- Datum des Rentenantrages.

Die Rentenzahlung erfolgt frühestens zum Beginn des Folgemonats, denn die Voraussetzungen müssen zu Beginn des Monats vorliegen. Tritt die Erwerbsminderung erst am ersten Tag des Monats ein, so lag sie nicht schon am ersten Tag des Monats um 0.00 Uhr vor – die (unbefristete) Rente beginnt somit im Folgemonat.

Die zweite Voraussetzung, die den Beginn einer Erwerbsminderungsrente beurteilt, ist das Datum des Rentenantrages, im § 99 SGB VI definiert (Auszug):

§ 99 SGB VI (Auszug)
1) Eine Rente aus eigener Versicherung wird von dem Kalendermonat an geleistet, zu dessen Beginn die Anspruchsvoraussetzungen für die Rente erfüllt sind, wenn die Rente bis zum Ende des dritten Kalendermonats nach Ablauf des Monats beantragt wird, in dem die Anspruchsvoraussetzungen erfüllt sind. Bei späterer Antragsstellung wird eine Rente aus eigener Versicherung von dem Kalendermonat an geleistet, in dem die Rente beantragt wird.

Der Antrag auf Erwerbsminderung muss innerhalb von drei Monaten nach Eintritt der Erwerbsminderung (des Leistungsfalles) gestellt werden. Bei rechtzeitiger Antragsstellung beginnt die unbefristete Erwerbsminderungsrente im Folgemonat. Wird der Antrag erst nach Ablauf der Dreimonatsfrist gestellt, so beginnt die unbefristete Rente erst mit dem Ersten des Antragsmonats.

Eine Ausnahme zum Beginn einer Erwerbsminderungsrente sind die befristeten Erwerbsminderungsrenten, geregelt im § 101 SGB VI (Auszug):

§ 101 SGB VI (Auszug)
(1) Befristete Renten wegen verminderter Erwerbsfähigkeit werden nicht vor Beginn des siebten Kalendermonats nach dem Eintritt der Minderung der Erwerbsfähigkeit geleistet.

2.7 Beginn einer Erwerbsminderungsrente

Der Rentenbeginn wird zunächst ebenfalls unter den Bedingungen des § 99 SGB VI geprüft. Anschließend allerdings noch, ob der ermittelte Leistungsbeginn vor dem 7. Kalendermonat liegt, in dem die Erwerbsminderung eingetreten ist. Ist das zu bejahen, beginnt die Rente mit dem Ersten des 7. Kalendermonats. Eine befristete Erwerbsminderungsrente führt somit zu einem Rentenausschluss für die ersten sechs Monate.

Eine Ausnahme von der Ausnahme zum Rentenbeginn ist möglich, wenn bei Renten wegen voller Erwerbsminderung (aus medizinischen Gründen) eine Befristung vorliegt. Wenn mit dieser Befristung eine sog. Nahtlosigkeit nicht mehr erreicht werden kann, wird die Rente früher gezahlt. Bei einer Nahtlosigkeit handelt es sich um finanzielle Leistungen anderer Sozialversicherungsträger (zum Beispiel der Krankenkasse oder der Agentur für Arbeit). Ist nicht gewährleistet, dass die Sozialleistungen bis zum tatsächlichen Beginn der Rentenzahlung gezahlt werden, so greift § 101 SGB VI ab dem Punkt 1a (Auszug):

§ 101 SGB VI (Auszug)
(1a) Befristet Renten wegen voller Erwerbsminderung, auf die Anspruch unabhängig von der jeweiligen Arbeitsmarktlage besteht, werden vor Beginn des siebten Kalendermonats nach dem Eintritt der Minderung geleistet, wenn.

1. entweder

A) die Feststellung der verminderten Erwerbsfähigkeit durch den Träger der Rentenversicherung zur Folge hat, dass ein Anspruch auf Arbeitslosengeld entfällt, oder.

b) nach Feststellung der verminderten Erwerbsfähigkeit durch den Träger der Rentenversicherung ein Anspruch auf Krankengeld nach § 48 des Fünften Buches auf Krankentagegeld von einem privaten Krankenversicherungsunternehmen endet und.

2) der siebte Kalendermonat nach dem Eintritt der Minderung der Erwerbsfähigkeit noch nicht erreicht ist.
In diesen Fällen werden die Renten von dem Tag an geleistet, der auf den Tag folgt, an dem der Anspruch auf Arbeitslosengeld, Krankengeld oder Krankentagegeld endet.

Die Agentur für Arbeit erhält normalerweise eine Information von der Deutschen Rentenversicherung über die Genehmigung einer Erwerbsminderungsrente. Die

Agentur für Arbeit stellt die Zahlung von Arbeitslosengeld ab Beginn der Erwerbsminderungsrente ein. Grundlage bildet der § 145 SGB III, denn der Anspruch auf Arbeitslosengeld besteht nur, solange im Sinne der Deutschen Rentenversicherung keine verminderte Erwerbsfähigkeit festgestellt wurde. Die Agentur für Arbeit wird somit ab Beginn der Rentenbewilligung die Zahlung von Arbeitslosengeld einstellen, losgelöst davon, ob die Deutsche Rentenversicherung mit der Zahlung der Rente beginnt.

In diesen Nahtlosigkeitsfällen bezüglich der Rentenzahlung muss deshalb bei befristeten Renten ebenso im Folgemonat die Zahlung beginnen – analog den unbefristeten Erwerbsminderungsrenten.

Für das Krankengeld gilt § 50 SGB VI, die Zahlung wird eingestellt (bei voller Erwerbsminderungsrente) oder gekürzt (ggf. bei teilweiser Erwerbsminderungsrente), denn Rentenzahlungen haben einen Vorrang vor Krankengeldzahlungen. Das Bundessozialgericht bestätigt mit seinem Urteil vom 28.09.2010 AZ: B 1 KR 31/09 R die Auffassung des Wegfalls von Krankengeldzahlungen zum Beginn einer Erwerbsminderungsrente, auch wenn diese erst mit Zeitverzug gezahlt wird.

Die Ausnahmeregelung der Deutschen Rentenversicherung zur Nahtlosigkeitszahlung bei einer befristeten Erwerbsminderungsrente entfällt, wenn der Anspruch auf Arbeitslosengeld oder Krankengeld bzw. Krankentagegeld schon vor positiver Bescheiderteilung über die Rente geendet hat.

▶ **Wichtig**

Die Deutsche Rentenversicherung ist normalerweise im Antragsverfahren auch über Zahlungen von anderen Sozialleistungsträgern informiert. Nichtsdestotrotz sollte darauf hingewiesen werden bzw. beim Eintreffen des Bescheides über eine befristete Erwerbsminderungsrente sollte dieser darauf geprüft werden, ob die Ausnahmeregelung auch berücksichtigt worden ist.

Es könnte noch ein teilweiser Anspruch auf Arbeitslosengeld bestehen. Wurde Arbeitslosengeld für eine Vollzeittätigkeit beantragt und bewilligt und wurde nun eine teilweise Erwerbsminderungsrente zugebilligt, so kann noch ein „halber" (Rest)Anspruch auf Arbeitslosengeld bestehen. Weitere Einzelheiten siehe Kap. 5 zu finanziellen Hilfen im Antragsverfahren.

Bei der Arbeitsmarktrente handelt es sich um zwei verschiedene Arten; die teilweise Erwerbsminderungsrente in Verbindung mit einem verschlossenen Arbeitsmarkt wird zur vollen Erwerbsminderungsrente.

Arbeitsmarktrenten werden grundsätzlich nur befristet gewährt. Hierzu der § 102 SGB VI (Auszug):

§ 102 SGB VI (Auszug)
(2) Renten wegen verminderter Erwerbsfähigkeit und große Witwenrenten oder große Witwerrenten wegen Minderung der Erwerbsfähigkeit werden auf Zeit geleistet. Die Befristung erfolgt für längstens drei Jahre nach Rentenbeginn. Sie kann verlängert werden, dabei verbleibt es bei dem ursprünglichen Rentenbeginn. Verlängerungen erfolgen für längstens drei Jahre nach dem Ablauf der vorherigen Frist. Renten, auf die ein Anspruch unabhängig von der jeweiligen Arbeitsmarktlage besteht, werden unbefristet geleistet, wenn unwahrscheinlich ist, dass die Minderung der Erwerbsfähigkeit behoben werden kann, hiervon ist nach einer Gesamtdauer der Befristung von neun Jahren auszugehen ...

Im Umkehrschluss zur Darstellung „unabhängig zur Arbeitsmarktlage, werden unbefristet", sind somit von der Arbeitsmarktlage abhängige Arbeitsmarktrenten befristet zu leisten. So kann es bei einer Arbeitsmarktrente dazu kommen, dass die teilweise Erwerbsminderungsrente, die aufgrund der medizinischen Gegebenheiten unbefristet gezahlt wird, ab dem Folgemonat nach der Feststellung der teilweisen Erwerbsminderung fällig wird, die volle Erwerbsminderungsrente, die aufgrund des verschlossenen Arbeitsmarktes gezahlt wird, erst jedoch nach den Richtlinien für befristete Renten, also mit einem Zeitverzug von sechs Monaten.

Literatur

1. Deutsche Rentenversicherung, Rentenart Erwerbsminderungsrente, Berlin.
2. Deutsche Rentenversichrung, rvRecht®, Berlin.
3. Deutsche Rentenversicherung (2023) , Studientext Nr. 17, Berlin.
4. Ihre Vorsorge®, Erwerbsminderungsrente (2023), Berlin.
5. Schewe, Petra (2017), Ratgeber Erwerbsminderungsrente, Bad Nauheim.
6. Von der Decken, Christel und Hecht, Christa, Die Erwerbsminderungsrente (2018) Frankfurt am Main.
7. Wagner, Britta und Heidemann (2024), Der Anspruch auf Rente wegen Erwerbsminderung – vom Arbeitsmarkt bis zum Hinzuverdienst, Bildungsabteilung Deutsche Rentenversicherung, Berlin.

Hinzuverdienstgrenzen 3

Zusammenfassung

Die Hinzuverdienstgrenzen bei Altersrenten und Erwerbsminderungsrenten sind zum 01.01.2023 grundsätzlich reformiert worden. War zunächst eine Grenze von 6300 € für alle vorgezogenen Altersrenten und Erwerbsminderungsrenten im Grundsatz einzuhalten, so wurden während der Coronazeit bereits Ausnahmen zugelassen. Die Hinzuverdienstgrenzen für Altersrenten sind gänzlich gefallen. Allerdings gelten für Erwerbsminderungsrentner immer noch Grenzen, die Höhe richtet sich jetzt nach der Bezugsgröße und wird somit dynamisch jedes Jahr angepasst. Neben diesen Grenzen sind weitere weitreichende Änderungen gesetzlich festgeschrieben worden, wie eine mögliche Arbeitserprobung und damit die Aushebelung der bisherigen Arbeitszeiten.

3.1 (Weiter)Arbeiten mit einer Erwerbsminderungsrente

Neben dem Bezug einer Erwerbsminderungsrente kann jederzeit eine Erwerbstätigkeit vollzogen werden. Bei einer vollen Erwerbsminderungsrente ist das Leistungsvermögen allerdings nur noch unter drei Stunden pro Tag. Bei einer teilweisen Erwerbsminderungsrente wird nur der halbe Anspruch auf die Rente geleistet, der Versicherte hat ein Restleistungsvermögen von drei bis unter sechs Stunden pro Tag. In diesem Fall geht die Deutsche Rentenversicherung davon aus, dass noch eine Erwerbstätigkeit in Teilzeit ausgeübt wird.

Der Anspruch auf eine Erwerbsminderungsrente kann geprüft werden und ggf. auch entfallen, wenn der Versicherte oberhalb des festgestellten Restleistungsvermögen arbeitet. Der Anspruch bleibt erhalten, wenn im konkreten Einzelfall der Versicherte arbeitet, obwohl er nur durch unzumutbare Willenskraft die Tätigkeit durchführen kann oder unter Gefahr der Verschlechterung des Gesundheitszustandes gearbeitet wird. Sinnvoll ist in diesem Zusammenhang ein Beweis – ggf. ein ärztliches Gutachten.

> **Wichtig**
> Die medizinische Beurteilung steht immer im Vordergrund. Die tatsächliche Arbeitsleistung kann ein Beweismittel sein, dass die vorher festgestellte Leistungsminderung nicht (mehr) besteht. Das Bundessozialgericht hat zum Beispiel im Urteil vom 23.04.1990 AZ: 5 RJ 84/89 festgestellt: „im allgemeinen ist davon auszugehen, dass derjenige, der eine Arbeit tatsächlich verrichtet, dazu auch gesundheitlich in der Lage ist."

Stellt die Deutsche Rentenversicherung ein erhöhtes Leistungsvermögen – entgegen der vorherigen Beurteilung – fest, so kann die Erwerbsminderungsrente entzogen werden. Der Versicherte erhält dann einen Aufhebungsbescheid (nach vorheriger Anhörung).

3.2 Arbeitserprobung, Eingliederungsversuch (seit dem 01.01.2024)

Eine (nebenberufliche) Arbeitsaufnahme beim Bezug einer Erwerbsminderungsrente ist und war bisher schwierig, galt es doch das verbliebene Restleistungsvermögen nicht zu überschreiten (siehe vorheriges Kap. 2). Bei einer vollen Erwerbsminderungsrente ist nur noch ein Restleistungsvermögen von unter drei Stunden pro Tag möglich, bei einer teilweisen Erwerbsminderungsrente nur noch eine Tätigkeit bis maximal sechs Stunden pro Tag.

Eine Arbeitsaufnahme und damit ggf. eine Überschreitung des Restleistungsvermögens konnte daher bisher bedeuten, dass die Deutsche Rentenversicherung eine Prüfung vollzog, ob diese Arbeitsaufnahme bedeutete, dass das Restleistungsvermögen falsch eingeschätzt wurde, um möglicherweise die Erwerbsminderungsrente abzuerkennen.

3.2 Arbeitserprobung, Eingliederungsversuch (seit dem 01.01.2024)

Durch eine gesetzliche Neuregelung zum 01.01.2024 ist es nun möglich, im Rahmen einer Arbeitserprobung oberhalb des Restleistungsvermögens tätig zu werden, ohne sofort den Anspruch auf eine Erwerbsminderungsrente zu verlieren. Der neue Absatz im § 43 SGB VI dazu lautet:

§ 43 SGB VI (neuer Absatz 7)
(7) Wird neben einer Rente nach Absatz 1 oder 2 unter den üblichen Bedingungen des allgemeinen Arbeitsmarktes eine Erwerbstätigkeit ausgeübt, deren Umfang das der Rentengewährung zugrunde liegende zeitliche Leistungsvermögen überschreitet, besteht für einen Zeitraum von regelmäßig sechs Monaten ab Beginn der Ausübung weiterhin Anspruch auf die gewährte Rente.

Die Aufnahme einer Arbeitserprobung oder ein sog. Eingliederungsversuch müssen nicht extra beantragt werden. Ausreichend ist (siehe Broschüre Summa Summarum der Deutschen Rentenversicherung, Ausgabe 1 aus 2024) eine Mitteilung des Versicherten an die Deutsche Rentenversicherung über die angestrebte Arbeitszeit, Art der Tätigkeit und den voraussichtlichen Verdienst. Aus den Angaben kann die Deutsche Rentenversicherung feststellen, in welcher Stundenanzahl der Eingliederungsversuch durchgeführt werden soll, die Angabe des voraussichtlichen Verdienstes sollte § 96 SGB VI berücksichtigen, da Erwerbsminderungsrenten einer Hinzuverdienstgrenze unterliegen (siehe weiter unten), denn die Rente wird während der Zeit der Arbeitserprobung weitergezahlt.

Die „Arbeitserprobung" soll maximal einen Zeitraum von sechs Monaten umfassen. Das Wort „regelmäßig" bedeutet, dass es sich hier um eine „Soll-Vorschrift" handelt. Die Behörde hat somit ein begrenztes Ermessen. Im Gegensatz zu einer „Muss-Vorschrift", bei dieser muss die Behörde laut Gesetzestext exakt handeln.

Eine Soll-Vorschrift wurde gewählt, da ein Ermessen möglich sein muss, denn eine Abweichung vom angestrebten Maximalzeitraum der Arbeitserprobung von sechs Monaten könnte sich bei manchen Versicherten als richtig erweisen. Gründe könnten sein, dass ein Arbeitsplatzwechsel innerhalb der Erprobung durchgeführt wird oder ein Wechsel des Aufgabengebietes oder der Verlauf der Arbeitserprobung schwankend ist in der Beurteilung. So wäre eine Verlängerung des Sechs-Monats-Zeitraumes sinnvoll.

Eine Verkürzung der Arbeitserprobung ist ebenfalls sinnvoll, wenn zum Beispiel die Rente bald ausläuft. Die Zahlung einer Erwerbsminderungsrente ist häufig befristet, sodass zunächst geprüft werden muss, ob eine Weiterzahlung der Erwerbsminderungsrente über das Enddatum hinaus möglich ist. Die Weiterzahlung erfolgt nur auf Antrag – Einzelheiten siehe in Kap. 7 *Antragsverfahren*.

Bei Aufnahme der Erwerbstätigkeit wird nicht geprüft, ob die Tätigkeit dem Leistungsvermögen entspricht. Es ist auch keine Prognose zu treffen, ob durch eine erfolgreiche Arbeitserprobung die Eingliederung in den allgemeinen Arbeitsmarkt wieder gelingen könnte. Etwas anderes gilt, wenn die Arbeitserprobung durchgeführt wird, um eine positive Prognose zu erhalten, wenn eine mögliche Wiederherstellung der Erwerbstätigkeit geplant ist (§ 10 SGB VI – Leistungen zur Teilhabe).

Am Ende des Eingliederungsversuches kann (nicht muss) jedoch ein Erfolg stehen, und zwar die Wiedereingliederung in den allgemeinen Arbeitsmarkt. Dann ist für die Zukunft zu entscheiden, ob und in welchem Umfang noch eine Leistungseinschränkung vorliegt und damit ggf. noch ein (Teil)Rentenanspruch auf Erwerbsminderung beurteilt werden kann.

3.3 Hinzuverdienstgrenzen

Beim Hinzuverdienst sind stets die Hinzuverdienstgrenzen im Blick zu halten, neben den Aspekten des vorhandenen Restleistungsvermögens bzw. einer angestrebten Arbeitserprobung. Sofern es zu einer Überschreitung der Grenzen kommt, wird die Rente gekürzt.

Bisher galt eine Hinzuverdienstgrenze von 6300 € im Jahr, diese Grenze wurde während der Coronazeit immer wieder verändert. Mit dem Achten Gesetz zur Änderung des Vierten Sozialgesetzbuches und anderer Gesetze (8. SGB IV-Änderungsgesetz – 8. SGB IV-ÄndG, Bundesanzeiger vom 20.12.2022) wurden zum 01.01.2023 völlig neue Regelungen geschaffen. Die Grundlagen sind im § 96a SGB VI zu finden.

§ 96a SGB VI (Auszug)

(1) Eine Rente wegen verminderter Erwerbsfähigkeit wird nur in voller Höhe geleistet, wenn die kalenderjährliche Hinzuverdienstgrenze nach Absatz 1c nicht überschritten wird.

(1a) Wird die Hinzuverdienstgrenze überschritten, wird die Rente nur teilweise geleistet. Die teilweise zu leistende Rente wird berechnet, indem ein Zwölftel des die Hinzuverdienstgrenze übersteigenden Betrages zu 40 % von der Rente in voller Höhe abgezogen wird. Die Rente wird nicht geleistet, wenn der von

3.3 Hinzuverdienstgrenzen

der Rente abzuziehende Hinzuverdienst den Betrag der Rente in voller Höhe erreicht.
(1b) weggefallen
(1c) Die Hinzuverdienstgrenze beträgt
1. bei einer Rente wegen teilweiser Erwerbsminderungsrente das 9,72fache der monatlichen Bezugsgröße, vervielfältigt mit den Entgeltpunkten (§ 66 Absatz 1 Nr. 1 bis 3) des Kalenderjahres mit den höchsten Entgeltpunkten aus den letzten 15 Kalenderjahren vor Eintritt der Erwerbsminderung, mindestens jedoch sechs Achtel der 14-fachen monatlichen Bezugsgröße.
2. bei einer Rente wegen voller Erwerbsminderung in voller Höhe drei Achtel der 14-fachen monatlichen Bezugsgröße

Die Berechnung der Hinzuverdienstgrenze richtet sich seit dem 01.01.2023 nach der monatlichen Bezugsgröße. Die Bezugsgröße wird nach dem durchschnittlichen Arbeitsentgelt aller Rentenversicherten in den alten Bundesländern des vorvergangenen Jahres ermittelt. Somit sind die Zahlen von 2022 für das Jahr 2024 zu nehmen. Die Bezugsgröße in 2024 beträgt jährlich 42.420 € und monatlich 3535 €.

Definiert wird die Berechnung in der Anlage 1 SGB VI, das Durchschnittsentgelt wird auf den nächsthöheren durch 420 teilbaren Betrag aufgerundet. Die Ermittlung erfolgt, indem die Bezugsgröße (West) durch einen bestimmten Umrechnungswert (Anlage 10 SGB VI) geteilt und das Ergebnis auf den nächsthöheren durch 420 teilbaren Betrag aufgerundet wird.

Die Bezugsgröße ändert sich jedes Jahr, weil es sich hier um eine automatische Angleichung an das Einkommensniveau handelt. Da sich die Bezugsgröße ändert, ändern sich seit dem 01.01.2023 auch die Hinzuverdienstgrenzen für Erwerbsminderungsrenten.

Hinzuverdienstgrenzen:

- Bei einer vollen Erwerbsminderungsrente berechnet sich die Hinzuverdienstgrenze nach der monatlichen Bezugsgröße mit einem Anteil von drei Achtel der 14-fachen Bezugsgröße. Die Höhe für das Kalenderjahr 2023 beträgt deshalb 17.823,75 € und steigt zum 01.01.2024 auf 18.558,75 € (monatliche Bezugsgröße im Jahr 2024 beträgt 3535 €).
- Bei einer teilweisen Erwerbsminderungsrente werden sechs Achtel der 14-fachen Bezugsgröße als Berechnungsgrundlage herangezogen. Hierbei handelt es sich um einen Standardwert. Wurde individuell in den letzten 15 Jahren vor Eintritt der Erwerbsminderung ein sehr hoher Verdienst erzielt, kann

sich die Grenze möglicherweise noch weiter nach oben verschieben, da dieser Verdienst berücksichtigt wird. Der Standardwert für die Höhe beträgt für das Kalenderjahr 2023 insgesamt 35.647,50 € und steigt zum 01.01.2024 auf 37.117,50 €.

Als Hinzuverdienst gilt

- Arbeitsentgelt (laufende oder einmalige Einnahmen aus einer Beschäftigung – Bruttoverdienste ohne Berücksichtigung von Ausgaben bzw. Werbungskosten).
- Kein Arbeitsentgelt ist das Entgelt für eine nichterwerbsmäßige Pflege, sowie Abfindungen, Urlaubsabgeltungen, wenn diese vor dem Eintritt der Erwerbsminderungsrente erarbeitet wurden.
- Entgelt aus einer Selbstständigkeit gehören zum Hinzuverdienst. Hierzu zählen alle Einkunftsarten wie Land- und Forstwirtschaft, Gewerbebetrieb und sonstige selbstständige Arbeit. Die Höhe richtet sich nach den allgemeinen Gewinnermittlungsvorschriften des Einkommensteuerrechts, als Nachweis gilt der Steuerbescheid.
- Nicht zu den Gewinneinkünften zählen Einkünfte aus Vermögen (Zinsen), Einkünfte aus Vermietung und Verpachtung – soweit kein Gewerbetrieb vorliegt.
- Ebenso zählt vergleichbares Einkommen zum Hinzuverdienst, wie beamtenrechtliche Bezüge, sonstige Bezüge aus öffentlichen Amtsverhältnissen, Entschädigungen und Vorruhestandsgelder,
- gleichwohl auch die Bezüge aus Sozialleistungen, wie Krankengeld, Übergangsgeld.
- Steuerfreie Bezüge aus ehrenamtlichen Tätigkeiten gelten nicht als Hinzuverdienst.
- Betriebsrenten sind kein Hinzuverdienst.

Die Deutsche Rentenversicherung prüft den Hinzuverdienst in zwei Schritten:

1. Der Versicherte hat der Deutschen Rentenversicherung mitzuteilen, wie hoch der Hinzuverdienst voraussichtlich sein wird. Aus dieser Angabe wird die Deutsche Rentenversicherung die Rentenhöhe für das laufende Kalenderjahr und das Folgejahr berechnen (Prognoseberechnung).
2. Im Folgejahr wird überprüft, ob die Prognose mit den tatsächlichen Hinzuverdiensten übereinstimmt (Spitzabrechnung). Ergibt sich eine Überzahlung, ist dieser Betrag zurückzuerstatten.

Berechnung
Wird die jährliche Hinzuverdienstgrenze überschritten, wird der über der Grenze liegende Betrag durch zwölf geteilt. Davon werden 40 % auf die Rente angerechnet. Beispiel: Die Hinzuverdienstgrenze wird um 600 € überschritten. Die 600 € geteilt durch 12 Monate, also 50 € pro Monat, davon 40 %: Die Rente wird um 20 € gekürzt.

Literatur

1. Deutsche Rentenversicherung, Pressedienst, Hinzuverdienstgrenzen (2024), Berlin.
2. Deutsche Rentenversicherung, Pressedienst, Rentenanpassung (2024), Berlin.
3. Deutsche Rentenversicherung, Arbeitserprobung (2024), Berlin.
4. Deutsche Rentenversichrung, rvRecht®, Berlin.
5. Deutsche Rentenversicherung (2023), Studientext Nr. 17, Berlin.
6. Ihre Vorsorge®, Was auf Rentner 2024 zukommt (2024), Berlin.
7. Ihre Vorsorge®, Rente plus Job (2024), Berlin.
8. Janas, Harald (2024), Hinzuverdienst 2024, Haufe Freiburg.

4 Rentenberechnungen

> **Zusammenfassung**
>
> Die Rentenhöhe bei einer Erwerbsminderungsrente ist von entscheidender Bedeutung, muss diese Rente doch für viele Jahre einen auskömmlichen Lebensstandard sichern. Zunächst gilt es, die vorhandenen Entgeltpunkte, die auf der Grundlage verschiedener Einzahlungen erfolgten, nachvollziehen zu können und ggf. korrigieren zu lassen. Doch der Rentenbescheid gibt nur an, wie hoch die Brutto-Rente ggf. mit Abzug von Krankenversicherung und Pflegeversicherung sein wird. Wurden auch die richtige Krankenkasse und deren Beiträge berücksichtigt und was ist noch an das Finanzamt zu zahlen? Daneben existieren noch viele neue Gesetzesvorhaben, die sich erst im Laufe der Zeit realisieren, aber ggf. einen erheblichen Einfluss auf die Höhe der Rente nehmen werden.

4.1 Berechnung der Rentenhöhe

Die Rentenhöhe ergibt sich aus den nachfolgenden Größen:

1. Entgeltpunkte und deren Bewertung
2. zusätzliche Erhöhungen (z. B. die „Mütterrente")
3. zusätzliche Zurechnungszeit (z. B. bei Erwerbsminderungsrenten)
4. Zugangsfaktor (Abschläge)
5. Rentenartfaktor (Art der Rente, z. B. eine Erwerbsminderungsrente) und
6. aktueller Rentenwert (Wert eines Entgeltpunktes)

© Der/die Autor(en), exklusiv lizenziert an Springer Fachmedien Wiesbaden GmbH, ein Teil von Springer Nature 2024
P. Schewe, *Erwerbsminderungsrente bei psychischen Krankheiten*,
https://doi.org/10.1007/978-3-658-45749-5_4

Entgeltpunkte für Beitragszeiten

Für das während des Versicherungslebens durch Beiträge versicherte Einkommen sind Entgeltpunkte zu errechnen; ein versichertes Einkommen in Höhe des Durchschnittsverdienstes aller Versicherten eines Kalenderjahres ergibt einen Punkt. Pflichtbeitragszeiten für Zeiten einer beruflichen Ausbildung sind beitragsgeminderte Zeiten.

Allgemeine Rentenversicherung

Pflichtbeitragszeiten, berufliche Ausbildung,
beitragsgeminderte Zeit
01.08.73 - 31.12.73	761,00 DM	:	18.295 DM	=	0,0416	Punkte
01.01.74 - 31.12.74	1.870,00 DM	:	20.381 DM	=	0,0918	Punkte
01.01.75 - 31.12.75	2.365,00 DM	:	21.808 DM	=	0,1084	Punkte
01.01.76 - 31.07.76	1.610,00 DM	:	23.335 DM	=	0,0690	Punkte

Pflichtbeitragszeiten
02.10.76 - 31.12.76	2.077,00 DM	:	23.335 DM	=	0,0890	Punkte
01.01.77 - 28.02.77	1.399,77 DM	:	24.945 DM	=	0,0561	Punkte

Abb. 4.1 Versicherungsverlauf mit Berechnungen (mit freundlicher Genehmigung des Versicherten)

Bei den Entgeltpunkten oder Rentenpunkten handelt es sich um den Wert der eingezahlten oder gutgeschriebenen Beiträge im individuellen Rentenkonto bei der Deutschen Rentenversicherung. Die jeweiligen Einzahlungen in DM oder Euro werden umgerechnet und erhalten jeweilige Entgeltpunkte (siehe Abb. 4.1), die jedes Jahr einen neuen Wert erhalten. Auch zusätzliche Erhöhungen wie Gutschriften für Kindererziehung oder eine Höherbewertung von Ausbildungszeiten werden in Entgeltpunkte umgerechnet.

Die gemeldeten Beiträge für einen bestimmten Zeitraum werden durch das Durchschnittseinkommen aller Beschäftigten (statistisches Bundesamt) geteilt. Das Ergebnis ist der Entgeltpunkt. Im Beispiel vom Januar bis Februar 1977 wurde ein Entgelt von 1.399,77 DM erzielt, geteilt durch das Durchschnittseinkommen von 24.945 DM im betreffenden Jahr, im individuellen Rentenkonto werden 0,0561 Entgeltpunkte gutgeschrieben. Neben diesen selbst bzw. vom Arbeitgeber gemeldeten Daten werden weitere Informationen berücksichtigt, wie zum Beispiel die Hochrechnung von Ausbildungszeiten oder Ersatzzeiten u. v. m.

Manche Renten erhalten eine sog. Zurechnungszeit. Insbesondere bei Erwerbsminderungsrenten entsteht häufig eine Lücke zwischen dem Eintritt der Erwerbsminderung und dem Rentenalter. Die Zurechnungszeit rechnet den Eintritt in die Rente theoretisch hoch, sodass sich die Rentenzahlung erhöht. In der Regel werden die Entgeltpunkte, die bisher erworben wurden, bis auf ein bestimmtes

4.1 Berechnung der Rentenhöhe

Alter fortgeschrieben. Änderungen wurden durch das Gesetz über Leistungsverbesserungen und Stabilisierung in der gesetzlichen Rentenversicherung (RV-Leistungsverbesserungs- und Stabilisierungsgesetz) vom 28.11.2018 zum 01.01.2019 vollzogen.

Die Zurechnungszeit wird im § 253a SGB VI (Auszug, siehe unten) geregelt (siehe Tab. 4.1).

§ 253a SGB VI (Auszug)

(3) Beginnt eine Rente wegen verminderter Erwerbsfähigkeit oder eine Erziehungsrente nach dem 31. Dezember 2019 und vor dem 1. Januar 2031 ..., wird das Ende der Zurechnungszeit wie folgt angehoben:

Neben der Berechnung der Zurechnungszeit wird eine sog. Günstigerprüfung vollzogen. Hintergrund ist die Tatsache, dass insbesondere bei Erwerbsminderungsrenten in den letzten Jahren vor Beginn dieser Rente häufig weniger verdient wurde. Durch Krankengeld, Wegfall von Überstunden, Wechsel von Vollzeit in Teilzeit oder Arbeitslosigkeit konnte das Lohnniveau häufig nicht gehalten werden. Deshalb errechnet (seit 2014) die Deutsche Rentenversicherung eine sog. Vergleichsbewertung nach § 73 SGB VI (im Prinzip ohne die letzten

Tab. 4.1 Anhebung der Zurechnungszeit nach § 253a SGV VI, Fassung 2019

Jahre des Eintritts in die Erwerbsminderung	Zurechnungszeit Anhebung um Monate	Auf Alter	
		Jahre	Monate
2020	1	65	9
2021	2	65	10
2022	3	65	11
2023	4	66	0
2024	5	66	1
2025	6	66	2
2026	7	66	3
2027	8	66	4
2028	10	66	6
2029	12	66	8
2030	14	66	10

vier Jahre). Wird dann eine Differenz festgestellt, so gilt der höhere Wert. Trotzdem hat der Wechsel von einer Vollzeitarbeitsstelle auf eine Teilzeitarbeitsstelle Auswirkungen auf zum Beispiel das Krankengeld und das Arbeitslosengeld, Einzelheiten siehe Abschn. 5.5 *Finanzielle Folgen einer Arbeitszeitverkürzung.*

Der Zugangsfaktor ist der automatische Abschlag bei den Renten für Erwerbsminderung. Der Abschlag richtet sich danach, welches Alter der Versicherte bei Rentenbeginn hat. Diese Abschläge gibt es auch bei vorgezogenen Altersrenten (zum Beispiel bei der Rente für langjährig Versicherte).

Der Zugangsfaktor liegt grundsätzlich bei 1,0, wenn die Rente nicht früher in Anspruch genommen wird. Wird die Rente früher beantragt, so beträgt der Abschlag 3,6 % pro Jahr. Bei den Erwerbsminderungsrenten gilt als Altersgrenze (und somit kein Abschlag) das 65. Lebensjahr. Beginnt die Erwerbsminderungsrente früher, wird ein Abschlag berechnet bis maximal 10,8 %. Die Abschlagsregelung ist in § 77 SGB VI zu finden.

§ 77 SGB VI Auszug

(2)...
3. bei Renten wegen verminderter Erwerbsfähigkeit und bei Erziehungsrenten für jeden Kalendermonat, für den eine Rente vor Ablauf des Kalendermonats der Vollendung des 65. Lebensjahres in Anspruch genommen wird, um 0,003 niedriger als 1,0,

Für langjährig Versicherte ist die Erwerbsminderungsrente (Vertrauensschutzregelung) bereits bei einem Erwerbsminderungsrenteneintritt von 63 Jahren abschlagsfrei (§ 264d SGB VI). Die Vertrauensschutzregelung beurteilte langjährig Versicherte zunächst mit 35 Beitragsjahren (Übergangszeitraum 2012 bis 2023) und seit 2024 mit 40 Beitragsjahren.

Der Rentenartfaktor bestimmt das Sicherungsziel der einzelnen Renten. So sind Altersrenten oder auch die volle Erwerbsminderungsrente stets mit dem Faktor 1,0 (100 %) zu werten. Niedrigere Renten, die nur einen Zuschussfaktor vorweisen, wie Vollwaisenrenten (0,2) oder die teilweise Erwerbsminderungsrente mit dem Faktor 0,5 (50 % der vollen Erwerbsminderungsrente), werden nicht voll ausgezahlt.

Der aktuelle Rentenwert ist der Wert eines Entgeltpunktes bzw. Rentenpunktes. Der Wert eines Rentenpunktes wird jedes Jahr (immer zum 01. Juli des Jahres) neu festgesetzt. Grundsätzlich errechnet sich der aktuelle Rentenwert aus

4.1 Berechnung der Rentenhöhe

dem Entgeltfaktor (Entwicklung Löhne), Riesterfaktor (Veränderungen Altersvorsorge) und dem Nachhaltigkeitsfaktor (demografische Entwicklung). Zum 01.07.2023 stieg der aktuelle Rentenwert um 4,39 % (West) und um 5,86 % (Ost). Der Wert eines Entgeltpunktes betrug somit seit dem 01.07.2023 insgesamt 37,60 € in Ost und West (die Angleichung wurde im Jahre 2023 erreicht). Zum 01.07.2024 wurde der Rentenfaktor erneut erhöht um 4,57 % und beträgt damit 39,32 €

Im Ergebnis
Addition aller Entgeltpunkte, zusätzliche Bewertungen, zusätzliche Zurechnungszeiten, ggf. Abschläge aufgrund des Zugangsfaktors = persönliche Entgeltpunkte.
   Einzelheiten der Berechnungen bzw. Angaben über die Höhe von Bruttorenten sind in der Renteninformation, im Versicherungsverlauf oder in der Rentenauskunft enthalten. Drei Beispiele zeigen Abb. 4.2, 4.3 und 4.4.
   Bei einer teilweisen Erwerbsminderungsrente bzw. Berufsunfähigkeitsrente beträgt die Höhe die Hälfte der vollen Erwerbsminderungsrente. Es handelt sich jeweils um die Brutto-Rente.

```
                        Summe der Entgeltpunkte
An Entgeltpunkten sind zu berücksichtigen:

Entgeltpunkte für Beitragszeiten                    49,4800 Punkte

Entgeltpunkte für beitragsfreie Zeiten          +    0,3036 Punkte

zusätzliche Entgeltpunkte
für beitragsgeminderte Zeiten                   +    1,9889 Punkte

Zuschlag aus der Zahlung von Beiträgen
bei vorzeitiger Inanspruchnahme einer
Rente wegen Alters                              +    6,2257 Punkte

Zuschlag für Arbeitsentgelt
aus geringfügiger nicht
versicherungspflichtiger Beschäftigung          +    0,0393 Punkte

Summe aller Entgeltpunkte                       =   58,0375 Punkte

                        Zugangsfaktor
Der Zugangsfaktor beträgt                    1,0.

Persönliche Entgeltpunkte                           58,0375
```

Abb. 4.2 Persönliche Entgeltpunkte – mit freundlicher Genehmigung des Versicherten

```
Er vermindert sich ab 01.03.2019.

Die Verminderung ergibt sich aus der
Anzahl der Kalendermonate für die Zeit
vom 01.06.2028 bis 31.05.2031
vervielfältigt mit dem Faktor 0,003.

Die Verminderung beträgt für   36 Kalendermonate        0,108.

Somit ergibt sich für   36,9048 Punkte
ein Zugangsfaktor von                                   0,892.

Die persönlichen Entgeltpunkte betragen
       36,9048 x 0,892                                 32,9191
```

Abb. 4.3 Zugangsfaktor Erwerbsminderungsrente – mit freundlicher Genehmigung des Versicherten

```
DEÜV   24.04.13-31.12.13   22.505,00 EUR  8 Mon.  Pflichtbeitragszeit
DEÜV   01.01.14-31.12.14   33.108,00 EUR 12 Mon.  Pflichtbeitragszeit
DEÜV   01.01.15-31.12.15   23.422,00 EUR 12 Mon.  Pflichtbeitragszeit
       12.12.15-31.12.15                          Zurechnungszeit
       01.01.16-29.01.23             85 Mon.  Zurechnungszeit
```

Abb. 4.4 Zurechnungszeit Erwerbsminderungsrente – mit freundlicher Genehmigung des Versicherten

4.2 Von der Brutto- zur Netto-Rente

Grundsätzlich sind von der Erwerbsminderungsrente noch Kranken- und Pflegeversicherungsbeiträge zu zahlen und, je nach Höhe, auch noch Steuern. Im Antragsverfahren für eine Rente wird geprüft, welche Krankenkasse zuständig ist:

1. die gesetzliche Krankenkasse
2. die private Krankenkasse
3. die Familienversicherung der gesetzlichen Krankenkasse

Die Deutsche Rentenversicherung zahlt einen Zuschuss zur Krankenversicherung, hierbei spielt es keine Rolle, ob der Versicherte bei einer gesetzlichen Krankenkasse ist oder bei einem privaten Versicherungsunternehmen einen Vertrag abgeschlossen hat. Der Zuschuss beträgt zurzeit 7,3 % von der gezahlten Rente (gesetzliche oder private Krankenkasse) und die Hälfte beim kassenindividuellen Zusatzbeitrag bei der gesetzlichen Krankenversicherung. Der Zuschuss zur priva-

4.2 Von der Brutto- zur Netto-Rente

ten Krankenversicherung entspricht der Berechnung einer gesetzlichen Krankenversicherung, der Max-Zuschuss ist somit begrenzt.

Die Kosten für die gesetzliche Krankenversicherung können sich unterscheiden. Dies liegt insbesondere an der unterschiedlichen Berechnungsweisen einer Pflichtversicherung oder an einer freiwilligen Mitgliedschaft innerhalb der gesetzlichen Krankenversicherung.

Für eine Pflichtversicherung muss eine Vorversicherungszeit innerhalb der gesetzlichen Krankenkasse vorhanden sein. Hierfür wird geprüft, ab wann der Versicherte zum ersten Mal in eine versicherungspflichtige Beschäftigung eingetreten ist und ab wann die Rente bezogen wird. Der Beginn der versicherungspflichtigen Beschäftigung lässt sich im Versicherungsverlauf der Rentenauskunft ablesen (erste sozialversicherungsrechtliche Beschäftigung). Im zweiten Schritt muss der Beginn der Rente festgelegt werden. Der Zeitstrahl zwischen diesen beiden Vorkommnissen (Beginn Beschäftigung – Beginn Rente) bestimmt die Berechnung (siehe Abb. 4.5 und 4.6).

Der Zeitstrahl wird in der Mitte „geteilt" – in der zweiten Hälfte des Zeitstrahles muss zu neun Zehntel eine Mitgliedschaft bei einer gesetzlichen Krankenkasse bestanden haben. Unter diesen Voraussetzungen wird eine Pflichtmitgliedschaft anerkannt und der Versicherte wechselt (bei der bisherigen Krankenkasse) in die Sparte der KvdR (Krankenversicherung der Rentner). Reicht die Vorversicherungszeit nicht, kann geprüft werden, ob die pauschale Anrechnungszeit für Kinder berücksichtigt worden ist (für jedes Kind bzw. Stief- oder Pflegekind werden pauschal drei Jahre bei der Vorversicherungszeit gutgeschrieben). Hierfür reicht eine Anfrage bei der zuständigen gesetzlichen Krankenkasse.

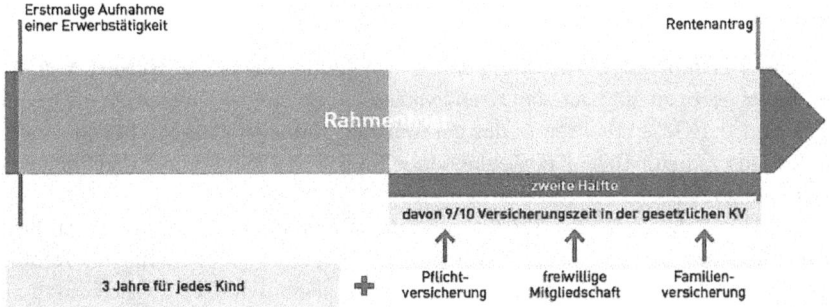

Abb. 4.5 Rahmenfrist, Quelle: Studientext der Deutschen Rentenversicherung Nr. 17, Stand 2023

> **Beispiel:**
>
> Ein Versicherter, der am 1.7.1974 erstmalig eine Erwerbstätigkeit aufgenommen hat, stellt am 10.2.2023 seinen Rentenantrag.
>
> Wie viele Vorversicherungszeiten benötigt er?
>
> **Lösung**
>
> – Rahmenfrist 1.7.1974 bis 10.2.2023 =   48 Jahre 7 Monate 10 Tage
> – Zweite Hälfte der Rahmenfrist   = Hälfte von 48 Jahre 7 Monate 10 Tage
>   =   24 Jahre 3 Monate 20 Tage
> – 1.7.1974 zuzüglich 24 Jahre 3 Monate 20 Tage = 21.10.1998
> – 21.10.1998 bis 10.2.2023   =   24 Jahre 3 Monate 20 Tage
> – Neun Zehntel hiervon   =   21 Jahre 10 Monate 18 Tage
>
> Der Versicherte benötigt somit 21 Jahre, 10 Monate, 18 Tage Vorversicherungszeiten bei einer gesetzlichen Krankenkasse, die – mit Ausnahme der 3 Jahre für jedes Kind – in der Zeit vom 21.10.1998 bis 10.2.2023 zurückgelegt sein müssen.

Abb. 4.6 Berechnung Vorversicherungszeit. (Quelle: Studientext der Deutschen Rentenversicherung Nr. 17, Stand 2023)

```
Höhe der laufenden Zahlung
Ihre monatliche Rente ab dem 01.01.2020      1.641,92 EUR
Ihr Anteil am Beitrag zur Krankenversicherung -  119,86 EUR
Ihr Anteil am Zusatzbeitrag                  -    5,74 EUR
Ihr Beitrag zur Pflegeversicherung           -   54,18 EUR
monatlicher Zahlbetrag                        1.462,14 EUR
```

Abb. 4.7 Auszahlungsbetrag Rente (mit freundlicher Genehmigung des Versicherten)

Die Pflichtbeiträge zur Kranken- und Pflegeversicherung werden von der Rente abgezogen und an die Krankenkasse überwiesen (siehe Abb. 4.7). Zurzeit liegt der Gesamtbeitrag in der gesetzlichen Krankenkasse bei 14,6 % zuzüglich eines individuellen Krankenkassenbeitrags nebst Beitrag für die Pflegeversicherung.

Ändern sich die Kosten für die gesetzliche Krankenversicherung, etwa durch Erhöhung der Beiträge oder Zusatzbeiträge, so gilt die Umsetzung für Rentner erst mit Zeitverzug. Steigt zum Beispiel der kassenindividuelle Zusatzbeitrag zur gesetzlichen Krankenversicherung zum 01.01.2024, so müssen Rentenbezieher als Pflichtversicherte erst zwei Monate später (also zum 01.03.2024) einen höheren Beitrag leisten.

4.2 Von der Brutto- zur Netto-Rente

Wird die Pflichtmitgliedschaft in der gesetzlichen Krankenkasse nicht erreicht, so kann sich der Versicherte weiterhin bei der bisherigen (oder neuen) gesetzlichen Krankenkasse versichern lassen. Das ist der Tarif „freiwillig versichert". Freiwillig Versicherte müssen nach ihrer Leistungsfähigkeit Beiträge an die Krankenkasse zahlen (Grundlage bildet der Einkommensteuerbescheid des jeweiligen Jahres; § 240 SGB V). Für den Zuschuss der Deutschen Rentenversicherung für freiwillig Versicherte ist ein Antrag zu stellen.

Ehepartner wie auch eingetragene Lebenspartner von Mitgliedern in der gesetzlichen Krankenversicherung sind beitragsfrei mitversichert (Familienversicherung). Voraussetzungen sind, dass sich der Wohnsitz des Mitversicherten bzw. der gewöhnliche Aufenthalt im Inland befinden. Das Gesamteinkommen des Mitversicherten darf einen bestimmten Betrag nicht übersteigen, sonst wird der Mitversicherte selbst beitragspflichtig. Die Einkommensgrenze richtet sich nach § 18 SGB VI (ein Siebtel der monatlichen Bezugsgröße). Die Grenze beträgt somit für das Jahr 2024 insgesamt 1/7tel von 3.535 € (505 €).

Die Kosten in der privaten Krankenkasse gestalten sich nach dem Abschluss über den Leistungsumfang im Vertrag. Der Zuschuss der Deutschen Rentenversicherung ist allerdings analog wie bei einer gesetzlichen Krankenversicherung, auch wenn die private Krankenversicherung einen wesentlich höheren Beitrag nehmen sollte. Um die Kosten der privaten Krankenkasse bezahlbar zu gestalten, sollte geprüft werden, ob ein Wechsel zu einer gesetzlichen Krankenversicherung sinnvoll erscheint. Oder ggf. den Wechsel innerhalb der privaten Krankenkasse prüfen. Hier sind mögliche Einsparungen innerhalb des bestehen Tarifes zu nennen (etwa Reduzierung der Leistungen, wie Mehrbettzimmer, Verzicht auf Chefarztbehandlung oder den Selbstbehalt erhöhen). Die Prüfung eines Standardtarifes oder Basistarifes könnte eine weitere Reduktion der Kosten erbringen.

Die Deutsche Rentenversicherung rechnet nur die Sozialversicherungskosten mit der Krankenkasse ab. Sind Steuern zu zahlen, so muss sich der Versicherte selbst darum kümmern und ggf. eine Steuererklärung abgeben. Keine Steuern werden fällig, wenn der Steuergrundfreibetrag nicht überschritten wird. Dieser beträgt im Jahre 2024 insgesamt 11.604 € (Existenzminimum).

Seit 2005 wurde die nachgelagerte Besteuerung von Renten eingeführt (Alterseinkünftegesetz). Grundlage ist:

- Während der aktiven Berufstätigkeit sind die Beiträge zur Altersvorsorge in voller Höhe steuerfrei (die Abzugsfähigkeit stieg von Jahr zu Jahr an, mit dem Jahressteuergesetz 2022 wurde die Abzugsfähigkeit von Vorsorgeleistungen ab 2023 auf 100 % erhöht).

- Im Ruhestand sind die daraus erzielten Altersbezüge dann voll steuerpflichtig (die Steuerpflicht steigt von Jahr zu Jahr, die volle Steuerpflicht setzt erst nach vielen Jahren ein).

Die nachgelagerte Besteuerung nach § 22 Nr. 1 Satz 3 Buchst. a Doppelbuchst. aa EStG gilt für:

- Renten aus einer gesetzlichen Rentenversicherung
- Renten aus berufsständischen Versorgungseinrichtungen
- Renten aus der landwirtschaftlichen Alterskasse
- Renten aus einer privaten Rürup-Rente/Basisrente

Die Änderung zur Abzugsfähigkeit und der Anteil für die Besteuerung wurden erst im Jahre 2005 eingeführt und schrittweise angeglichen (siehe Tab. 4.2). Zurzeit beträgt die Belastung für die Renten daher noch keine 100 %. Der schrittweise Übergang zur nachgelagerten Besteuerung erfolgt nach dem sog. Kohortenprinzip. Danach gilt ein Freibetrag, der im Jahr des Rentenbeginns errechnet wurde. Dieser Freibetrag wird „eingefroren" und ändert sich somit nicht mehr. Beispiel: Rentenbeginn 2004 mit einer Monatsrente von 1000 €. Der Freibetrag beträgt 50 % (siehe Liste unten). 50 % von 12.000 € Jahresrente = 6000 € Freibetrag. Für die gesamte Laufzeit der Rente beträgt der Freibetrag 6000 €.

Beschlossen wurde, den Besteuerungsanteil der Renten ab dem Jahr 2023 nicht mehr um einen Prozentpunkt steigen zu lassen, sondern nur noch um 0,5 % (Wachstumschancengesetz). Für die Kohorte 2023 beträgt dann der maßgebliche Besteuerungsanteil statt 83 % nur noch 82,5 %. Eine Weiterführung der Kohorte würde somit bedeuten, dass 100 % erst im Jahre 2058 gelten werden. Bei einem Renteneintritt im Jahre 2024 bedeutet dies, dass 83 % versteuert werden müssen. Die Änderung wurde vor dem Hintergrund der Urteile des Bundesfinanzhofs (BFH) vom 19.05.2021 AZ: X R 20/19 und X R 33/19) nötig. Die bisherige Praxis war mit einem hohen Risiko der Doppelbesteuerung für Renten verbunden, die neue Vorgehensweise soll diesen Missstand abmildern. Die Umsetzung steht noch aus, Bundestagsdrucksache 20/8628 (Wachstumschancengesetz), rückwirkend ab Veranlagungszeitraum 2023.

Eine Möglichkeit, selbst die Steuerlast ggf. zu senken, sind die Eintragung von Werbungskosten bei der Steuererklärung, diese wären zum Beispiel Honorar eines Rentenberaters, Rechtsberatungs- und Prozessklärung von Rentenansprüchen, Steuerberaterkosten, Kontoführungsgebühren, Gewerkschaftsbeiträge. Zu den absetzbaren Sonderausgaben zählen Vorsorgeaufwendungen (Sozialversicherungsbeiträge wie Rentenversicherungsbeiträge, Kranken-, Pflege- und

Tab. 4.2 Besteuerung nach dem Alterseinkünftegesetz, Stand August 2022

Jahr des Rentenbeginns	Besteuerungsanteil (%)
2005	50
…	…
2024	84
2025	85
2026	86
2027	87
2028	88
2029	89
2030	90
2031	91
2032	92
2033	93
2034	94
2035	95
2036	96
2037	97
2038	98
2039	99
2040	100

Unfallversicherungsbeiträge, Haftpflichtversicherung) sowie die übrigen Sonderausgaben, wie Kirchensteuer und Spenden etc. Im Bereich der außergewöhnlichen Belastungen wären zu nennen: Krankheitskosten, Pflegeaufwendungen, Kosten für eine Kur, Aufwendungen für medizinische Hilfsmittel (Brille, Gehhilfe), Pauschbetrag für Menschen mit Behinderung. Hierbei muss eine zumutbare Eigenbelastung berücksichtigt werden (gestaffelt nach Einkommen und Anzahl Kinder, zum Beispiel bis Einkommen von rund 15.000 Euro/Jahr, keine Kinder, Einzelveranlagung, beträgt die Eigenbelastung 5 % vom Einkommen). Steuermindernd können ebenso haushaltsnahe Dienstleistungen geltend gemacht werden. Hierbei handelt es sich um typische Hausarbeiten wie Waschen, Putzen, Kochen, Gartenarbeiten oder sonstige Pflegearbeiten. Abzugsfähig sind 20 % der Lohnkosten, höchstens 4000 €/Jahr. Auch Handwerkerleistungen fallen darunter, abzugsfähig sind hier 20 % der Lohnkosten, höchstens 1200 €/Jahr.

Abb. 4.8 Mögliche Steuerlast bei einem Renteneinkommen von rund 12.000 € im Jahr gemäß der Grundtabelle 2024

12.070 €	67 €
12.071 €	67 €
12.072 €	67 €
12.073 €	67 €
12.074 €	67 €
12.075 €	67 €
12.076 €	68 €
12.077 €	68 €
12.078 €	68 €
12.079 €	68 €

Abb. 4.8 zeigt ein Beispiel der möglichen Steuerlast bei einem Renteneinkommen von rund 12.000 € im Jahr.

4.3 Erwerbsminderungsrente ins Ausland schicken lassen

Wer seine Rente ins Ausland „nachschicken" lassen möchte, kann das mit einem einfachen Antrag erledigen. Da die Deutsche Post AG und nicht die Deutsche Rentenversicherung für die Überweisungen der Rentenzahlungen zuständig ist, sind Änderungen auch dort zu veranlassen. Das funktioniert in jeder deutschen Postfiliale mit einem entsprechenden Vordruck oder online unter www.rentenservice.com. Der Rentenservice der Deutschen Post leistet die Daten automatisch zum Abgleich an die Deutsche Rentenversicherung weiter.

Allerdings gibt es einige Hindernisse zu beachten. Zunächst unterscheidet die Deutsche Rentenversicherung zwischen einem kurzfristigen Aufenthalt im Ausland (weniger als sechs Monate) und einem langfristigen Auslandsaufenthalt. Beim kurzfristigen Aufenthalt sind keine Besonderheiten zu beachten.

Ein langfristiger Auslandsaufenthalt, etwa ein Wegzug ins europäische Ausland (EU und Schweiz usw.), ist für deutsche Staatsbürger kein Problem. Die Rente wird auf ein Wahlkonto des Rentners überwiesen, in der Regel ungekürzt. Es muss allerdings regelmäßig mit einer Lebendmeldung ein Nachweis erbracht werden, dass der Rentner noch lebt und somit Rentenansprüche geltend machen kann.

In einigen Fällen kann es jedoch vorkommen, dass die Rente gekürzt wird. Dies geschieht, wenn kein Sozialversicherungsabkommen mit dem Land geschlossen worden ist. Weitere Besonderheiten können sich aus dem Fremdrentengesetz und dem z. B. deutsch-polnischen Vertragsabkommen ergeben.

Wer eine Erwerbsminderungsrente aus medizinischen Gründen erhält, ist den anderen Rentnern gleichgestellt. Anders verhält es sich, wenn es sich um eine Arbeitsmarktrente handelt. Eine Arbeitsmarktrente wird nur bezahlt, wenn zwar noch ein Restleistungsvermögen von drei bis sechs Stunden pro Tag vorhanden ist, aber keine Teilzeitstelle vorhanden ist, sodass laut Bescheid der Deutschen Rentenversicherung eine volle Erwerbsminderungsrente als Arbeitsmarktrente gezahlt wird. Die Arbeitsmarktrente wird somit bezahlt, weil konkret in Deutschland keine passende Teilzeitstelle angeboten werden konnte. Es ist deshalb nicht möglich, die Rentenzahlung mit ins Ausland zu nehmen.

Weiterhin sind Besonderheiten beim Krankenversicherungsschutz zu beachten. In allen Mitgliedstaaten der Europäischen Union (EU) sowie in Island, Liechtenstein, Norwegen (Europäischer Wirtschaftsraum –EWR) und der Schweiz haben Versicherte bei vorübergehenden Aufenthalten Anspruch auf medizinisch notwendige Leistungen. Dieser Anspruch besteht auch weiterhin im Vereinigten Königreich Großbritannien mit Nordirland, das zum 1. Februar 2020 aus der EU ausgetreten ist. Dabei gelten dieselben Bedingungen wie für die Versicherten des Gastlandes. Mit einigen weiteren Ländern wie zum Beispiel Tunesien oder der Türkei wurden Sozialversicherungsabkommen getroffen, die auch den Krankenversicherungsschutz einschließen. Bei einem langfristigen Wechsel des Wohnortes ins Ausland ruht der Versicherungsschutz der gesetzlichen Krankenversicherung. Es wäre also sinnvoll, sich vor einem (dauerhaften) Umzug umfassend beraten zu lassen.

Bezüglich der Steuer gilt, dass das „Welteinkommen" steuerpflichtig ist. Um eine Doppelbesteuerung zu vermeiden, hat Deutschland mit vielen Ländern sog. Doppelbesteuerungsabkommen abgeschlossen. Auch hier gilt, sich vorher beraten zu lassen.

4.4 Wechsel der Rentenart – Besitzstandswahrung

Beim Übergang von einer Erwerbsminderungsrente in eine Altersrente (Regelaltersrente, Rente für langjährig Versicherte, Rente für schwerbehinderte Menschen, Renten für besonders langjährig Versicherte) greift eine Besonderheit. Die erworbenen Entgeltpunkte (persönlichen Entgeltpunkte), die sich auch aufgrund der Zurechnungszeit nun im Rentenkonto befinden, werden bei einem Wechsel von der Erwerbsminderungsrente in eine Altersrente erhalten. Allerdings ist zu beachten, dass zwischen der Erwerbsminderungsrente und dem Beginn der Altersrente weniger als 24 Monate liegen müssen. Hintergrund ist § 88 SGB VI.

§ 88 SGB VI (Auszug)

(1) Hat ein Versicherter eine Rente wegen Alters bezogen, werden ihm für eine spätere Rente mindestens die bisherigen persönlichen Entgeltpunkte zugrunde gelegt. Hat ein Versicherter eine Rente wegen verminderter Erwerbsfähigkeit oder eine Erziehungsrente bezogen und beginnt spätestens innerhalb von 24 Kalendermonaten nach Ende des Bezugs dieser Rente erneut eine Rente, werden ihm für diese Rente mindestens die bisherigen persönlichen Entgeltpunkte zugrunde gelegt.

Im praktischen Vorgehen wird die Deutsche Rentenversicherung für die neu beantragte Altersrente die persönlichen Entgeltpunkte ermitteln. Sind diese niedriger als die Entgeltpunkte, die als Grundlage für die Erwerbsminderungsrente dienten, so greift der Besitzschutz und es wird die Altersrente mit den höheren Werten ausgezahlt – natürlich nur, wenn die Altersrente im Zeitfenster von zwei Jahren nach der Erwerbsminderungsrente beginnt.

Wurde bisher eine teilweise Erwerbsminderungsrente bezogen und nunmehr eine volle Altersrente beantragt, wird auch hier zunächst die Höhe der Altersrente berechnet und mit den persönlichen Entgeltpunkten der unterschiedlichen Renten verglichen. Da § 89 SGB VI (mehrere Rentenansprüche) nicht zwischen einer vollen und teilweisen Rente unterscheidet (und wenn das Zeitfenster eingehalten wird), werden die Grundlagen für die höhere (volle) Rente zur neuen Rentenberechnung herangezogen (auch wenn vorher nur eine halbe Erwerbsminderungsrente in Anspruch genommen wurde).

4.5 Bestandsverbesserungsgesetz zum 01.07.2024

Im Juli 2024 wurde der aktuelle Rentenwert erneut angepasst. Laut Pressemitteilung des BMAS (Bundesministerium für Arbeit und Soziales) vom 19.03.2024 betrug die Rentenanpassung 4,57 %, der Wert eines Entgeltpunktes ist somit auf 39,32 € gestiegen. Die Erhöhung gilt für die jeweils erworbenen Entgeltpunkte und damit für alle Rentenarten. Die Erhöhung gilt gleichermaßen für die westlichen Bundesländer ebenso wie für die östlichen Bundesländer.

Daneben hat die Bundesregierung, gültig ab Juli 2024, ein neues Gesetz auf den Weg gebracht: das Bestandsverbesserungsgesetz (Rentenanpassungs- und Erwerbsminderungsrenten-Bestandsverbesserungsgesetz, siehe Bundestag Drucksache 20/10.607 vom 12.03.2024). Zuletzt sind Änderungen zur Zurechnungszeit (letzte Änderung im Jahre 2020) zur schrittweisen Erhöhung bis zur theoretischen

4.5 Bestandsverbesserungsgesetz zum 01.07.2024

Altersgrenze von 67 Jahren durchgeführt worden. Die Änderungen und damit eine Erhöhung der Zahlung für Erwerbsminderungsrentner erfolgten jeweils nur für Neu-Rentner ab dem Jahre 2019. Die Bestandsrentner erhielten bisher keine Anpassung der Zurechnungszeit. Diese Regelung wird nun zum 01.07.2024 korrigiert. Die Durchführung erfolgt mit dem § 307i SGB VI.

§ 307i SGB VI (Auszug)

(1) Ein Zuschlag an persönlichen Entgeltpunkten wird ab dem 1. Juli 2024 berücksichtigt, wenn am 30. Juni 2024 ein Anspruch bestand auf
1. *eine Rente wegen Erwerbsminderung oder eine Erziehungsrente, die jeweils nach dem 31. Dezember 2000 und vor dem 1. Januar 2019 begonnen hat,*
2. *eine Hinterbliebenenrente, die nach dem 31. Dezember 2000 und vor dem 1. Januar 2019 begonnen hat und der kein Rentenbezug der verstorbenen versicherten Person unmittelbar vorausging,*
3. *eine Rente wegen Alters, die unmittelbar an eine Rente wegen Erwerbsminderung oder an eine Erziehungsrente nach Nummer 1 anschließt oder*
4. *eine Hinterbliebenenrente, die unmittelbar an eine Rente wegen Erwerbsminderung nach Nummer 1 oder an eine Rente wegen Alters nach Nummer 3 anschließt.*

(2) *Der Zuschlag wird ermittelt, indem die persönlichen Entgeltpunkte, die der Rente nach Absatz 1 am 30. Juni 2024 zugrunde liegen, mit dem Faktor nach Absatz 3 vervielfältigt werden.*

(3) [1]*Der Faktor zur Berechnung des Zuschlags beträgt*
1. *0,0750, wenn die Rente wegen Erwerbsminderung, die Erziehungsrente oder die Hinterbliebenenrente nach dem 31. Dezember 2000 und vor dem 1. Juli 2014 begonnen hat, oder*
2. *0,0450, wenn die Rente wegen Erwerbsminderung, die Erziehungsrente oder die Hinterbliebenenrente nach dem 30. Juni 2014 und vor dem 1. Januar 2019 begonnen hat.*

Der Zuschlag für die Erwerbsminderungsrente wird auf der Grundlage der persönlichen Entgeltpunkte berechnet (Stand 30.06.2024). Der Zuschlag beträgt 7,5 % für Erwerbsminderungsrenten, die in der Zeit vom 01.01.2001 bis zum 01.06.2014 begannen. Für die Erwerbsminderungsrenten mit Beginndatum bis zum 01.12.218 beträgt der Zuschlag 4,5 %. Die Umsetzung erfolgt ab dem 01.07.2024 in verschiedenen Stufen (vereinfachter Zuschlag mit separater

Überweisung und ab Dezember 2025 konkrete Berechnung). Ein Antrag zur Zahlung der Zuschläge ist nicht nötig, die Umsetzung erfolgt von Amts wegen. Da die Umsetzung der Zuschläge auf der Grundlage der persönlichen Entgeltpunkte sich als umfangreich und komplex herausgestellt hat, musste ein neues Gesetz (Erwerbsminderungsrentenbestandsverbesserungsauszahlungsgesetz) ins Leben gerufen werden. Die Auszahlung erfolgt somit konkret wie folgt:

- Juli 2024 = Der Zuschlag wird getrennt von der zugrunde liegenden Rente ausgezahlt. Im Ergebnis beider Zahlungen (Rente, Zuschlag) entspricht dem Gesamtanspruch.
- Dezember 2025 = Der Zuschlag wird als dauerhafter Bestandteil der Rente berechnet und mit der Rente ausgezahlt.

4.6 Überblick: Digitale Rentenübersicht

In der Vergangenheit erhielten alle Versicherten eine Renteninformation in Papierform mit der Post. Auf der Grundlage des Gesetzes zur Entwicklung und Einführung einer digitalen Rentenübersicht im Jahre 2021 wurde eine digitale Übersicht über Altersvorsorgeansprüche geschaffen. Im Ergebnis soll diese Aufstellung die gesetzlichen, privaten und betrieblichen Altersvorsorgeprodukte umfassen. Seit Sommer 2023 ist es möglich, soweit bereits eingetragen, diesen digitalen Informationsdienst in Anspruch zu nehmen.

Die Nutzung des Onlineportals ist freiwillig und kostenfrei. Für eine Anmeldung sind zurzeit die steuerliche Identifikationsnummer erforderlich und ein Personalausweis mit Online-Ausweisfunktion. Für technische Fragen wurde eine Hotline eingerichtet, zu erreichen unter der eMail-Adresse: digitalerentenuebersicht@drv-bund.de.

4.7 Ausblick: Rentenpaket II 2024

Generationenkapitalgesetz
Laut Referentenentwurf vom 05.03.2024 ist u. a. geplant, eine rechtsfähige Stiftung des öffentlichen Rechts mit der Bezeichnung „Generationenkapital" zu errichten. Ab 2024 sollen Gelder in Form von Darlehen vom Bund an die Stiftung fließen mit dem Zweck, aus der Bewirtschaftung des Stiftungsvermögens Erträge zu generieren, um den Beitrag zur Deutschen Rentenversicherung langfristig zu

festigen. Damit wird die bisherige Praxis, die Finanzierung aus Beiträgen und Steuerzuschüssen zu gewähren, durchbrochen.

Haltelinie
Das Rentenniveau soll bis 2039 stabil bleiben. Mit einer Niveauschutzklausel soll verhindert werden, dass der aktuelle Rentenwert unter den Wert von 48 % (im Verhältnis zu den Löhnen) sinkt.

Rücklage
Die Nachhaltigkeitsrücklage wird von 0,2 auf 0,3 Monatsausgaben zur Stärkung der unterjährigen Liquidität erhöht. Die Nachhaltigkeitsrücklage ist eine Schwankungsreserve zum Ausgleich unterjähriger Einnahmen- und Ausgabenschwankungen.

Literatur

1. Akademische Arbeitsgemeinschaft (2017), Private Krankenversicherung im Alter,
2. Bundesministerium für Arbeit und Soziales (2024) Meldungen zum Rentenpaket II.
3. Deutsche Rentenversichrung, rvRecht®, Berlin.
4. Deutsche Rentenversicherung (2023), Studientext Nr. 17, Berlin.
5. Deutsche Rentenversicherung (2023), Studientext Nr. 21, Berlin.
6. Deutsche Rentenversicherung (2023), Studientext Nr. 29, Berlin.
7. Deutsche Rentenversicherung (2022), Fachinformation 03/2022, Berlin
8. Deutsche Rentenversicherung (2024), digitale Rentenübersicht, Berlin.
9. Ihre Vorsorge®, Erwerbsminderungsrente (2023), Berlin.
10. Schewe, Petra (2017), Ratgeber Erwerbsminderungsrente, Bad Nauheim.

Finanzielle Hilfen bis Zur Rente 5

> **Zusammenfassung**
>
> Das Antragsverfahren für eine Erwerbsminderungsrente kann sich viele Monate, manchmal über Jahre hinziehen. Während dieser Zeit ist es nötig, zu überlegen, ob die vorhandenen Finanzen ausreichen, um diese Zeit zu überbrücken. In den seltensten Fällen sind allerdings große finanzielle Reserven vorhanden. Deshalb gilt es, andere Möglichkeiten zu erkennen. Normalerweise wird bei einer langen Krankheit noch eine Lohnfortzahlung vom Arbeitgeber, gefolgt vom Krankengeld der gesetzlichen Krankenkassen bzw. Krankentagegeld der privaten Krankenkassen und ggf. wird Arbeitslosengeld von der Agentur für Arbeit gezahlt.

▶ **Wichtig**
Wird eine Erwerbsminderungsrente rückwirkend gezahlt, wird die Deutsche Rentenversicherung mit den gesetzlichen Krankenkassen und der Agentur für Arbeit eine Verrechnung der Leistung durchführen. Hat der Versicherte mehr Leistungen erhalten als die spätere Rentenzahlung, so muss der Versicherte den Differenzbetrag nicht zurückzahlen.

5.1 Entgeltfortzahlung

Das Entgeltfortzahlungsgesetz regelt die Lohnfortzahlung von Arbeitnehmern im Krankheitsfall. Es gilt für Angestellte, Arbeiter, Auszubildende und auch für Minijobber. Für Beamte oder beamtenähnliche Beschäftigungen, Heimarbeiter oder Hausgewerbetreibende existieren dagegen andere Regelungen. Ferner sind Änderungen in Tarifverträgen oder in einzelvertraglichen Verträgen möglich (können nur günstiger als die gesetzlichen Grundlagen vereinbart werden).

Als erste Voraussetzung für eine Entgeltfortzahlung muss das Arbeitsverhältnis grundsätzlich mindestens vier Wochen lang (28 Kalendertage) bestanden haben (ggf. Ausnahmen in Tarifverträgen). Beginnt die Erkrankung vor Ablauf der vierwöchigen Wartefrist, wird Krankengeld von der gesetzlichen Krankenkasse bis zum Ablauf der Frist gezahlt. Die zweite Voraussetzung ist eine unverschuldete Arbeitsunfähigkeit. Ein mögliches Selbstverschulden (zum Beispiel ein grober Verstoß gegen Sicherheitsvorschriften) hat der Arbeitgeber zu beweisen. Zu einer Beweislastumkehr kann es kommen, wenn die Arbeitsunfähigkeit zum Beispiel durch eine Schlägerei verursacht wurde. Hier muss der Arbeitnehmer beweisen, dass ihn kein Verschulden trifft.

Wird ein Arbeitsverhältnis nicht angetreten (wegen Krankheit), tritt trotzdem das Entgeltfortzahlungsrecht in Kraft, vorausgesetzt, die Arbeitsunfähigkeit ist eingetreten, nachdem der Arbeitsvertrag unterschrieben wurde. Hierbei ist allerdings auch die Wartezeit von vier Wochen zu beachten, es entsteht somit ggf. ein Anspruch auf Krankengeld für diese Überbrückungszeit. Jedes (rechtlich) neue Arbeitsverhältnis beginnt bei einer Erkrankung mit einer Wartezeit für die Entgeltfortzahlung. Eine Ausnahme bilden zwei Arbeitsverhältnisse, die aber als rechtlich einheitlich angesehen werden. Voraussetzungen sind, dass nur eine kurze Unterbrechung von drei Wochen zwischen den Arbeitsverhältnissen beim (alten) Arbeitgeber lag und ein (tariflich) vereinbarter Wiedereinstellungsanspruch besteht. Die Wartezeit entfällt ebenfalls bei einem Wechsel beim selben Arbeitgeber, beispielsweise vom Ausbildungs- in ein Arbeitsverhältnis, selbiges gilt bei einem Betriebsübergang oder bei einer tatsächlichen Unterbrechung innerhalb des Arbeitsverhältnisses durch zum Beispiel (längeren) Urlaub oder Krankheit.

Es gilt seitens des Arbeitnehmers eine Anzeige- und Nachweispflicht. Er muss dem Arbeitgeber die Arbeitsunfähigkeit und die voraussichtliche Dauer unverzüglich (ohne schuldhaftes Zögern) anzeigen. Die Art der unverzüglichen Mitteilung ist von Unternehmen zu Unternehmen unterschiedlich geregelt. Im Grundsatz sollte die zuständige Person telefonisch oder auf anderem Wege unverzüglich informiert werden. Das gilt auch innerhalb der ersten vier Wochen eines neuen Arbeitsverhältnisses (sog. Wartezeit), bei fortgesetzter Arbeitsunfähigkeit und nach dem Ende der Entgeltfortzahlung sowie Fortdauer der Erkrankung. Die ärztliche Feststellung und Dauer der Krankheit muss spätestens nach drei Tagen erfolgt sein. In manchen Unternehmen wurde auch eine andere Vorgehensweise festgelegt.

5.1 Entgeltfortzahlung

Seit dem 01.01.2023 ist der Arbeitgeber verpflichtet, bei den gesetzlichen Krankenkassen eine elektronische Krankmeldung abzurufen. Ist ein elektronischer Abruf nicht möglich (private Krankenkasse, Auslandserkrankung), so ist eine Papierkrankmeldung auszuhändigen.

▶ **Wichtig**
Dem Arbeitnehmer ist zu empfehlen, eine Papierkrankmeldung beim Arzt einzufordern, um ggf. einen Nachweis über die Meldung vorlegen zu können (zum Beispiel im Falle einer elektronischen Übermittlungsstörung). Ein weiterer wichtiger Aspekt bei der Abforderung der Papierkrankmeldung ist, dass der Diagnoseschlüssel erkennbar sein muss (ggf. wichtige Information für eine Erwerbsminderungsrente).

Gesetzliche Grundlage § 3 Entgeltfortzahlungsgesetz (Auszug)
(1) Wird ein Arbeitnehmer durch Arbeitsunfähigkeit infolge Krankheit an seiner Arbeitsleistung gehindert, ohne daß ihn ein Verschulden trifft, so hat er Anspruch auf Entgeltfortzahlung durch den Arbeitgeber für die Zeit der Arbeitsunfähigkeit bis zur Dauer von sechs Wochen. Wird der Arbeitnehmer infolge derselben Krankheit erneut arbeitsunfähig, so verliert er wegen der erneuten Arbeitsunfähigkeit den Anspruch nach Satz 1 für einen weiteren Zeitraum von höchstens sechs Wochen nicht, wenn
1. er vor der erneuten Arbeitsunfähigkeit mindestens sechs Wochen nicht infolge derselben Krankheit arbeitsunfähig war oder
2. seit Beginn der ersten Arbeitsunfähigkeit infolge derselben Krankheit eine Frist von zwölf Monaten abgelaufen ist.

Das Lohnfortzahlungsgesetz setzt u. a. die Bedingung *„ohne daß ihn ein Verschulden trifft"*. Insbesondere im Bereich der psychischen Erkrankungen (siehe Abschn. 6.5.3 *Abhängigkeitserkrankungen, Alkohol*) wird häufig geprüft, ob ein eventueller Alkoholmissbrauch in den Bereich des Verschuldens fällt. Dazu das Bundesarbeitsgericht vom 18.03.2015 AZ: 10 AZR 99/14 (Auszug): „Wird ein Arbeitnehmer infolge seiner Alkoholabhängigkeit arbeitsunfähig krank, kann nach dem derzeitigen Stand der medizinischen Erkenntnisse nicht von einem schuldhaften Verhalten i.S.d. § 3 Abs. 1 EFZG ausgegangen werden."

Grundsätzlich beträgt die Lohnfortzahlung sechs Wochen (42 Tage). Wenn am ersten Tag der Krankmeldung noch gearbeitet wurde, beginnt die Arbeitsunfähigkeit am Folgetag. Zu den Krankzeiten zählen Arbeitsunfähigkeitsbescheinigungen, stationäre medizinische Vorsorgemaßnahmen sowie ambulante und stationäre Rehabilitationsmaßnahmen.

Tritt zu einer laufenden Krankheit eine neue Krankheit hinzu, die für sich allein betrachtet ebenfalls eine Arbeitsunfähigkeit verursacht, verlängert sich die Anspruchsdauer der Lohnfortzahlung von sechs Wochen nicht. Die Anspruchsdauer verlängert sich auch nicht, wenn zu einem späteren Zeitpunkt die neue Krankheit die alleinige Ursache ist.

Handelt es sich immer um dieselbe Krankheit, werden die Krankzeiten ebenfalls addiert. Zusammen kann nur ein Anspruch von sechs Wochen generiert werden. Diese häufigen oder längeren Krankzeiten werden innerhalb einer Frist von 12 Monaten summiert. Erst, wenn zwischen den einzelnen Krankmeldungen für dieselbe Krankheit mindestens ein Zeitraum von sechs Monaten ohne Krankmeldungen besteht, beginnt ein neuer Lohnfortzahlungszeitraum. Dieselbe Krankheit liegt vor, wenn die Arbeitsunfähigkeiten auf dieselbe Ursache, also dasselbe Grundleiden zurückzuführen sind.

Die Höhe der Entgeltfortzahlung beträgt grundsätzlich 100 % des Arbeitsentgelts, hierzu gehören auch variable Gehaltsbestandteile (Provisionen, Zulagen). Einmalzahlungen sind nicht zu berücksichtigen.

5.2 Übergangsgeld

Übergangsgeld wird gezahlt, wenn kein Entgeltfortzahlungsanspruch mehr durch den Arbeitgeber besteht. Der Anspruch entsteht für die Teilnahme an Rehabilitationsmaßnahmen oder zum Beispiel Umschulungen.

Die Zuständigkeit und damit Übernahme des Übergangsgeldes ist unterschiedlich geregelt und richtet sich danach, welche Hauptleistung erbracht wird.

Die Deutsche Rentenversicherung ist zuständig, wenn

- Leistungen zur medizinischen Reha, zur Teilhabe am Arbeitsleben (berufliche Reha) erbracht werden. Hierbei muss die Erwerbsfähigkeit erheblich gefährdet oder schon gemindert sein und durch die Reha wesentlich gebessert oder ggf. wiederhergestellt werden. Und
- die sozialversicherungsrechtlichen Voraussetzungen erfüllt werden (im Abschn. 2.1 *Reha vor Rente* erläutert).

Die Agentur für Arbeit ist zuständig, wenn

- Leistungen zur beruflichen Reha erbracht werden. Hierbei muss eine (drohende) Behinderung im Raum stehen. Und
- kein anderer Sozialversicherungsträger zuständig ist.

Die gesetzlichen Krankenkassen sind zuständig, wenn

- Leistungen zur medizinischen Reha erbracht werden und es um den Erhalt und die Wiederherstellung der Gesundheit geht und
- kein anderer Sozialversicherungsträger zuständig ist.

Die Unfallversicherungsträger sind zuständig, wenn

- es sich um Arbeitsunfälle und Berufskrankheiten handelt.

Innerhalb von zwei Wochen nach dem Antrag an einen Reha-Träger muss dieser angeschriebene Träger erklären, ob er zuständig ist. Eine ggf. nötige Weiterleitung an den zuständigen Träger erfolgt automatisch (§§ 14–24 SGB IX). Der neue Träger muss innerhalb von drei Wochen die Zuständigkeit entscheiden. Um die Angelegenheit ggf. abzukürzen, wurde ein Zuständigkeitsnavigator eingerichtet:
https://www.reha-zustaendigkeitsnavigator.de/index.html

Das Übergangsgeld beträgt 68 % für Versicherte ohne Kinder bzw. 75 % für Versicherte mit Kindergeldanspruch. Bei Selbstständigen bzw. freiwillig Versicherten beträgt das Übergangsgeld 80 % aus den zuvor bezahlten Beiträgen (§ 21 SGB VI, in der Fassung ab 01.07.2023).

Die Unterlagen für das Übergangsgeld von der Deutschen Rentenversicherung können der Homepage entnommen werden:
https://www.deutsche-rentenversicherung.de/SharedDocs/Formulare/DE/Formularpakete/01_versicherte/reha/_DRV_Paket_Rehabilitation_Uebergangsgeld.html

5.3 Krankengeld

Nach der Lohnfortzahlung durch den Arbeitgeber haben gesetzlich Versicherte in der Regel Anspruch auf Krankengeld von der zuständigen gesetzlichen Krankenkasse. Bei privat Krankenversicherten wird ein Krankentagegeld nach den individuellen vertraglichen Vereinbarungen gezahlt.

Krankengeld erhalten nur diejenigen Personen, die einen Krankenkassenbeitrag mit Krankengeldschutz vorweisen können. Das ist in der Regel bei sozialversicherungspflichtigen Angestellten der Fall. Eine Ausnahme bilden Minijobber (es werden keine Beiträge vom Arbeitnehmer gezahlt) und ggf. Selbstständige. Selbstständige zahlen bei der gesetzlichen Krankenkasse nur einen ermäßigten

Beitrag. Das hat zur Folge, dass kein Anspruch auf Krankengeld besteht. Der Anspruch kann bei der gesetzlichen Krankenkasse beantragt werden. In diesem Fall wird ab der siebten Woche Krankengeld auch an Selbstständige bezahlt. Krankengeld erhalten auch Rentner, wenn durch den Krankenstand kein Arbeitsentgelt oder Arbeitseinkommen gezahlt wird bzw. erwirtschaftet werden kann. Voraussetzung ist, dass vorher auch Krankenversicherungsbeiträge gezahlt worden sind. Hier sollte vorher mit dem Arbeitgeber eine Absprache erfolgen, weil Rentner im Normalfall nur einen verminderten Beitrag zur Krankenkasse zahlen, der einen Krankengeldbezug ausschließt.

Krankengeld wird für dieselbe Krankheit für maximal 78 Wochen gezahlt (inkl. die sechs Wochen Lohnfortzahlung). Die gesetzliche Krankenkasse zahlt somit nur für 72 Wochen. Auch hier gelten die Voraussetzungen für den Anspruch wie bei der Entgeltfortzahlung Abschn. 5.1. Im Bereich des Krankengeldes tritt an die Stelle der Zwölf-Monats-Frist die sog. Blockfrist (drei Jahre).

▶ **Wichtig**
Die Arbeitsunfähigkeitsbescheinigungen müssen ohne Unterbrechung nachgewiesen werden. Bei einer auslaufenden Bescheinigung muss somit spätestens am nächsten Werktag die Krankmeldung verlängert werden. Endet die Arbeitsunfähigkeitsbescheinigung an einem Freitag oder am Wochenende, muss die neue Bescheinigung spätestens am folgenden Montag nachgewiesen werden.

Bei einer Rehabilitationsmaßnahme zahlt die gesetzliche Krankenkasse weiterhin Krankengeld, falls die Reha von der Krankenkasse veranlasst wurde. Übergangsgeld wird von der Deutschen Rentenversicherung gezahlt, falls die Reha von der Deutschen Rentenversicherung übernommen wird. Ist der Versicherte im Krankengeldbezug und wird Übergangsgeld beantragt, ruht der Anspruch auf Krankengeld (§ 49 SGB V). Der Anspruch auf Krankengeld verlängert sich nicht durch den Bezug des Übergangsgeldes, es verbleibt beim Höchstanspruch von 78 Wochen (sechs Wochen Lohnfortzahlung und 72 Wochen Krankengeld). Wird nach der Reha noch Arbeitsunfähigkeit festgestellt, so wird wieder Krankengeld gezahlt, soweit noch ein Restanspruch vorhanden ist.

Endet das Arbeitsverhältnis während der Entgeltfortzahlung und besteht weiterhin eine Arbeitsunfähigkeit, wird in der Regel über das Ende der Beschäftigung hinaus weiterhin Krankengeld gezahlt (§§ 44, 46, 192 SGB V). Der Anspruch auf Krankengeld muss innerhalb einer Versicherungspflicht in der

5.3 Krankengeld

gesetzlichen Krankenversicherung entstanden sein (Pflichtmitgliedschaft, freiwillige Mitgliedschaft). Der Anspruch bleibt bestehen, wenn die Arbeitsunfähigkeit unmittelbar an einer Versicherungspflicht eintritt. Beispiel: Die sozialversicherungspflichtige Beschäftigung endet am 31.05. und die durch einen Arzt nachgewiesene Arbeitsunfähigkeit beginnt am 01.06.

Kein Krankengeldanspruch entsteht bei der obligatorischen Anschlussversicherung (§ 188 SGB V). Das ist eine Zeit zwischen zwei Beschäftigungsverhältnissen und es besteht kein anderweitiger Versicherungsschutz. Die Anschlussversicherung dauert einen Monat und gilt für gesetzlich Krankenversicherte. Hier dauert der Versicherungsschutz über das Ende eines Arbeitsverhältnisses hinaus, allerdings ohne Krankengeldanspruch. Ebenfalls entsteht kein Krankengeldanspruch bei einer Familienversicherung.

Die Höhe des Krankengeldes richtet sich nach dem regelmäßigen Einkommen. Im Allgemeinen werden 70 % vom Bruttoentgelt (höchstens 90 % vom Netto) als Krankengeld gezahlt. Die Höhe ist auf einen Höchstbetrag von 120,75 € pro Tag (Stand 2024) begrenzt. Während des Krankengeldbezugs läuft der Krankenversicherungsschutz beitragsfrei weiter. Der Versicherungsschutz für die Renten-, Arbeitslosen- und Pflegeversicherung wird mit einem Abzug vom Krankengeld gesichert.

Die Höhe des Krankengeldes für freiwillig Versicherte (zum Beispiel Selbstständige) richtet sich ebenfalls nach dem letzten Einkommen. Dieses Einkommen muss durch einen aktuellen Steuerbescheid (Gewinn) nachgewiesen werden. Wird kurzfristig ein aktueller Einkommensteuerbescheid nachgereicht und enthält dieser einen höheren Gewinn (für die Berechnung des Krankengeldes), so ist dieser maßgeblich (Sozialgericht Frankfurt am Main, Gerichtsbescheid vom 03.07.2023 AZ: S. 14 KR 160/21).

Die Beendigung des Krankengeldbezuges wird als Aussteuerung bezeichnet.

> **Wichtig**
> Für den weiteren Weg einer finanziellen Unterstützung ist es notwendig, eine Bescheinigung über die Aussteuerung zu erhalten. Diese sollte mindestens drei Wochen vor Ende des Krankengeldbezuges von der Krankenkasse beantragt werden, da sie als Vorlage für die Arbeitsagentur benötigt wird. Sollte das Arbeitsverhältnis während des Krankengeldbezuges enden, ist zu empfehlen, sich zeitnah bei der Arbeitsagentur zu melden und darauf hinzuweisen, das Arbeitslosengeld nach dem Ende des Krankengeldbezuges beantragt werden wird.

5.4 Arbeitslosengeld nach der Nahtlosigkeitsregel

Für die weitere Sicherung des Lebensunterhaltes ist nach der Lohnfortzahlung und dem Krankengeldbezug die Arbeitsagentur zuständig. Die Zuständigkeit ist auch gegeben, wenn noch ein gültiger Arbeitsvertrag vorhanden ist, aber die Arbeitsunfähigkeit fortbesteht.

Möglichst mit der Bescheinigung über die Aussteuerung ist bei der zuständigen Agentur für Arbeit Arbeitslosengeld zu beantragen. Damit Arbeitslosengeld nach § 137 SGB III gezahlt wird, sind folgende Voraussetzungen zu erfüllen:

- vorliegende Arbeitslosigkeit
- Arbeitslosmeldung bei der Agentur für Arbeit
- Erfüllung der Anwartschaftszeit

Nach § 137 SGB III ist es allerdings wichtig, dass einer Vermittlung in den Arbeitsmarkt nichts im Wege steht. Bei einer (weiteren) Erkrankung ist die Arbeitsfähigkeit nicht gegeben. Dennoch wird in zwei unterschiedlichen Szenarien Arbeitslosengeld gezahlt.

Zunächst besteht auch bei einer Erkrankung, wie bei einer Lohnfortzahlung durch den Arbeitgeber, ein Anspruch auf Lohnfortzahlung nach § 146 SGB III. Die Höchstanspruchsdauer beträgt auch hier wieder sechs Wochen (42 Tage), längstens bis zum Erreichen des Höchstanspruchsdauer des Arbeitslosengeldes. Auch hier ist, wie bei einem Arbeitgeber, eine Krankmeldung bei der Agentur für Arbeit einzureichen bzw. die Krankheit zu melden. Seit dem 01.01.2024 übermittelt die gesetzliche Krankenkasse die Arbeitsunfähigkeitsbescheinigung auf elektronischem Wege. Von privat Krankenversicherten hingegen muss noch die Papierform der Arbeitsunfähigkeitsbescheinigung eingereicht werden.

Wird eine andauernde Erkrankung festgestellt, zum Beispiel mit Hinweis des Versicherten auf die Aussteuerung, kann ggf. trotzdem Arbeitslosengeld gezahlt werden. Diese Sonderform des Arbeitslosengeldes (Nahtlosigkeitsregelung) nach § 145 SGB III wird nur gezahlt, wenn (noch) keine Erwerbsminderung von der Deutschen Rentenversicherung festgestellt wurde, eine verminderte Leistungsfähigkeit voraussichtlich für mehr als sechs Monaten besteht und deshalb eine Beschäftigung ab 15 h pro Woche auf dem allgemeinen Arbeitsmarkt nicht möglich ist. Es besteht Beschäftigungslosigkeit (auch wenn ein ungekündigtes Arbeitsverhältnis besteht, aber nicht ausgeübt werden kann). Gesetzliche Grundlage ist der § 145 SGB III.

5.4 Arbeitslosengeld nach der Nahtlosigkeitsregel

§ 145 SGB III (Auszug)
(1) Anspruch auf Arbeitslosengeld hat auch eine Person, die allein deshalb nicht arbeitslos ist, weil sie wegen einer mehr als sechsmonatigen Minderung der Leistungsfähigkeit versicherungspflichtige, mindestens 15 h wöchentlich umfassende Beschäftigungen nicht unter den Bedingungen ausüben kann, die auf dem für sie in Betracht kommenden Arbeitsmarkt ohne Berücksichtigung der Minderung der Leistungsfähigkeit üblich sind, wenn eine verminderte Erwerbsfähigkeit im Sinne der gesetzlichen Rentenversicherung nicht festgestellt worden ist. Die Feststellung, ob eine verminderte Erwerbsfähigkeit vorliegt, trifft der zuständige Träger der gesetzlichen Rentenversicherung ...

▶ **Wichtig**
Die subjektive Verfügbarkeit muss vorhanden sein, sich somit für eine Tätigkeit „im Rahmen der Möglichkeiten" vermitteln lassen zu wollen und die Bereitschaft, bei einer Vermittlung mitzuwirken. Die Agentur für Arbeit wird deshalb im Antrag auf Arbeitslosengeld anfragen, ob diese Mitwirkung vorhanden ist.

Abb. 5.1 zeigt einen Ausschnitt aus dem Antrag auf Arbeitslosengeld. Nur bei einem Kreuz bei „Gesundheitliche Gründe" und der Zusicherung „Ja" bei der Frage, sich im Rahmen des festgestellten Leistungsvermögens für die Vermittlung zur Verfügung zu stellen, kann Arbeitslosengeld in der Nahtlosigkeit gezahlt werden.

Zu beachten ist ebenfalls, dass Arbeitslosigkeit nur zutrifft, wenn für mindestens 15 h pro Woche eine Arbeit aufgenommen werden kann. Und ferner ist wichtig, dass, falls der Versicherte ab sofort weniger arbeiten möchte als bisher, sich das Arbeitslosengeld aufgrund der verminderten Stundenanzahl ebenfalls verringern kann.

2e	Ich **kann** bestimmte Beschäftigungen nicht mehr ausüben oder **muss** mich zeitlich einschränken (siehe Merkblatt 1 Abschnitt 2.5)	☐ Ja
	<u>Wenn ja:</u> ☐ **Gesundheitliche Gründe**	
	Bei einer ärztlichen Begutachtung bin ich bereit, mich im Rahmen des festgestellten Leistungsvermögens für die Vermittlung zur Verfügung zu stellen. ☐ Ja ☐ Nein	
	☐ **Andere zwingende Gründe** (z.B. Betreuung und Pflege) _____	
	Bei Erfüllung von Betreuungsaufgaben: Die Betreuung ist sichergestellt, wenn ich diese nicht übernehmen kann. ☐ Ja ☐ Nein	

Abb. 5.1 Antrag auf Arbeitslosengeld. (Quelle: Bundesagentur für Arbeit)

5.4.1 Beurteilung des ärztlichen Dienstes der Arbeitsagentur

Gemäß dem Informationsblatt der Arbeitsagentur (siehe Abb. 5.2) muss nach der Aussteuerung aus dem Krankengeld und fortwährender Erkrankung festgestellt werden, ob die Leistungsfähigkeit eingeschränkt ist. Der ärztliche Dienst der Agentur für

> Sie haben sich **nach Aussteuerung** aus dem Krankengeldbezug arbeitslos gemeldet.
> Mit diesem Merkblatt erhalten Sie nähere Informationen zu den Besonderheiten und zum weiteren Verfahren.
> **Beachten Sie hierbei bitte, dass eine Entscheidung über die Bewilligung des Antrages auf Arbeitslosengeld erst nach Vorlage des ärztlichen Gutachtens erfolgen kann.**
>
> Grundsätzlich haben nur Arbeitnehmer Anspruch auf Arbeitslosengeld, die u. a. arbeitslos sind (§ 137 Abs. 1 Nr. 1 SGB III). Arbeitslos ist, wer u. a. jede zumutbare versicherungspflichtige (mindestens 15 Stunden wöchentlich umfassende) Beschäftigung
> - ausüben kann und darf und
> - bereit ist, eine Tätigkeit entsprechend seiner Leistungsfähigkeit aufzunehmen (§ 138 Abs. 5 Nrn. 1 und 3 SGB III).
>
> Da Sie derzeit aufgrund Ihrer Erkrankung keine versicherungspflichtige Beschäftigung mehr ausüben können **und** Ihr Anspruch auf Krankengeld ausgeschöpft ist, ist vom Ärztlichen Dienst der Agentur oder des Rentenversicherungsträgers eine Entscheidung zu treffen, ob verminderte Erwerbsfähigkeit vorliegt.
>
> Ihre Arbeitsbereitschaft, im Umfang des noch festzustellenden Leistungsvermögens, vorausgesetzt, hat die Arbeitsagentur eine Begutachtung durch den Arzt der Agentur für Arbeit zu veranlassen.
> **Sie sind verpflichtet diesen Termin wahrzunehmen.**
>
> Je nach Ergebnis des ärztlichen Gutachtens bestehen folgende Möglichkeiten:
>
> ➢ **Möglichkeit 1:** Der Arzt der Arbeitsagentur stellt fest, dass Sie voraussichtlich **mehr als 6 Monate nicht leistungsfähig** sind. Sie erhalten damit bis zur Entscheidung des Rentenversicherungsträgers zur verminderten Erwerbsfähigkeit Arbeitslosengeld nach § 145 SGB III (begrenzt auf die individuelle Dauer). Sie sind spätestens dann verpflichtet, einen Antrag auf Leistungen zur medizinischen Rehabilitation oder zur Teilhabe am Arbeitsleben oder auf Erwerbsminderungsrente beim zuständigen Rentenversicherungsträger zu stellen (§ 145 Abs. 2 SGB III) und erhalten hierzu eine schriftliche Aufforderung. Bei dem weiteren Verfahren durch den Rentenversicherungsträger sind Sie ebenfalls verpflichtet, entsprechend mitzuwirken.
> Bitte reichen Sie der Arbeitsagentur in diesem Fall **keine** Arbeitsunfähigkeitsbescheinigungen mehr ein. Diese haben keine Auswirkungen mehr auf Ihren Leistungsbezug.
>
> ➢ **Möglichkeit 2:** Der Arzt der Arbeitsagentur stellt fest, dass Sie **bis zu 6 Monaten nicht leistungsfähig** sind. In diesem Fall haben Sie grundsätzlich ab dem Tag der Antragstellung auf Arbeitslosengeld keinen Anspruch auf diese Leistung. Der Antrag ist abzulehnen.
> Ich empfehle Ihnen in diesem Fall dringend, sich schnellstmöglich an den zuständigen Träger der Grundsicherung zu wenden und dort Leistungen zu beantragen.
>
> ➢ **Möglichkeit 3:** Wird durch den Arzt des Rentenversicherungsträgers oder der Bundesagentur für Arbeit eine **hinreichende Restleistungsfähigkeit (für mindestens 15 Stunden wöchentlich)** festgestellt, werden Ihre Leistungen nicht nach der Ausnahmeregelung des § 145 SGB III gewährt.

Abb. 5.2 Informationsblatt zum Arbeitslosengeld. (Quelle: Bundesagentur für Arbeit)

5.4 Arbeitslosengeld nach der Nahtlosigkeitsregel

Arbeit muss deshalb entsprechend informiert werden. Nur, wenn der ärztliche Dienst eine Einschätzung zur Erwerbsminderung trifft, kann Arbeitslosengeld aufgrund der Nahtlosigkeitsregel gezahlt werden. Kommt der ärztliche Dienst zu dem Schluss, dass keine Erwerbsminderung vorliegt, wird „normales" Arbeitslosengeld gezahlt. In diesem Fall ist der Versicherte verpflichtet, wieder eine Arbeit anzunehmen.

- Möglichkeit 1: Der ärztliche Dienst stellt eine geminderte Erwerbsfähigkeit fest und es wird Arbeitslosengeld aufgrund der Nahtlosigkeitsregelung gezahlt. Der Versicherte muss keiner Tätigkeit nachgehen und erhält ohne Aktivitäten auf dem Arbeitsmarkt Arbeitslosengeld.
- Möglichkeit 2: Die Leistungsfähigkeit ist zwar gemindert, aber nur bis zu maximal sechs Monaten. In diesem Fall ist nicht von einer dauerhaften Leistungsminderung auszugehen. Die Finanzierung für die nächste Zeit wäre ggf. über die Krankenkasse (falls noch Ansprüche vorhanden sind) möglich.
- Möglichkeit 3 erörtert, dass bei fehlender Zustimmung zu einer Leistungsminderung des ärztlichen Dienstes, die „normale" Arbeitslosigkeit greift, es ist somit eine neue Arbeitsstelle zu suchen bzw., falls vorhanden, zur alten Arbeitsstelle zurückzukehren.

▶ **Wichtig**
In vielen Fällen wird das medizinische Gutachten aufgrund vorgelegter medizinischer Unterlagen erstellt. Es ist somit von entscheidender Bedeutung, aussagekräftige Unterlagen zum Krankheitsbild vorzulegen.

Der ärztliche Dienst der Arbeitsagentur kann nicht direkt beauftragt werden. Beim ersten Gespräch mit dem Sachbearbeiter der Arbeitsagentur ist die gesundheitliche Problematik zu besprechen. Der Sachbearbeiter beauftragt schließlich den ärztlichen Dienst und hält Kontakt zum ärztlichen Dienst und zum Versicherten. Der Versicherte erhält einen Gesundheitsfragebogen und hat diesen nebst den medizinischen Unterlagen in einem verschlossenen Umschlag an den Sachbearbeiter zu senden. Der Umschlag wird vom Sachbearbeiter verschlossen an den ärztlichen Dienst weitergeleitet.

Das Gutachten besteht aus zwei verschiedenen Teilen, wobei nur Teil B dem Sachbearbeiter der Arbeitsagentur zur Verfügung gestellt wird. Dieser Teil besteht aus Informationen, die die Leistungsfähigkeit im Allgemeinen betreffen und für eine Wiedereingliederung in den Arbeitsmarkt nötig sind. Teil A verbleibt beim ärztlichen Dienst und beschreibt die Leistungsfähigkeit bzw. Leistungsminderung im Konkreten.

> **Wichtig**
> Es ist zu empfehlen, sich beide Teile aushändigen zu lassen. Sie sind ggf. nötig für eine Erwerbsminderungsrente.

5.4.2 Weiteres Verfahren in der Nahtlosigkeit

Die Agentur für Arbeit ist angehalten, zu versuchen die Arbeitsfähigkeit der Versicherten (ggf. im Rahmen einer Rehabilitation) wieder herzustellen, einen Antrag auf Teilhabe am Arbeitsleben zu stellen oder den Versicherten aufzufordern, eine Erwerbsminderungsrente zu beantragen. Gesetzliche Grundlage ist der § 145 SGB III.

> **§ 145 SGB III (Auszug)**
> *(2) Die Agentur für Arbeit hat die leistungsgeminderte Person unverzüglich aufzufordern, innerhalb eines Monats einen Antrag auf Leistungen zur medizinischen Rehabilitation oder zur Teilhabe am Arbeitsleben zu stellen. Stellt sie diesen Antrag fristgemäß, so gilt er im Zeitpunkt des Antrags auf Arbeitslosengeld als gestellt. Stellt die leistungsgeminderte Person den Antrag nicht, ruht der Anspruch auf Arbeitslosengeld vom Tag nach Ablauf der Frist an bis zum Tag, an dem sie einen Antrag auf Leistungen zur medizinischen Rehabilitation oder zur Teilhabe am Arbeitsleben oder einen Antrag auf Rente wegen Erwerbsminderung stellt. Kommt die leistungsgeminderte Person ihren Mitwirkungspflichten gegenüber dem Träger der medizinischen Rehabilitation oder der Teilhabe am Arbeitsleben nicht nach, so ruht der Anspruch auf Arbeitslosengeld von dem Tag nach Unterlassen der Mitwirkung bis zu dem Tag, an dem die Mitwirkung nachgeholt wird. Satz 4 gilt entsprechend, wenn die leistungsgeminderte Person durch ihr Verhalten die Feststellung der Erwerbsminderung verhindert.*

Die Arbeitsagentur wird somit den Versicherten auffordern, einen entsprechenden Antrag innerhalb von einem Monat zu stellen. Hier wäre entsprechend den individuellen Gegebenheiten eine Auswahl zu treffen. Bei einem Antrag zur Teilhabe am Arbeitsleben (LTA) können die unterschiedlichsten Möglichkeiten zutreffen (Umschulung, Jobcoaching usw.). In Kap. 7 *Antragsverfahren* wird die Vorgehensweise bei einem Antrag auf eine Erwerbsminderungsrente erläutert.

5.4.3 Arbeitslosengeld: Dauer und Höhe

Die Leistungsdauer von Arbeitslosengeld richtet sich nach dem Alter und der Beschäftigungsdauer (mit Zahlung von Arbeitslosenbeiträgen). Die Grundlage (siehe Tab. 5.1) richtet sich nach § 147 SGB III, ein Monat rechnet sich stets mit 30 Kalendertagen.

Die versicherungspflichtige Beschäftigungszeit (Anwartschaftszeit bzw. Grundrahmenfrist) wird erfüllt, wenn in den letzten zwei Jahren mindestens 12 Monate (360 Kalendertage) lang Beiträge zur Arbeitslosenversicherung gezahlt wurden. Die Zahlung kann auch durch die Krankenkasse erfolgt sein, etwa über das Krankengeld. Die Zeitspanne von zwei Jahren kann auf fünf Jahre verlängert werden, wenn Übergangsgeld gezahlt wurde oder berufsfördernde Maßnahmen durchgeführt worden sind.

Kann die Grundrahmenfrist nicht erfüllt werden, greift ggf. die kurze oder kleine Anwartschaftszeit (sechs Monate mit Beitragszahlungen usw.). Zur Anspruchsdauer auf Arbeitslosengeld bei kurzer Anwartschaftszeit siehe Tab. 5.2.

Ein erworbener Anspruch auf Arbeitslosengeld bleibt vier Jahre bestehen (Bayerisches Landessozialgericht, Urteil vom 21.09.2016 AZ: L 10 AL 305/15). Der Restanspruch verfällt, wenn ein neuer Anspruch auf Arbeitslosengeld zum Tragen kommt.

Die Höhe des Arbeitslosengeldes beträgt dem Grunde nach 60 % bzw. 67 % des sog. Leistungsentgelts und somit weniger als die Lohnfortzahlung des Arbeitgebers

Tab. 5.1 Anspruchsdauer Arbeitslosengeld (Stand seit 2016)

Versicherungspflichtige Beschäftigung		Vollendetes Lebensjahr	Anspruch in	
Nach Monaten	Nach Tagen		Monaten	Kalendertagen
12	360		6	180
16	480		8	240
20	600		10	300
24	720		12	360
30	900	50	15	450
36	1080	55	18	540
48	1440	58	24	720

(Quelle: Agentur für Arbeit)

Tab. 5.2 Anspruchsdauer Arbeitslosengeld (Stand seit 2015)

Versicherungspflichtige Beschäftigung nach Monaten	Anspruch in Monaten	Anspruch in Kalendertagen
6	3	90
8	4	120
10	5	150

(Quelle: Agentur für Arbeit)

(ca. 100 %) und des Krankengeldes (70 %). Das Leistungsentgelt ist das bisherige Bruttoentgelt (bis zur Beitragsbemessungsgrenze), verringert durch einen Pauschalbetrag für die Sozialversicherung und der Steuerlast.

▷ **Wichtig**
Wurde die Arbeitszeit im Beschäftigungsverhältnis verringert, zum Beispiel aufgrund der Krankheit, ist zu prüfen, ob das Arbeitslosengeld ggf. vom vorherigen höheren Entgelt berechnet werden kann. Zu diesem Zweck kann ein Antrag auf Prüfung einer „unbilligen Härte" durchgeführt werden (dadurch wird der Zeitrahmen verlängert) oder gemäß den Ausführungen im folgenden Abschn. 5.5 *Finanzielle Folgen einer Arbeitszeitverkürzung* zu verfahren.

Die Höhe des Arbeitslosengeldes kann selbst berechnet werden. Die Arbeitsagentur bietet hierzu einen Link an:
    https://www.pub.arbeitsagentur.de/start.html
Während des Bezugs von Arbeitslosengeld werden weiterhin Beiträge für die Kranken- und Pflegeversicherung sowie für die Rentenversicherung von der Arbeitsagentur geleistet. Die Beiträge für die Rentenversicherung berechnen sich aus 80 % vom Bruttoentgelt, welches die Grundlage für das Arbeitslosengeld bildet.

5.5 Finanzielle Folgen einer Arbeitszeitverkürzung

Zur Berechnung der Rentenhöhe spielt die Arbeitszeit in der Regel keine Rolle. Allerdings sind die Einkünfte bei einer Teilzeitposition nicht so hoch wie bei einer Vollzeitstelle. Da die Umrechnung in Entgeltpunkte auf dem Bruttoverdienst (bis zur Beitragsbemessungsgrenze) basiert, kann sich die Rentenhöhe

5.5 Finanzielle Folgen einer Arbeitszeitverkürzung

somit im Ergebnis verringern. Bei der Berücksichtigung der Zurechnungszeiten zur Errechnung der Erwerbsminderungsrente hat der Wechsel in eine Teilzeitstelle hingegen keine Auswirkungen. Aufgrund der Vergleichsbewertung nach § 73 SGB VI werden seit 2014 die letzten vier Jahre vor Beginn der Erwerbsminderungsrente geprüft, ob ein Wechsel in finanziell niedrigere Tätigkeiten bzw. Erlöse ggf. einen negativen Einfluss auf die Rente nach sich zieht. Sollte dadurch die Rente niedriger ausfallen, wird die Differenz ausgeglichen.

Ein Wechsel während der Arbeitsphase von einer Vollzeitstelle zu einer Teilzeitstelle kann auch bei einer betrieblichen Altersvorsorge Auswirkungen ergeben. In einigen Fällen ist die Gehaltshöhe an die Höhe der Einzahlungen für die bAV gekoppelt. Das Bundesarbeitsgericht hat mit Urteil vom 20.06.2023 AZ: 3 AZR 221/22 bestätigt, dass eine betriebliche Versorgungsordnung bei endgehaltsbezogenen Betriebsrenten und Teilzeit auch bei vielen Jahren Vollzeit lediglich die letzten Jahre als Grundlage der Betriebsrentenberechnung nehmen kann. Im besagten Fall hatte der Kläger 20 Jahre in Vollzeit gearbeitet und die letzten 15 Jahre in Teilzeit. Die Grundlage zur Betriebsrentenberechnung ergab sich lediglich aus der Teilzeittätigkeit mit dem Effekt, dass die Rente rund um die Hälfte niedriger ausfiel, als wenn die vollständige Tätigkeitszeit die Grundlage gebildet hätte. Das Landesarbeitsgericht in Nürnberg urteilte am 21.12.2015 AZ: 3 Sa 249/15 in einem ähnlichen Fall noch dazu: „Eine Informationspflicht des Arbeitgebers habe nicht bestanden".

Wird also weniger verdient, werden auch weniger Krankenkassenbeiträge gezahlt. Das Krankengeld errechnet sich auf der Grundlage des Bruttoentgeltes, und zwar gemäß § 47 SGB V nach dem letzten vor Beginn der Arbeitsunfähigkeit abgerechneten Entgeltabrechnungszeitraum. Bei einer Halbierung der Arbeitszeit könnte im schlimmsten Fall auch das Krankengeld nur noch halb so hoch ausfallen.

Beim Bezug von Arbeitslosengeld kann eine günstigere Regelung zum Zuge kommen. Mögliche Voraussetzungen dafür, dass ein anderer Zeitraum zur Berechnung des Arbeitslosengeldes die Grundlage bildet, sind:

- die Arbeitsstelle wurde innerhalb von 19 Monaten aufgegeben bzw. gekündigt, dann muss die Berechnung des Arbeitslosengeldes auf der Grundlage des Vollzeitgehaltes berechnet werden bzw.
- die höhere Arbeitszeit muss mindestens innerhalb der letzte 42 Monate ausgeübt worden sein.
- Die Arbeitszeitverkürzung muss mindestens fünf Wochenarbeitsstunden (bzw. mehr als 20 %) betragen.
- Antrag bei der Beantragung des Arbeitslosengeldes nicht vergessen!

> **Übersicht: Zeitfenster finanzielle Hilfen**
>
> Die nachfolgende Übersicht soll einen Überblick über den Zeitrahmen möglicher finanziellen Hilfen durch einen Arbeitgeber und Behörden geben:
>
> - 1. bis 42 Tag: Sechswöchige Lohnfortzahlung durch den Arbeitgeber.
> - 7. bis 78. Woche: Zahlung von Krankengeld bzw. Krankentagegeld
> - Ab 79. Woche bis max. 2 Jahre: Arbeitslosengeld von der Arbeitsagentur ggf. in der Nahtlosigkeit ◄

Literatur

1. Deutsche Rentenversichrung, rvRecht®, Berlin.
2. Deutsche Rentenversicherung (2023), Studientext Nr. 11, Berlin.
3. Deutsche Rentenversicherung (2023), Studientext Nr. 26, Berlin.
4. Finkenbusch, Norbert (2014), Handbuch Krankengeld, Norderstedt.
5. Finkenbusch, Norbert (2018), Soziale Sicherung bei Arbeitsunfähigkeit, Regensburg
6. Ihre Vorsorge®, Erwerbsminderungsrente (2023), Berlin.
7. Ihre Vorsorge®, Auswirkungen bei Arbeitszeitverkürzung (2023), Berlin.
8. Schewe, Petra (2017), Ratgeber Erwerbsminderungsrente, Bad Nauheim
9. Schewe, Petra (2021), Finanzielle Sicherheit bei langer Krankheit, Bad Nauheim.
10. Schultz, Christian (2022), Vom Krankengeld zur Rente, Kiel.
11. Stachelt, Ulrich; Winkler, Ute (2020), Leitfaden für Arbeitslose, Frankfurt am Main.

Psychische Einschränkungen und Bewertungen

6

> **Zusammenfassung**
>
> Die Weltgesundheitsorganisation (WHO) definiert psychische Gesundheit als Zustand des Wohlbefindens, in dem eine Person ihre Fähigkeiten ausschöpfen, die normalen Lebensbelastungen bewältigen, produktiv arbeiten und einen Beitrag zur Gemeinschaft leisten kann (Weltgesundheitsorganisation: Psychische Gesundheit – Faktenblatt von 2019). Die Deutsche Gesellschaft für Psychiatrie und Psychotherapie, Psychosomatik und Nervenheilkunde erläutert psychische Gesundheit als das Innenleben, das Denken, Fühlen, Handeln, Wohlfühlen. Eine Art Idealzustand, in dem der Mensch sein Potenzial voll ausschöpfen kann, um mit Belastungen und Stress in seinem Leben fertig zu werden. Doch die meisten Menschen befinden sich die meiste Zeit in der Mitte zwischen „psychisch gesund" und „psychisch belastet" bzw. „psychisch krank". Die Deutsche Gesellschaft für Psychiatrie und Psychotherapie (kurz dgppn) erläutert die Einzelheiten im nachfolgenden Link: https://www.dgppn.de/schwerpunkte/basisinformationen.html und gibt Hinweise auf weitere Informationen und Erläuterungen im Link https://www.psychenet.de/de/psychische-gesundheit/themen/basiswissen.html

Als psychische Beeinträchtigungen werden grundsätzlich alle Erkrankungen bezeichnet, die eine (erhebliche) seelische Abweichung des Erlebens und Verhaltens zu gesunden Menschen zeigen. Psychische Erkrankungen beeinflussen das Denken, das Fühlen und das Handeln. Gemäß der Robert Bosch Stiftung GmbH, Stuttgart, sind bei den psychischen Erkrankungen affektive Störungen (wie Depressionen), somatoforme Störungen, Essstörungen, Angsterkrankungen, posttraumatische Belastungsstörungen und Suchterkrankungen zu finden. In den Leitlinien der sozialmedizinischen Beurteilung bei psychischen und Verhaltensstörungen beurteilt die Deutsche Rentenversicherung eine Vielzahl von Symptomen, wie Beeinträchtigungen der Stimmung, des Antriebes, der Wahrnehmung, der Orientierung sowie des Denkens, der Konzentration und des Gedächtnisses. Daneben wurden häufig Begleiterscheinungen festgestellt, wie Veränderungen von Schlaf, Appetit und fehlende Energie. Auch organische Folgeerkrankungen sind nicht selten, wie Zahnschäden bei Bulimie, Stoffwechselprobleme und ähnliches.

▶ **Wichtig**
Die Deutsche Rentenversicherung weist in ihren sozialmedizinischen Leitlinien nochmals explizit darauf hin, dass die konkrete Diagnose für die Beurteilung der Leistungsfähigkeit nicht an erster Stelle steht. Wichtig für die Beurteilung für eine Erwerbsminderungsrente sind die Art, der Umfang und die Dauer der Symptomatik und deren Auswirkungen auf die Leistungsfähigkeit im Erwerbsleben.
https://www.deutsche-rentenversicherung.de/SharedDocs/Downloads/DE/Experten/infos_fuer_aerzte/begutachtung/empfehlung_psychische_stoerungen_2006_pdf.html

6.1 Überblick psychische Beeinträchtigungen

Um medizinische Diagnosen und Behandlungen zu strukturieren und einheitlich zu benennen, wurde von der WHO u. a. der ICD-Code geschaffen. Die Abkürzung steht für „International Statistical Classification of Diseases and Related Health Problems" oder auch „Internationale Klassifikation der Krankheiten". Neben der gültigen Version ICD-10 wurde zum 01.01.2022 die Version ICD-11 eingeführt, bis zum Jahre 2026 sind beide Versionen gültig. Beim ICD-10 sind im Kapitel V die psychischen und Verhaltensstörungen gelistet:

- F00-F09 Organische, einschließlich symptomatischer psychischer Störungen
- F10-F19 Psychische und Verhaltensstörungen durch psychotrope Substanzen
- F20-F29 Schizophrenie, schizotype und wahnhafte Störungen
- F30-F39 Affektive Störungen
- F40-F48 Neurotische, Belastungs- und somatoforme Störungen
- F50-F59 Verhaltensauffälligkeiten mit körperlichen Störungen und Faktoren
- F60-F69 Persönlichkeits- und Verhaltensstörungen

6.1 Überblick psychische Beeinträchtigungen

- F70-F79 Intelligenzstörung
- F80-F89 Entwicklungsstörungen
- F90-F98 Verhaltens- und emotionale Störungen mit Beginn in Kindheit und Jugend
- F99-F99 Nicht näher bezeichnete psychische Störungen

Mit den Zusatzkennzeichen A (Ausgeschlossene Diagnose), G (Gesicherte Diagnose), V (Verdachtsdiagnose) und Z (Zustand nach der betreffenden Diagnose) kann die Diagnose zusätzlich gesichert werden.

Die Version ICD-10 lässt sich beim Bundesinstitut für Arzneimittel und Medizinprodukte einsehen: https://www.bfarm.de/DE/Kodiersysteme/Klassifikationen/ICD/ICD-10-GM/_node.html

Für psychische Störungen bei Abhängigkeit wurde eine separate Richtlinie von der Deutschen Rentenversicherung herausgegeben: https://www.deutsche-rentenversicherung.de/SharedDocs/Downloads/DE/Experten/infos_fuer_aerzte/begutachtung/leitlinie_sozialmed_beurteilung_abhaengigkeitserkrankungen.html

Eine Aufteilung der einzelnen Formen in eine Beschreibung bzw. in Symptomen, die wiederum in eine Erkrankung weiter erläutert werden, finden sich u. a.

- im Wissensportal Studysmarter,
- beim Bundesgesundheitsministerium (Seelische Gesundheit.net), Stiftung Deutsche Depressionshilfe,
- beim Bundesinstitut für Arzneimittel und Medizinprodukte (BfArM),
- beim Deutsches Institut für Medizinische Dokumentation und Information,
- bei der Deutschen Gesellschaft für Psychiatrie, Psychotherapie, Psychosomatik und Nervenheilkunde

usw.

Zusammengefasst kann wie folgt eingruppiert werden:

- F00-F09 Organische, einschließlich symptomatischer psychischer Störungen – Psychische Krankheiten mit körperlichen Ursachen, auch „symptomatische psychische Störungen" genannt. Zum Beispiel bei Demenz (Alzheimer), leichte kognitive Störung (Gedächtnisstörung, Lernschwierigkeiten, Konzentrationsschwierigkeiten)
- F10-F19 Psychische und Verhaltensstörungen durch psychotrope Substanzen – Substanzen, die sich auf die Psyche auswirken (zum Beispiel Alkohol oder andere Drogen).

- F20-F29 Schizophrenie, schizotype und wahnhafte Störungen (Wahrnehmungsstörungen)
- F30-F39 Affektive Störungen (krankhafte Veränderung der Stimmung – gedrückt oder gehoben – zum Beispiel Manie, Depression, bipolare Störung)
- F40-F48 Neurotische, Belastungs- und somatoforme Störungen (übermäßige Reaktion auf ein belastendes Ereignis – Angststörung, Trauma)
- F50-F59 Verhaltensauffälligkeiten mit körperlichen Störungen und Faktoren (zum Beispiel Essstörungen, Schlafstörungen)
- F60-F69 Persönlichkeits- und Verhaltensstörungen (Abweichung von der Norm bei Denken und Wahrnehmung – zum Beispiel Borderline-Störung, Narzissmus)
- F70-F79 Intelligenzstörung (geistige Fähigkeiten nicht voll entwickelt)
- F80-F89 Entwicklungsstörungen (angeborene oder erworbene Störungen – zum Beispiel Autismus)
- F90-F98 Verhaltens- und emotionale Störungen mit Beginn in Kindheit und Jugend (Störungen der Aufmerksamkeit oder Verhaltens – zum Beispiel ADHS)
- F99-F99 Nicht näher bezeichnete psychische Störungen

6.2 Ursachen, Krankheitsverläufe

Psychische Erkrankungen können vielfach nicht direkt auf eine Ursache zurückgeführt werden. Häufig entsteht die Erkrankung durch eine Bündelung verschiedener Faktoren (Biologie, Familie, belastende Lebenserfahrungen). Oft ist eine erhebliche Leistungsminderung auch aufgrund der Veränderungen in der Arbeitswelt zu finden, wie zum Beispiel unsichere Arbeitsverhältnisse, wachsender Konkurrenzdruck, ständige Erreichbarkeit, erhöhte Anforderungen an Flexibilität usw. Arbeitgeber müssen entsprechende Arbeitsschutzmaßnahmen treffen, um die Arbeitssicherheit und den Gesundheitsschutz im jeweiligen Unternehmen zu gewährleisten. Nach dem Arbeitsschutzgesetz muss auch die psychische Belastung am Arbeitsplatz (§ 5 ArbSchG) vom Arbeitgeber beurteilt werden. In einer sog. Gefährdungsbeurteilung sind Schwachstellen aufzuzeigen und zu beseitigen. Beeinträchtigungen können hier beim Arbeitsverhalten, Arbeitsdisziplin und der Leistungsfähigkeit (zum Beispiel erhöhte Fehlerquote, Leistungsschwankungen, unentschuldigtes Fehlen, Nichteinhalten von Terminen) ein erstes Indiz für Schwachstellen aufzeigen. Aber auch im Sozialverhalten am Arbeitsplatz sind Anzeichen sichtbar (Gereiztheit, Rückzug). Hinzu kommen zum

6.2 Ursachen, Krankheitsverläufe

Beispiel häufige Kurzerkrankungen, Hinweise auf Schlafprobleme, körperliche Beschwerden.

Häufig beginnt der lange Leidensweg auch in Form eines Burnouts. Das Burnout-Syndrom wird allerdings nicht als Krankheit anerkannt, sondern nach dem ICD-Code Z 73.0 als „Problem der Lebensbewältigung" bezeichnet.

Die Deutsche Rentenversicherung erläutert in ihrem Positionspapier zur Bedeutung psychischer Erkrankungen in der Rehabilitation und bei Erwerbsminderung, dass psychisch erkrankte Menschen mit den Abschnitten des ICD-Codes F30 bis F48 den größten Teil im Erwerbsminderungsgeschehen ausmachen.

https://www.deutsche-rentenversicherung.de/SharedDocs/Downloads/DE/Experten/infos_reha_einrichtungen/konzepte_systemfragen/positionspapiere/pospap_psych_Erkrankung.html

Auch die Humboldt-Universität zu Berlin kommt mit der Studie „Wege in die Erwerbsminderung" (Abschlussbericht von 2021).

https://fis.hu-berlin.de/converis/portal/detail/Project/401732081?auxfun=&lang=de_DE

zu dem Schluss, dass insbesondere Diagnosen F3 (Affektive Störung) und F4 (Neurotische Belastung und somatoforme Störung) einen hohen Stellenwert im Bereich der geminderten Erwerbsfähigkeit einnehmen. Die Studie wurde unter Beteiligung der Deutschen Rentenversicherung, die knapp 3.500 Fragebögen an Versicherte verschickte, und im Nachgang mit der Auswertung von fast 600 Fragebögen begonnen. Die Studie selbst wurde mit 45 Personen durchgeführt mit psychischen Belastungen. Im Ergebnis konnte festgestellt werden, dass Personen mit F3-Diagnosen häufiger eine psychosomatische Reha bzw. auch eine Erwerbsminderungsrente bewilligt erhalten hatten. Im Studienbericht der Universität wurden folgende Krankheitsverläufe und die Inanspruchnahme von Medizin bzw. Therapie in vier grundsätzliche Varianten eingeteilt:

- frühe psychisch belastende Erlebnisse
- Zusammenspiel von psychischen und somatischen Beschwerden
- schleichende Zunahme von psychischen Belastungen
- Entstehung und Chronifizierung psychischer Beschwerden

Die Universität stellte fest, dass bei über 80 % der befragten Personen viele unterschiedliche Diagnosen vorhanden waren, die sich überwiegend in den ICD-Codes F3 und F4 befanden.

Die Annahme von Hilfen wurde in der Gruppe der Personen insbesondere in Form von Psychotherapie in Anspruch genommen, gefolgt von medizinischen

Rehabilitationen und bei psychologischen Beratungsleistungen. Zum Zeitfenster der Beeinträchtigung gaben die meisten Personen an, dass bereits seit über fünf Jahren psychische Probleme bestanden.

6.3 Diagnostik, Befunde

In den Ausarbeitungen der Humboldt-Universität und in mehreren Hinweisen der Deutschen Rentenversicherung wurde erläutert, dass insbesondere die nachfolgenden Erkrankungen zu einer Erwerbsminderungsrente führten:

- F30-F39 Affektive Störungen
- F40-F48 Neurotische, Belastungs- und somatoforme Störungen

Im Bereich der affektiven Störung wird eine Veränderung der Stimmung festgestellt. Im Einzelnen wird zwischen

- manischer Episode,
- bipolarer affektiver Störung,
- depressiver Episode,
- rezidivierender depressiver Störung,
- anhaltender affektiver Störung,
- anderen affektiven Störungen und
- nicht näher bezeichneten affektiven Störungen

unterschieden. Die Klassifikation wird jeweils in die Kategorien Symptomatik, Schweregrad und Verlauf eingeteilt.

Die neurotischen, Belastungs- und somatoformen Störungen sind unterteilt in

- phobische Störungen,
- andere Angststörungen,
- Zwangsstörungen,
- schwere Belastungen und Anpassungsstörungen,
- dissoziative Störungen,
- somatoforme Störungen und
- andere neurotische Störungen.

Die Diagnostik der Erkrankungen, so die Deutsche Rentenversicherung in *Sozialmedizinische Begutachtung für die gesetzliche Rentenversicherung*, 7. Auflage,

Springer Verlag, folgt nach den besonders relevanten Funktionen der ICF. Die International Classification of Functioning, Disability and Health (ICF) ist eine Klassifikation der Weltgesundheitsorganisation (WHO). Sie wird als bio-psychosoziales Modell bezeichnet und klassifiziert die Komponenten von Gesundheit in „Körperfunktionen", „Körperstrukturen", „Aktivitäten und Partizipation (Teilhabe)" sowie „Umweltfaktoren" und deren Wechselwirkungen.

Untersucht werden nach ICF

- die Funktionen des Bewusstseins (Aufmerksamkeit),
- die Funktionen der Orientierung (Gedächtnis),
- die Funktionen der Intelligenz (psychomotorische Funktionen),
- Globale psychosoziale Funktionen (Emotionalität),
- Funktionen von Temperament und Persönlichkeit (Wahrnehmung),
- Funktionen der psychischen Energie und des Antriebs (Denken),
- Funktionen des Schlafes (kognitive Funktionen)
- Sprache,
- Rechnen,
- Durchführung von komplexen Bewegungshandlungen,
- Zeitwahrnehmung,
- Selbstwahrnehmung.

6.4 Gutachten, Psychologische Tests, Medikamente

6.4.1 Psychologische Gutachten, Inhalt, Aussagekraft

Die Begutachtung und das zu erstellende Gutachten orientieren sich an der Leitlinie der Deutschen Rentenversicherung zur sozialmedizinischen Beurteilung bei psychischen und Verhaltensstörungen. Ärztliche Sachverständigengutachten sollen nicht eindeutige medizinische Sachverhalte aufklären. Hintergrund ist, dass rechtlich eingeschätzt werden kann, ob die Erwerbsfähigkeit eingeschränkt ist und daher ggf. eine Erwerbsminderungsrente zu zahlen ist.

Für eine Einschätzung zum quantitativen und qualitativen Leistungsvermögen sind folgende Beurteilungen von Bedeutung:

- Bewusstsein (für sich selbst und die Umwelt, verbunden mit einem Reaktionsvermögen, Aufmerksamkeit, Benommenheit),
- Orientierung (Zeit, Ort, Situation),

- Auffassung, Aufmerksamkeit, Konzentrationsfähigkeit (Wahrnehmung, Bedeutung, sinnvoll verbinden, Ermüdung, Fokussierung),
- Gedächtnis (aufnehmen, behalten, abrufen können),
- Formales Denken (Denkabläufe, Schnelligkeit,)
- Inhaltliches Denken (Zwangsgedanken),
- Wahrnehmung (akustisch, optisch usw.),
- Ich-Erleben (verändertes Erleben der eigenen Person),
- Affektivität (Veränderung von Gefühlen, Stimmungen),
- Antrieb (Vitalität),
- Flexibilität (Problemlösungsfähigkeit, Umstellungsfähigkeit).

Die Begutachtungskriterien bei psychischen und Verhaltensstörungen werden im Kontext zum Erwerbsleben gesehen und beinhalten:

- Fähigkeit zur Anpassung an Regeln und Routinen,
- Fähigkeit zur Planung und Strukturierung von Aufgaben,
- Flexibilität und Umstellungsfähigkeit,
- Fähigkeit zur Anwendung fachlicher Kompetenzen,
- Entscheidungs- und Urteilsfähigkeit,
- Durchhaltefähigkeit,
- Selbstbehauptungsfähigkeit,
- Kontaktfähigkeit zu Dritten,
- Gruppenfähigkeit,
- Fähigkeit zu außerberuflichen Aktivitäten,
- Fähigkeit zur Selbstpflege,
- Wege-/Verkehrsfähigkeit.

Daneben sind Erkenntnisse aus fremdanamnesischen Hinweisen aufzunehmen, wie

- ausgeprägte Stimmungsschwankungen,
- Suizidalität,
- sozialer Rückzug,
- Aggressivität,
- Selbstbeschädigungen oder
- wiederholte Krisensituationen (muss ggf. noch eine fachspezifische Begutachtung durchgeführt werden).

Von besonderer Bedeutung für das Gutachten sind die eigene Anamnese sowie weitere Befunde aus (teil-)stationären psychiatrischen bzw. psycho-

6.4 Gutachten, Psychologische Tests, Medikamente

therapeutischen Behandlungen und die regelmäßige Medikation mit Psychopharmaka, die im zu erstellenden Gutachten aufgeführt werden. Die Familienanamnese umfasst die Kindheit, ggf. liegen hier bereits festzustellende Abweichungen zur Normalität (zum Beispiel Gewalterfahrungen).

Es folgt die Sozialanamnese mit Schulbesuch, Ausbildungen, Umzügen, geschlossenen Ehen (mit möglichen Erfahrungen, die einen Einfluss auf das Leben genommen haben). Die Darstellung des Tagesablaufs lässt erkennen, ob (noch) eine Routine vorhanden ist und ob diese bewältigt werden kann.

Die Krankengeschichte stellt den langen Leidesweg und die einzelnen Stationen der Krankheiten mit Arzt- und Therapeutenbesuchen, Klinikaufenthalten, Rehabilitationen usw. dar.

Häufig folgen während des Besuches des Versicherten die vegetative Anamnese (Fragen zu körperlichen Funktionen) und der klinische Untersuchungsbefund (körperlicher Zustand).

Das wichtigste Kapitel des Gutachtens ist dann der psychische Befund und beginnt meist mit „Zum Zeitpunkt der Untersuchung war der Proband wach, bewusstseinsklar und... Im Kontaktverhalten freundlich zugewandt und kooperativ. Während der Untersuchung ließen Konzentration und Aufmerksamkeit etwas nach. Das Stimmungserleben war zum depressiven Pol verschoben ..."

Das Gutachten schließt mit einer Zusammenfassung wie zum Beispiel: „Bei dem hier zu beurteilenden Probanden bestehen aus körperlicher Sicht ... Bei der psychiatrisch-psychologischen Exploration ergaben sich keine Hinweise auf eine hirnorganische Erkrankung. Es besteht seit dem Jahre ... rezidivierende depressive Episoden mit Graduierung IDC-10: F33.0 bis ICD-10: F 33.2 (ohne psychotische Symptome). Der Proband teilte ohne Aggravation mit, dass ... Daraus ließ sich später eine wirksame neurotische Konstellation im Sinne einer Dysthymia ICD-10: F 34.1 erkennen."

Es endet mit einer Darstellung, „was noch geht" und einer Empfehlung, zunächst ein Jahr „auszusetzen", um dann in der Lage zu sein, leichte Tätigkeiten auf dem allgemeinen Arbeitsmarkt vollbringen zu können.

Aussagekraft des Gutachtens u. a.

- rezidivierende depressive Episoden mit Graduierung ICD-10: F33.0 bis ICD-10: F 33.2 (ohne psychotische Symptome):
- F 33.0 bedeutet laut ICD eine rezidivierende depressive Störung, gegenwärtig leichte Episode
- F 33.2 bedeutet laut ICD eine rezidivierende depressive Störung, gegenwärtig schwere Episode

- F 34.1 bedeutet laut ICD eine Dysthymia, also eine langandauernde, depressive Verstimmung, die selten ausgeprägt genug ist, um Kriterien für eine rezidivierende leicht oder mittelgradige depressive Störung zu erfüllen.
- Aggravation: Überhöhung oder Verstärkung von Beschwerden oder Symptomen einer Gesundheitsstörung. Die vorhandenen Beschwerden werden in der Art und im Ausmaß überzogen, sodass beim Gutachter die tatsächliche Beschwerde nicht richtig abgegrenzt werden kann.

Das Gutachten ist ferner im Hinblick auf Verdeutlichung, Aggravation, Simulation und Dissimulation zu überprüfen. Verdeutlichung in der Begutachtungssituation ist häufig eine milde Form der Antwortverzerrung. Der Proband versucht, den Gutachter von seinen Beschwerden zu überzeugen. Aggravation ist eine bewusste Übertreibung. Simulation bedeutet, dass ein bewusstes Vortäuschen einer nicht real existenten Gesundheitsstörung vorliegt, wohingegen eine Dissimulation das bewusste Verbergen oder Herunterspielen einer Krankheit bedeutet. Im Einzelnen sollten laut dem Leitfaden der Deutschen Rentenversicherung folgende Aspekte auf eine Antwortverzerrung hinweisen: Diskrepanz zwischen Schilderung der subjektiven Beschwerden und dem Verhalten des Probanden in der Untersuchungssituation oder den Befunden oder den arbeitsbezogenen oder auch freizeitbezogenen Aktivitäten sowie unpräzise Schilderung des Krankheitsverlaufes.

Eine weitere wichtige Prüfung für das Gutachten ist die Willenskraft des Probanden, wieder in den Arbeitsprozess zu gelangen. Eine Erwerbsminderung liegt nur vor, wenn mehr als sechs Monate lang ein vermindertes Leistungsvermögen vorliegt. Dabei geht es auch um die zumutbare Willenskraft, also durch Willenskraft die Beeinträchtigung zu überwinden, ohne dass diese für den Probanden mit einem Risiko einer Verschlechterung seines gesundheitlichen Zustandes verbunden ist. Die Abgrenzung des Willens ist schwierig und erhält auch seine Grenzen beim Können, also den Einschränkungen durch die Krankheiten. Hier sollen Hinweise auf das Sozialverhalten, Freizeitverhalten und den Tagesablauf helfen. Wenn dazu noch die vorliegenden Erkrankungen den Willensprozess beeinflussen, so kann eine Leistungsminderung vorliegen. Hingegen sieht die Deutsche Rentenversicherung keine Beeinträchtigung der Leistungsfähigkeit, wenn die vorliegenden Leiden mit Willenskraft zur Überwindung behoben werden könnten.

6.4.2 Beispiele für psychologische Tests

Das psychologische Testverfahren **SCL-90®-S** gehört zu den am häufigsten eingesetzten Selbstbeurteilungsverfahren zur Erfassung der psychischen Belastung.

6.4 Gutachten, Psychologische Tests, Medikamente

Der Test misst die subjektiv empfundene Beeinträchtigung durch körperliche und psychische Symptome einer Person. Gefragt wird nach der Ausprägung der Symptomatik in den letzten sieben Tagen („leiden unter …"). Die 90 Fragen können eingestuft zwischen „überhaupt nicht" (0) und „sehr stark" (4) beantwortet werden. Mit dem Verfahren lässt sich keine psychiatrische Diagnose stellen. Es sind insgesamt 9 Skalen prüfbar.

1. Skala 1 (Aggressivität/Feindseligkeit) umfasst Reizbarkeit und Unausgeglichenheit bis hin zu starker Aggressivität.
2. Skala 2 (Ängstlichkeit) umfasst körperlich spürbare Nervosität bis hin zu starker Angst und
3. Skala 3 (Depressivität) stellt Traurigkeit bis hin zu schweren Depressionen dar.
4. Skala 4 (paranoides Denken) reicht von Misstrauen und Minderwertigkeitsgefühlen bis hin zu starkem paranoidem Denken.
5. Zu Skala 5 (phobische Angst) gehört ein mildes Gefühl von Bedrohung bis hin zu massiver phobischer Angst und in
6. Skala 6 (Psychotizismus) ein mildes Gefühl der Entfremdung bis hin zu starkem psychotischem Erleben.
7. Die Skala 7 (Somatisierung) umfasst einfache körperliche Belastungen bis zu funktionellen Störungen.
8. Skala 8 (Unsicherheit im Sozialkontakt) stellt leichte soziale Unsicherheit bis hin zum Gefühl völliger persönlicher Unzulänglichkeiten dar und
9. Skala 9 (Zwanghaftigkeit) umfasst leichte Konzentrations- und Arbeitsstörungen bis hin zu ausgeprägter Zwanghaftigkeit.

In Abb. 6.1 wurde die Skala 3 (Depressivität) mit den entsprechenden Fragen und Antworten ausgewertet. Das erste Ergebnis umfasst die aktuelle Situation, die darunterliegenden Zahlen die vor einiger Zeit gemessenen Werte. Hieran ist abzulesen, dass eine Verbesserung eingetreten ist.

Weitere Einzelheiten sind einzusehen unter: www.testzentrale.de/shop/symptom-checklist-90r-standard.html

Die **Hopkins-Symptom-Checkliste 25 (HSCL-25)** erfasst Angst und Depressionen und die daraus resultierenden Belastungen. Es werden 10 Fragen für Angstsymptome und 15 Fragen für Depressionen gestellt. Der Proband wird anschließend gefragt, ob er unter den dann im Folgenden aufgeführten Problemen leidet. Eine Werteskala umfasst die Bereiche von 1 (überhaupt nicht) bis 4 (extrem). Aus den Antworten wird ein Gesamtwert berechnet, der die Gesamtbelastung durch Angst und Depression zum Ausdruck bringt.

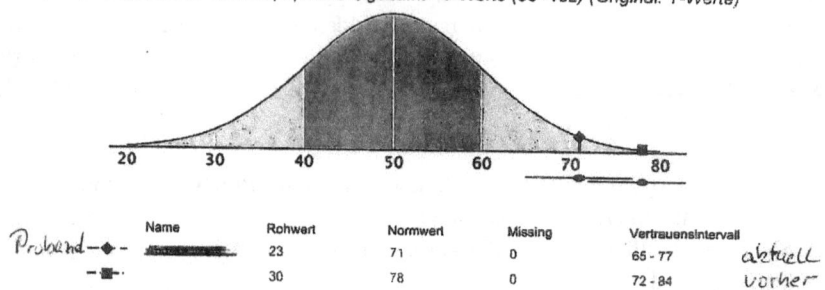

Abb. 6.1 Testverfahren SCL-90®-S, Auswertung der Skala 3 Depressivität (mit freundlicher Genehmigung des Empfängers)

Das **State-Trait-Angst-Depressions-Inventar (STADI)** ist ein neu entwickeltes Selbstbeurteilungsverfahren, um Angst und Depression voneinander zu differenzieren. Erfasst werden als Zustand (state) und als Eigenschaft (trait) Angst (mit den Komponenten der Aufgeregtheit und Besorgnis) und Depression (mit den Komponenten Euthymie und Dysthymie). Der Test besteht aus insgesamt 40 Fragen. (Anmerkung: Euthymie entspricht einer ausgeglichenen Stimmungslage, wohingegen die Dysthymie eine chronisch depressive Stimmung meint.)

Ein weiterer Test ist zum Beispiel die **Allgemeine Depressionsskala (ADS)** von M. Hautzinger, M. Bailer. Die Allgemeine Depressions-Skala (ADS) ist ein Selbstbeurteilungsinstrument zur Erfassung depressiver Symptome. Die ADS erfasst sowohl affektive, motivationale, soziale als auch kognitive und motorische Symptome depressiver Störungen. Im Einzelnen werden Fragen zu Verunsicherung, Erschöpfung, Hoffnungslosigkeit, Niedergeschlagenheit, Einsamkeit, Traurigkeit, Antriebslosigkeit, empfundener Ablehnung durch andere, Weinen, Genussunfähigkeit, Rückzug, Angst, Fröhlichkeit, Schlafstörungen, Appetitstörungen, Konzentrationsproblemen und Pessimismus gestellt, und zwar bezogen auf den Zeitraum der vergangenen Woche. Die Antwortmöglichkeiten sind vierstufig aufgebaut und beginnen mit „selten oder überhaupt nicht, weniger als einen Tag" (0 Punkte) bis zu „meistens, die ganze Zeit, fünf Tage und mehr", erhalten 3 Punkte. Der Summenwert umfasst die Schwere der Symptome.

6.4.3 Medikamente

Die Darstellung der wichtigsten Gruppen von Psychopharmaka mit ihren Hauptanwendungsgebieten erfolgt gemäß der Deutschen Gesellschaft für Psychiatrie und Psychotherapie, Psychosomatik und Nervenheilkunde.

Antidepressiva gegen
Depression, Angststörungen, Zwangsstörungen, chronische Schmerzen, Schlafstörungen, Posttraumatische Belastungsstörung, Bulimie.

Anxiolytika (Beruhigungsmittel) gegen
Angststörungen, psychiatrische Notfälle, Zusatz zu Antidepressiva und Antipsychotika (Erregungszustände, aggressive Fremd- oder Selbstgefährdung, Suizidalität, Katatonie, Entzugssymptome), Schlafstörungen.

Neuroleptika (Antipsychotika) gegen
Psychosen, Manie, Depressionen mit psychotischen Symptomen, Erregungszustände.

Stimmungsstabilisierer, Phasenprophylaktika gegen
Bipolare Störungen (Manie, bipolare Depression, Phasenprophylaxe), Depression (Rückfallprophylaxe bei Suizidalität, Nichtansprechen auf Antidepressiva).

6.5 Ausgewählte psychische Erkrankungen

Im Weiteren werden einige der am häufigsten auftretenden Erkrankungen dargestellt, wie Depressionen, somatoforme Störungen mit Schmerzproblematiken und Abhängigkeitssyndrome durch Alkoholgenuss.

6.5.1 Depressionen

Bei den affektiven Störungen ist häufig die Diagnose Depression zu finden. Eine Depression äußert sich in den drei Grundsymptomen: Antriebslosigkeit, Verlust von Freude und gedrückte Stimmung. Das Interesse an vielen Dingen des Lebens ist fast nicht vorhanden, ein Gefühl von Sinnlosigkeit und innerer Leere bestimmt den Alltag. Darüber hinaus leidet der Betroffene häufig unter Schlafstörungen, hat wenig oder zu viel Appetit, das Denken und Handeln ist verlangsamt oder äußert sich in Unruhe. Daneben sind Konzentrationsprobleme zu finden, häufige Müdigkeit, körperliche Beschwerden und Schmerzen.

Depressionen unterscheiden sich in der Diagnose in unipolare Depression oder bipolare affektive Störung. Unipolare Depression beschreibt einzelne und wiederkehrende depressive Episoden. Eine Episode kann einige Wochen bis mehrere Monate lang andauern. Treten im Verlauf des Lebens mehrere depressive Episoden auf, so lautet die Diagnose rezidivierende depressive Störung. Bei der bipolaren affektiven Störung kommt es neben der depressiven Episode auch zu manischen Episoden. Das sind Phasen mit gehobener Stimmung, Tatendrang, Ruhelosigkeit. Eine Dysthymie ist eine anhaltende depressive Störung, die Betroffene durch ihre Dauer stark belastet. Sie wird auch chronische Depression genannt (tritt über mindestens zwei Jahre auf). Betroffene leiden häufig über Wochen unter depressiver Stimmung und weiteren Symptomen, erfüllen aber nicht das volle Bild einer depressiven Episode. Es erscheinen nach Tagen von starker Erschöpfung und depressiver Stimmung auch wieder „normale" Tage, an denen es den Betroffenen wieder (verhältnismäßig) gut geht.

Der Schweregrad einer depressiven Episode wird in Kernsymptome und Zusatzsymptome unterteilt. Kernsymptome sind gedrückte Stimmung, Interessenverlust, Freudlosigkeit, Verminderung des Antriebs mit schneller Ermüdung. Zusatzsymptome sind verminderte Konzentration und Aufmerksamkeit, vermindertes Selbstwertgefühl und Selbstvertrauen, Schuldgefühle und Gefühle von Wertlosigkeit, negative und pessimistische Zukunftsperspektiven, Suizidgedanken. Liegen in einem Zeitrahmen von mindestens zwei Wochen oder länger fünf Symptome (davon mindestens ein Hauptsymptom) vor, wird die Diagnose Depression gestellt, so die Stiftung Deutsche Depressionshilfe (https://www.deutsche-depressionshilfe.de/depression-infos-und-hilfe/was-ist-eine-depression).

- Bei einer leichten Episode von Depression liegen zwei Kernsymptome und mindesten zwei Zusatzsymptome vor.
- Bei einer mittelgradigen depressiven Episode sind zwei Kernsymptome und mindestens drei bzw. vier Zusatzsymptome zu finden.
- Bei einer schweren Depression werden drei Kernsymptome und mindestens vier Zusatzsymptome verlangt, wobei einige Symptome besonders ausgeprägt sein sollten.
- Bei einer schweren Episode können außerdem psychotische Symptome wie Wahn, Halluzinationen oder depressiver Stupor (stark verlangsamte Reaktionen) auftreten.

6.5 Ausgewählte psychische Erkrankungen

Gemäß den Leitlinien der Deutschen Rentenversicherung für die sozialmedizinische Begutachtung wird erläutert, dass zunächst angenommen wird, dass eine einzelne mittelgradige oder schwere depressive Episode zunächst Arbeitsunfähigkeit verursacht und eine Krankenbehandlung erfordert. Dies allein stellt keine Gefährdung der Erwerbsfähigkeit dar. Bei ungünstigen Entwicklungen mit häufig wiederkehrenden schweren Krankheitsverläufen mit ggf. weiteren Störungen (zum Beispiel zusätzlicher Anpassungsstörung) können allerdings erhebliche und ggf. auch dauerhafte Beeinträchtigungen vorliegen. Bei der Prüfung des quantitativen und qualitativen Leistungsbildes kann hier eine Leistungsminderung vorliegen. Dabei ist die Prognose als ungünstig einzustufen und damit ggf. eine Erwerbsminderungsrente zu bescheiden, wenn Folgendes vorliegt:

- mittelschwere bzw. schwere depressive Symptomatik
- chronifizierter Verlauf mit unvollständigen Remissionen (Abschwächung)
- erfolglose ambulante und stationäre Behandlungsversuche (leitlinienkonform)
- medikamentöse Phasenprophylaxe (z. B. Lithium, Carbamazepin, Valproat)
- ungünstige Krankheitsbewältigung
- mangelnde soziale Unterstützung
- psychische Komorbidität (weitere Störungen)
- lange Arbeitsunfähigkeitszeiten
- erfolglose Rehabilitation

6.5.2 Somatoforme Störungen, Schmerzen

Somatoforme Störungen zeigen sich in unterschiedlichen körperlichen Beschwerden, ohne dass sich eine körperliche Ursache dafür finden lässt. Diese Beschwerden werden in vielen Fällen chronisch und können die Lebensqualität deutlich beeinträchtigen. Zu den häufigsten Beschwerden gehören Schmerzsymptome wie Kopfschmerzen, Brustschmerzen, Rückenschmerzen, aber auch Müdigkeit und Erschöpfung.

Bei den somatoformen Störungen ist insbesondere das Schmerzempfinden stark ausgeprägt. Bei anhaltenden Schmerzstörungen von mindestens sechsmonatiger Dauer untergliedern sich die Störungen in anhaltende somatoforme Schmerzstörung und chronische Schmerzstörung mit somatischen und psychischen Faktoren. Bei anhaltend somatoformen Schmerzstörungen sind langanhaltende, schwere und belastende Schmerzen vorhanden, die sich nicht erklären lassen. Die Schmerzen treten vor allem in Zusammenhang mit emotionalen Konflikten und psychischen Belastungen auf. Häufig wird viel persönliche und medizinische Unterstützung benötigt. Bei den chronischen Schmerzstörungen mit somatischen und psychischen Faktoren treten die Schmerzen in einer oder mehreren Regionen des Körpers auf und lassen sich durch eine körperliche oder physiologische Störung erklären. Dennoch sind die phasenweise auftretenden starken Schmerzen im Alltag schwer zu verkraften.

Mit Schmerzen verbundene Beschwerden sind die häufigsten Ursachen für Rehabilitationsmaßnahmen und für die Bescheidung einer Erwerbsminderungsrente. Dabei ist die Beurteilung sehr schwierig, sodass hier meist strittige Fälle anzutreffen sind, die im Rahmen einer sozialgerichtlichen Verhandlung geklärt werden müssen. Im ICD sind die Schmerzdiagnosen vor allen Dingen bei den Gruppen F3 und F4 zu finden. Aber auch der Schmerz in Verbindung mit psychotropen Substanzen (Abhängigkeitssyndrom) spielt eine große Rolle.

Schmerzsymptome werden eingeteilt in heftige, meist brennende oder bohrende Spontanschmerzen bzw. Verstärkung der Schmerzen bei Bewegungen, Berührungsreiz, Wärme, Kälte. Die motorischen Beeinträchtigungen im Schmerzalltag zeigen sich in Kraftminderung oder Muskeleigenreflexen. Bei den vegetativen Störungen sind u. a. Ödeme zu finden oder auch eine rötlich-livide bzw. blasszyanotische Hautfarbe zu erkennen.

Die Symptomatik wird in drei Schweregrade eingeteilt:

- Grad 1: geringer Schmerz, geringe Funktionsstörung, kein hoher Analgetikabedarf
- Grad 2: stärkerer Schmerz und Funktionsstörungen, sofortige Besserung bei Immobilisation, protrahierter Verlauf (verlängert, verzögert)
- Grad 3: ausgeprägter Schmerz und Funktionsstörungen, keine Schmerzreduktion durch Immobilisation, ausgeprägte trophische Störungen (Gewebsveränderungen)

Im ICD-10 werden die Somatisierungsstörung (F45.0), die undifferenzierte Somatisierungsstörung (F45.1) als leichtere Form der Letzteren, die hypochondrische Störung (F45.2), die somatoforme autonome Funktionsstörung (F45.3) sowie die anhaltende Schmerzstörung (F45.4) aufgeführt. Aus den Leitlinien für die sozialmedizinische Begutachtung (2018) der Deutschen Rentenversicherung.

https://www.deutsche-rentenversicherung.de/SharedDocs/Downloads/DE/Experten/infos_fuer_aerzte/begutachtung/leitlinien_rehabeduerftigkeit_abhaengigkeitserkrankungen_pdf.html

lässt sich folgende Einteilung entnehmen, die die Diagnosegestellung von Somatisierungsstörungen betreffen:

6.5 Ausgewählte psychische Erkrankungen

- Gastrointestinale Symptome (Bauchschmerzen, Übelkeit, Überblähung, schlechter Geschmack im Mund, Erbrechen, Durchfall etc.),
- Kardiovaskuläre Symptome (Atemlosigkeit ohne Anstrengung, Brustschmerzen)
- Urogenitale Symptome (schmerzhafte Blasenentleerung, unangenehmes Empfinden im Genitalbereich, Vaginalausfluss),
- Haut- und Schmerzsymptome (Farbveränderungen der Haut, Schmerzen in den Gliedern, Extremitäten oder Gelenken, unangenehme Taubheit oder Kribbelgefühl).

In diesem Zusammenhang wird geprüft, ob es sich bei der Somatisierungsstörung um F45.0 handelt, indem mindestens sechs aus der eben aufgeführten Liste von 14 Symptomen zutreffen. Die Dauer muss mindestens zwei Jahre betragen.

Für eine Erwerbsminderungsrente werden auf der Grundlage der Schwere der Schmerzsymptome die qualitativen und quantitativen Leistungseinschränkungen begutachtet. Hierbei gilt bei der qualitativen Leistungseinschränkung die Einteilung, ob mit den vorhandenen Einschränkungen die Arbeitsschwere (Heben, Tragen, Sitzen, Laufen etc.) noch bewältigt werden kann. Ferner, ob die psychischen Einschränkungen (einschließlich möglicher Medikamentennebenwirkungen) noch Tätigkeiten zum Beispiel im Schichtdienst oder mit Publikumsverkehr erlauben und das Anpassungsvermögen sowie das Konzentrationsvermögen noch ausreichend vorhanden sind. Besonderer Schwerpunkt der Prüfung bildet das quantitative Leistungsbild. Es muss eine sachlich begründete Entscheidung getroffen werden, ob mit den Einschränkungen des qualitativen Leistungsbildes noch eine berufliche Tätigkeit durchführbar erscheint. Hierbei hängt das Ergebnis entscheidend davon ab, welche Beschwerden mit welcher Schwere vorhanden sind und ob mit ihnen auf dem allgemeinen Arbeitsmarkt tatsächlich auch eine Position zu finden sein kann. Hier ist zu prüfen, ob ein Beruf bzw. eine Berufsgruppe, die der Versicherte ausführen kann, auch mit diesen Einschränkungen vollzogen werden kann.

6.5.3 Abhängigkeitserkrankungen, Alkohol

§ 103 SGB VI schließt eine Erwerbsminderungsrente aus, wenn eine Minderung der Erwerbsfähigkeit absichtlich durchgeführt wurde. Alkoholmissbrauch und Drogenkonsum zählen allerdings als Suchtkrankheiten, sodass aus diesem Grund keine Ablehnung für eine Erwerbsminderungsrente erfolgen kann.

Abhängigkeitserkrankungen zählen zu den häufigsten psychischen Störungen, so die Deutsche Rentenversicherung. Unterschieden wird zwischen stoffgebundenen (Alkohol, Medikamente, Drogen) und nicht stoffgebundene Abhängigkeitserkrankungen (Pathologisches Glücksspiel, Verhaltensstörungen durch intensiven Gebrauch von Computern und Internet). In der Diagnostik ICD werden diese Störungen wie folgt geschlüsselt:

- F10: Psychische und Verhaltensstörungen durch Alkohol,
- F11: Psychische und Verhaltensstörungen durch Opioide
- F12: Psychische und Verhaltensstörungen durch Cannabinoide
- F13: Psychische und Verhaltensstörungen durch Sedativa oder Hypnotika
- F14: Psychische und Verhaltensstörungen durch Kokain
- F15: Psychische und Verhaltensstörungen durch andere Stimulanzien, einschließlich Koffein
- F16: Psychische und Verhaltensstörungen durch Halluzinogene
- F17: Psychische und Verhaltensstörungen durch Tabak
- F18: Psychische und Verhaltensstörungen durch flüchtige Lösungsmittel
- F19: Psychische und Verhaltensstörungen durch multiplen Substanzgebrauch und Konsum anderer psychotroper Substanzen

Das Abhängigkeitssyndrom zeigt sich, wenn innerhalb der letzten drei oder mehr Jahre folgende Kriterien gleichzeitig auftraten:

- starker Wunsch oder eine Art Zwang, psychotrope Substanzen zu konsumieren,
- verminderte Kontrollfähigkeit bezüglich des Beginns, der Beendigung und der Menge des Konsums,
- Auftreten von körperlichem Entzugssyndrom bei Beendigung oder Reduktion des Konsums und
- fortschreitende Vernachlässigung anderer Interessen zugunsten des Substanzkonsums, erhöhter Zeitaufwand für die Beschaffung, um zu konsumieren und um sich zu erholen,
- anhaltender Substanzkonsum trotz Nachweises eindeutiger schädlicher Folgen.

Die Diagnostik einer Suchterkrankung betrifft nicht nur die Sucht an sich, sondern auch die Folgeerkrankungen.

Die weitaus größte sozialmedizinische Bedeutung hat die Alkoholabhängigkeit, so die Deutsche Rentenversicherung (*Sozialmedizinische Begutachtung für*

6.5 Ausgewählte psychische Erkrankungen

die gesetzliche Rentenversicherung, Springer Verlag). Alkoholabhängigkeit ist eine der häufigsten (bei Männern die dritthäufigste) zur Erwerbsminderungsrente führende Diagnose.

Im Fall von Alkohol zählen zu den gesundheitlichen Folgen verschiedene Erkrankungen des Verdauungstraktes, der Leber und der Bauchspeicheldrüse, einige Krebserkrankungen, endokrinologische Störungen, kardiologische Erkrankungen, arterieller Hypertonus sowie neurologische Folgeerkrankungen gemäß der Praxisempfehlung zum Umgang mit komorbiden Suchtproblemen in der somatischen und psychosomatischen Rehabilitation der Deutschen Rentenversicherung.

Die Beurteilung des Leistungsvermögens von Suchtmittelkonsumenten hat somit verschiedene Einflussfaktoren zu berücksichtigen:

- die Abhängigkeit selbst,
- die Folgeerkrankungen,
- die Begleiterscheinungen,
- die Kontextfaktoren.

Mögliche Leistungseinschränkungen durch alkoholbedingte Folgeschäden können erst nach sichergestellter Abstinenz von mindestens sechs Monaten beurteilt werden.

Sofern keine Alkoholfolgeschäden aufgetreten sind, bedingt Alkoholabhängigkeit selbst in der Regel keine dauerhafte Leistungsminderung. Hier sind in erster Linie zunächst Rehabilitationsmaßnahmen die erste Wahl. Im Einzelfall sind weitere Maßnahmen notwendig, bei zum Beispiel in Berufen, die ein besonderes Sicherheitsrisiko für den Versicherten oder die Allgemeinheit darstellen. Weitere Maßnahmen sind auch abgesehen vom beruflichen Aspekt sinnvoll, da ein Symptom der Krankheit die starke Rückfallgefahr ist.

Die Leitlinien für die sozialmedizinische Begutachtung bei Abhängigkeitserkrankungen geben an, dass bei Betroffenen, die keine psychopathologischen Auffälligkeiten und auch keine relevanten organischen Störungen aufweisen, mit einer dauerhaften Leistungsminderung (und somit für eine Erwerbsminderungsrente) nicht zu rechnen ist. Hier soll sich gezeigt haben, dass die Betroffenen lange Zeit so leistungsfähig sind, dass die berufliche Tätigkeit nicht eingeschränkt ist. Hingegen können sich qualitative Leistungseinschränkungen ergeben hinsichtlich der Reaktionsfähigkeit und u. U. der Konzentrationsfähigkeit.

Laut der Deutschen Rentenversicherung im Papier Komorbide Suchtprobleme, Praxisempfehlungen zum Umgang mit komorbiden Suchtproblemen in der somatischen und psychosomatischen Rehabilitation,

https://www.deutsche-rentenversicherung.de/DRV/DE/Experten/Infos-fuer-Reha-Einrichtungen/Grundlagen-und-Anforderungen/Konzepte-und-Positionspapiere/konzepte_positionspapiere.html

ist bezüglich des Alkoholmissbrauchs davon auszugehen, dass etwa jeder siebte Reha-Teilnehmer einen riskanten Alkoholkonsum aufweist, während alkoholbezogene Störungen (schädlicher Gebrauch oder Abhängigkeit) bei etwa jedem 17. Teilnehmer vorliegen. Ein riskantes Konsumverhalten liegt vor, wenn die Trinkhäufigkeit und die Trinkmenge definierte Konsumgrenzen übersteigen. Die Stiftung Gesundheitswissen definiert einen schädlichen Konsum mit dem Auftreten negativer Folgen aus medizinischer Sicht. Die Stiftung gibt an,

https://www.stiftung-gesundheitswissen.de/wissen/risikofaktor-alkohol/problematischer-konsum

dass schädlicher Konsum bedeutet, dass es mindestens einen Monat lang oder wiederholt in den vergangenen 12 Monaten zu negativen körperlichen, psychischen oder sozialen Folgen kam. Im Gegensatz zur Alkoholabhängigkeit besteht beim schädlichen Alkoholkonsum (noch) kein übermächtiger Wunsch oder Zwang, Alkohol zu konsumieren. Der Übergang vom schädlichen zum abhängigen Alkoholkonsum ist allerdings fließend. Das Robert-Koch-Institut erläutert im Journal for Health Monitoring.

https://www.rki.de/DE/Content/Gesundheitsmonitoring/Gesundheitsberichterstattung/GBEDownloadsJ/FactSheets/JoHM_2017_02_Alkoholkonsum_Erwachsene.html

die riskante Alkoholmenge noch etwas genauer: Eine durchschnittliche, tägliche Alkoholmenge von mehr als 10–12 g für Frauen und 20–24 g für Männer.

Grenzwerte Alkoholkonsum
Um sich einen Überblick verschaffen zu können, ab wann ein riskanter Alkoholkonsum beginnt, kann folgende Formel helfen (Berechnung des reinen Alkoholgehaltes):
Menge in ml x (Vol. % /100) x 0,8 = Gramm reiner Alkohol
Beispiel: Eine kleine Flasche Bier (330 ml) mit 4,8 Vol% Alkohol bedeutet
330 x (4,8/100) x 0,8 = 12,7 g reinen Alkohol
Der Alkoholgehalt verschiedener Getränke beträgt:

- Wein (ca. 10 %, 1 Glas à 125 ml): 10 g
- Bier (ca. 4,8 %, 1 Flasche à 330 ml): 12,7 g
- Alkoholfreies Bier (max. 0,5 %, 1 Glas à 200 ml): max. 0,8 g
- Biermixgetränk (2,5 %, 1 Flasche à 330 ml): 6,6 g
- Sekt (ca. 11 %, 1 Glas à 125 ml): 11 g
- Fruchtlikör (ca. 30 %, 1 Glas à 20 ml): 4,8 g
- Schnaps (ca. 40 %, 1 Glas à 40 ml): 12,8 g

Die diesbezügliche arbeitsrechtliche Bestimmung, etwa Lohnfortzahlung bei Alkoholmissbrauch, ist im Abschn. 5.1 *Entgeltfortzahlung* zu finden.

6.6 Einschätzung der Gerichte

6.6.1 Rente erst nach Ausschöpfung sämtlicher Behandlungsmethoden

In verschiedenen Urteilen wurden die vorher durchlaufenden Behandlungen unter dem Gesichtspunkt „Rentengewährung erst nach Ausschöpfung sämtlicher Behandlungsmethoden" analysiert.

Das Landessozialgericht Bayern urteilte mit Urteil vom 27.07.2016 AZ: L 19 R 395/14 (Auszug):

„Psychische Erkrankungen können erst dann rentenrechtlich relevant werden, wenn trotz adäquater Behandlung (medikamentös, therapeutisch, ambulant oder stationär) davon auszugehen ist, dass der Versicherte die psychischen Einschränkungen weder aus eigener Kraft noch mit ärztlicher oder therapeutischer Hilfe dauerhaft überwinden kann."

Hingegen urteilte das Sozialgericht Nordhausen mit Urteil vom 10.04.2018 AZ: S. 3 R 2035/16 wie folgt (Auszug):

„Bei einer psychischen Erkrankung kommt die Gewährung einer Rente wegen Erwerbsminderung ab dem 7. Monat der Leistungseinschränkung auch dann in Betracht, wenn noch nicht alle Behandlungsmöglichkeiten ausgeschöpft sind und eine Wiederherstellung der Leistungsfähigkeit mit ärztlicher/therapeutischer Hilfe noch möglich oder wahrscheinlich ist."

Das Bundessozialgericht hat mit Beschluss vom 28.09.2020 AZ: 13 R 45/19 B schließlich klargestellt:

„Das BSG hat bereits 1979 entschieden, dass die Behandlungsfähigkeit und Behandlungsbedürftigkeit einer festgestellten Gesundheitsstörung dem Eintritt des Versicherungsfalles nicht im Wege stehen und dass eine unterbliebene Behandlung es – ohne Rücksicht auf die Ursache der Unterlassung – nicht ausschließt, dass eine vorhandene Gesundheitsstörung als Krankheit i.S. von § 43 Abs. 1 Satz 2 bzw. Abs. 2 Satz 2 SGB VI anzusehen wäre. Ob ein Versicherter teilweise oder voll erwerbsgemindert i.S. von § 43 Abs. 1 Satz 1 Nr. 1 bzw. Abs. 2 Satz 1 Nr. 1 SGB VI ist, beurteilt sich allein aufgrund der Auswirkungen der vorhandenen Gesundheitsstörungen auf sein aktuelles Leistungsvermögen, ohne Hinzudenken einer bislang nicht durchgeführten Behandlung."

Fazit: Sollte in einen Ablehnungsbescheid der Deutschen Rentenversicherung die Argumentation eingebracht werden, die Rente wegen Erwerbsminderung sei zu verweigern, weil keine entsprechenden Behandlungen gegen das Leiden durchgeführt worden wären, so kann hier das BSG-Urteil mit einer Klarstellung vorgebracht werden. Es ist allerdings zu empfehlen, Gutachten, ärztliche bzw. therapeutische Unterlagen vorweisen zu können, damit die Krankheit auch beweisbar ist. Auch kann die Deutsche Rentenversicherung nach § 66 SGB I dem Versicherten ggf. eine Mitwirkungspflicht auferlegen, um sich einer zumutbaren Behandlung zu unterwerfen.

6.6.2 Rente, Leidensdruck und Tagesablauf

In die Gutachten werden auch die Tagesstrukturen des Versicherten aufgenommen.
So urteilte das Landessozialgericht Mecklenburg-Vorpommern mit Urteil vom 26.03.2021 AZ: L 7 R 132/18 (Auszug):

„Auch das fast vollständige Fehlen psychiatrischer Behandlungsmaßnahmen zum Zeitpunkt der Begutachtung durch Dr. K. spricht gegen einen erheblichen Leidensdruck. Von den diversen von der Klägerin gegenüber Dr. P. geschilderten Beschwerden lassen sich nur wenige überhaupt einer Depression zuordnen. Gravierende Beeinträchtigungen durch diese Erkrankung werden hieraus nicht deutlich. Zudem weist Dr. P. zutreffend auf die weitgehend intakte Tagesstruktur der Klägerin hin, welche gegen das Vorliegen einer höhergradigen Depression spricht."

Ein weiteres Urteil nimmt den (guten) Tagesablauf auf, allerdings ist darauf hinzuweisen, dass auch weitere Krankheitsbilder nicht nachgewiesen werden konnten. Das Landessozialgericht Schleswig–Holstein urteilte am 09.10.2020 AZ: L 7 R 202/16 (Auszug):

„Soweit Dr. G Schweregrad der rezidivierenden depressiven Störung als schwere Episode in rückschauender Betrachtung einschätzt, folgt das Gericht dem ebenfalls nicht. Der Schweregrad wurde aus Sicht des Gerichts zum entscheidungsrelevanten Zeitraum zutreffend mit mittelgradig charakterisiert. Zu dieser Einschätzung gelangte F in seinem Gutachten, was sich ebenfalls mit den Angaben im Bericht der Fachklinik H deckt. Dies steht schlüssig und nachvollziehbar im Einklang mit dem von der Klägerin geschilderten Tagesablauf im Rahmen der Begutachtung von F. Danach ist noch eine gewissen Tagesstruktur erkennbar."

Das Landessozialgericht München mit Urteil vom 29.10.2020 AZ: L 13 R 54/19 (Auszug) kommt zu folgendem Ergebnis:

„Vor allem zeigt das Funktions- und Aktivitätenniveau, das sich nach den vorliegenden Gutachten im Laufe des Verfahrens nicht wesentlich verändert hat, dass die Klägerin noch über ausreichende Strukturen und Ressourcen verfügt, die ihr auch eine Berufstätigkeit erlauben würden. So hat auch P bei der Klägerin einen umfangreichen Tagesablauf erhoben, der gerade nicht von der depressiven Erkrankung und den Schmerzen geprägt ist. So steht die Klägerin frühmorgens auf, um das Frühstück und Brotzeit für die jüngere Tochter zuzubereiten, die sie auch öfters in die Arbeit fahre. Sie kümmert sich auch um die ältere Tochter, die in einer Werkstatt für behinderte Menschen arbeitet. Tagsüber erledigt sie den Haushalt, geht einkaufen, mit dem Hund spazieren oder besucht ihre Eltern im gleichen Haus. Gegenüber B hat die Klägerin angegeben, Kontakte zu Freundinnen und früheren Kolleginnen zu pflegen, sich über Zeitungen und Fernsehen zu informieren und gerne zu stricken. Außerdem pflegt sie seit 2011 eine Beziehung zu einem in B lebenden Freund, den sie alle zwei Wochen besucht oder der sie besucht, wobei sie auch mit dem Auto nach B fährt."

6.6.3 Kein Dritter zulässig bei Gutachter-Untersuchung

Bei einer Gutachter-Untersuchung ist die Anwesenheit von anderen Personen außer dem Probanden und dem Arzt bzw. Therapeuten grundsätzlich nicht zulässig. Hierzu urteilte das Landessozialgericht Baden-Württemberg am 23.09.2022 AZ: L 8 R 2664/21 (Auszug):

„Leitsätze
1. Ein psychiatrisches Gutachten ist grundsätzlich nicht verwertbar, wenn bei der Exploration und Anamneseerhebung Dritte anwesend und beteiligt waren (…). Dies gilt unabhängig davon, ob die Sprachkenntnisse des Probanden oder der Probandin für die Exploration und Anamneseerhebung ausreichend waren.
2. Sofern die Sprachkenntnisse des Probanden oder der Probandin nicht ausreichend sind, ist ein vereidigter Dolmetscher hinzuzuziehen. Ein Rückgriff auf anwesende Familienangehörige als Dolmetscher in der Begutachtungssituation ist nur dann unproblematisch, wenn es um einen Austausch von Informationen geht, bei denen ihrer Natur nach eine Verfälschung ausscheidet. Bei psychiatrischen Gutachten kann eine Verfälschung regelmäßig nicht ausgeschlossen werden.
3. Eine weitere Ausnahme kann nur in absoluten Ausnahmefällen anerkannt werden, beispielsweise wenn der Proband oder die Probandin während der Begutachtung auf die ständige Unterstützung einer Pflegeperson angewiesen ist.

"... Soweit bei der Begutachtung durch L die Tochter der Klägerin nach den Angaben von L bei der Erhebung der Angaben gedolmetscht hat, stellt dies ebenfalls einen erheblichen Mangel des Gutachtens von L dar. So ist nach Überzeugung des Senats ein psychiatrisches Gutachten grundsätzlich nicht verwertbar, wenn bei der Exploration und Anamneseerhebung Dritte anwesend und beteiligt waren ... Die Sprachkenntnisse der Klägerin waren für die vorliegende Exploration und Anamneseerhebung ausreichend. Die Prozessbevollmächtigten der Klägerin haben weder bei der Begutachtung durch L noch bei der Begutachtung durch S die Hinzuziehung eines Dolmetschers beantragt."

Anmerkung: Ein Verschulden des Bevollmächtigten muss sich der Beauftragte zurechnen lassen. Siehe auch Kap. 10 *Hilfe von Experten*.

6.6.4 Rentenantrag aufgrund von Analphabetismus

Das Landessozialgericht Schleswig-Holstein urteilte am 09.10.2020 AZ: L 7 R 202/16 (Auszug):

„Der Umstand, dass die Klägerin Analphabetin ist und über unzureichende Deutschkenntnisse verfügt, führt dagegen nicht zu einem Rentenanspruch. Der Begriff der Erwerbsminderung knüpft an die Senkung der Erwerbsfähigkeit wegen Krankheit oder Behinderung an, sodass mangelnde Sprachkenntnisse rentenrechtlich unbeachtlich bleiben."

So auch das Bundessozialgericht mit Urteil vom 09.05.2012 AZ: B 5 R 68/11 R (Auszug):

„c) Zwischen diesen Leistungseinschränkungen (Erwerbsminderung) und den Krankheit(en) bzw. Behinderung(en) muss ein Ursachenzusammenhang bestehen („wegen"). Die Leistungsminderung muss wesentlich auf einer Krankheit oder Behinderung beruhen und nicht auf sonstigen Umständen wie Lebensalter, fehlenden Sprachkenntnissen oder Arbeitsentwöhnung ... Außerdem hält das Berufungsgericht ausdrücklich fest, dass der Analphabetismus der Klägerin „nicht auf einer gesundheitlichen Störung beruht", also gerade kein Ursachenzusammenhang zwischen ihm und einer festgestellten Erkrankung vorliegt."

6.6.5 Renten aufgrund von Wegeunfähigkeit

Das Sozialgericht Münster urteilte am 25.05.2022 mit AZ: S. 24 R 214/21 (Auszug):

> „Die Beklagte (Anmerkung: die Deutsche Rentenversicherung) nahm Ermittlungen hinsichtlich der medizinischen und versicherungsrechtlichen Voraussetzungen auf, holte Befundberichte ein, ließ den Kläger durch die Fachärztin und Neurologie Dr. H. nach Aktenlage begutachten, die ausführte, es bestehe auch ohne Hilfsmittel eine ausreichende Gehfähigkeit des Klägers, und lehnte mit Bescheid vom...die Gewährung einer Erwerbsminderung ab ... Diese Gesundheitsstörungen ergeben sich aus dem Gutachten der im gerichtlichen Verfahren von Amts wegen gehörten Sachverständigen Dr. K und Dr. B. Die Gutachten vom ... sind in sich schlüssig und nachvollziehbar. Sie beruhen auf einer eingehenden persönlichen Untersuchung des Klägers und einer umfassenden Auswertung der aktenkundigen Befunde. Es ist nicht ersichtlich, dass die genannten Sachverständigen Befunde unvollständig erhoben haben. Die Kammer hat keinen Anlass, den Diagnosen der Sachverständigen nicht zu folgen...Nach den Ausführungen der Sachverständigen kann der Kläger die notwendige Strecke nicht mehr in der notwendigen Zeit bewältigen (vgl. nur Gutachten des Dr. K., Seite 18). Auch dies deckt sich vollständig mit dem Eindruck, den die Kammer während der mündlichen Verhandlung vom Kläger gewinnen konnte. Die Bewegungen waren schlurfend und langsam."

Anmerkung: Der Kläger erhielt eine volle Erwerbsminderungsrente auf Dauer.

6.6.6 Nicht die Krankheit ist entscheidend, sondern die Auswirkungen

Das Landessozialgericht Nordrhein-Westfalen mit Urteil vom 15.01.2021 AZ: L 21 R 597/20 (Auszug):

> „Die Klägerin leidet unter Migräne und Depression. Dies ist zwischen den Beteiligten auch nicht streitig. Die genauere Differentialdiagnose der Depression ist nicht entscheidend. Entscheidend ist im Recht der Erwerbsminderung vielmehr, wie sich diese Krankheiten auf das Erwerbsvermögen der Klägerin auswirken. Maßgebend für die sozialmedizinische Beurteilung des Leistungsvermögens ist bei psychischen Störungen – ebenso wie bei primär somatisch begründeten Erkrankungen – nicht die konkrete Diagnose, sondern Art, Umfang und Dauer der Symptomatik und deren Auswirkung auf die Leistungsfähigkeit im Erwerbsleben",

(so zutreffend Deutsche Rentenversicherung, Leitlinie: Beurteilung, Sozialmedizinische Beurteilung bei psychischen und Verhaltensstörungen, August 2021 inkl. Update 2018, S. 24; abrufbar unter www.deutscherentenversicherung.de).

Zu diesem Ergebnis kommt auch das Landessozialgericht Baden-Württemberg mit Urteil vom 17.02.2022 AZ: L 7 R 4160/16 (Auszug):

„Soweit der Kläger unter Bezugnahme auf das Pflegegutachten der Ärztin A. vom 26. Juli 2018 geltend macht, dass von Dr. M. wesentliche Diagnosen nicht berücksichtigt worden seien, ist darauf hinzuweisen, dass nicht Diagnosen für die Frage des Vorliegens einer rentenrechtlich relevanten Erwerbsminderung entscheidend sind, sondern allein Funktionsbeeinträchtigungen anhand der festzustellenden objektiven-klinischen Befunde."

6.6.7 Die Krankheit muss aktuell vorliegen

Das Sozialgericht Neubrandenburg entschied mit Urteil vom 18.01.2018 AZ: S. 2 R 136/13 (Auszug):

„Das Gericht muss nicht abwarten, wie sich diese Erkrankung entwickelt; spätestens zum Schluss der mündlichen Verhandlung muss eine dauerhafte Erkrankung als Ursache einer Erwerbsunfähigkeit nachgewiesen sein. Nach den Feststellungen in den Gutachten gab es für die bereits länger geklagten Schmerzen aber keine objektive Erklärung (vgl. insbesondere Bl. 144 d. A: „So konnte trotz umfangreicher Diagnostik das vertebragen bedingte neuralgische Schmerzsyndrom nicht näher erklärt werden".). Entsprechendes gilt für eine mögliche psychische Erkrankung. Zum Zeitpunkt des Schlusses der mündlichen Verhandlung liegt eine solche Krankheit von Dauer (noch) nicht vor. Ob es bei einer schweren depressiven Episode (vom 02.10.2017 bis zum 03.11.2017) bleibt (vgl. Bl. 178 d.A.) und wie sich der Krankheitsverlauf entwickeln wird, ist zum Schluss der mündlichen Verhandlung ungewiss. Das Gericht muss diese noch nicht abgeschlossene Entwicklung nicht abwarten."

6.6.8 Gutachter mit verschiedenen Ergebnissen

Das Landessozialgericht Mecklenburg-Vorpommern urteilte am 26.03.2021 AZ: 7 R 132/18 (Auszug):

„Von den vier vorliegenden Gutachten kommt allein dasjenige des Sachverständigen Prof. Dr. F. zu dem Ergebnis, dass das Leistungsvermögen der Klägerin auf unter 6 Stunden täglich limitiert ist. Dem stehen die Gutachten der Sachverständigen Dr. K., Dr. B. und Dr. P. entgegen, welche übereinstimmend von einem Leistungsvermögen von mindestens 6 Stunden täglich ausgehen. Der der Klägerin obliegende Beweis einer Erwerbsminderung wäre bei dieser Sachlage nur dann geführt, wenn das Gutachten von Prof. Dr. F. wesentlich überzeugender wäre als die Gutachten der übrigen Sachverständigen. Dies ist jedoch nicht der Fall."

Häufig sind verschiedene Gutachter tätig, die jeweils anderslautende Gutachten erstellen. So urteilte das Landessozialgericht Baden-Württemberg mit Urteil vom 25.05.2023 AZ: L 7 R 3936/21 (Auszug):

6.6 Einschätzung der Gerichte

„Gutachter 1 gab an, dass durch langjährige Kenntnis der Klägerin und ihrer komplexen Erkrankungsgeschichte halte er auch eine regelmäßige leichte körperliche Tätigkeit auf dem allgemeinen Arbeitsmarkt von mindestens sechs Stunden täglich für völlig ausgeschlossen. Zu Gutachter 2: Die D1 hat unter dem 6. Oktober 2020 ausgeführt, aufgrund der Kombination aus ausgeprägtem depressivem Syndrom, schmerzhafter rheumatoider Arthritis und Bluthochdruck sei die Klägerin nach ihrer Einschätzung auch nicht zur Ausübung leichter körperlicher Tätigkeiten auf dem allgemeinen Arbeitsmarkt über sechs Stunden täglich in der Lage. Zu Gutachter 3: Die S1 hat mit Schreiben vom 26. Oktober 2020 mitgeteilt, der letzte Kontakt zur Klägerin habe am 20. Januar 2020 bestanden. Während der Vorstellungen bei ihr sei die Psoriasisarthritis unter einer Kombinationstherapie aus Etanercept und Methotrexat stabil eingestellt gewesen. Die von ihr erhobenen Befunde schlössen eine leichte körperliche Tätigkeit bis zu sechs Stunden nicht aus, wobei sie die Klägerin nicht ausführlich bezüglich ihrer Belastbarkeit und Arbeitsfähigkeit untersucht habe. Außerdem sei ihr nicht bekannt, ob es seit Januar 2020 noch zu relevanten Änderungen des Gesundheitszustandes der Klägerin gekommen sei. Das SG hat den L1 mit der Erstellung eines Gutachtens beauftragt. Im psychosomatischen Gutachten vom 2. August 2021 hat der Gutachter die Diagnose Angst und Depressivität, gemischt, gestellt. Bei der Klägerin liege eine gravierende somatische Erkrankung (Psoriasisarthritis) (Anmerkung: Schuppenflechte mit Entzündungen) vor, die ihre Mobilität einschränke und zu psychischen Einschränkungen geführt habe. In der gegenwärtigen belastungsarmen Lebenssituation der Klägerin zeige sie keine ausgeprägten psychischen Beeinträchtigungen. Bei der Klägerin liege leichtere depressive Reaktion vor, mit Herabgestimmtheit, Zukunftsängsten und leichteren Interaktionsstörungen. Aus Sicht des psychosomatischen/psychiatrischen Fachgebietes könne die Klägerin leichte körperliche Tätigkeiten in wechselnden Körperpositionen ausführen unter Vermeidung von Überkopftätigkeiten, Zwangshaltungen der Wirbelsäule, Klettern, Steigen, erhöhten Anforderungen an die Stresstoleranz oder erhöhtem Zeitdruck. Auch Tätigkeiten mit erhöhter Unfallgefahr, häufigem Knien oder Hocken, unter Einfluss von ausgeprägter Kälte, Wärme, Nässe oder mit Nachtschicht seien nicht leidensgerecht. Das Gericht beurteilte die verschiedenen Gutachten auf ihre Schlüssigkeit und kam im Ergebnis zu dem Schluss, „die abweichende Leistungseinschätzung von D1 sei damit jedoch widerlegt".

Im weiteren Verlauf und weiteren umfangreichen Würdigungen des Sachverhaltes urteilte das Gericht im Ergebnis: „keine Erwerbsminderungsrente".

6.6.9 Einseitige Befunderhebung, Selbstbeurteilungsbögen

Mit Urteil vom 23.10.2015 AZ: L 13 R 923/13 hat das Landessozialgericht München festgestellt (Auszug):

„Nach den überzeugenden Feststellungen der erfahrenen Gerichtssachverständigen Dr. I und Dr. J ist die Klägerin noch in der Lage, auf dem allgemeinen Arbeitsmarkt

6 Stunden und mehr täglich leichte bis zumindest gelegentlich mittelschwere Arbeiten zu verrichten. Der insoweit abweichenden Leistungsbeurteilung durch Dr. Pl vermag der Senat nicht zu folgen … Problematisch ist hier die hohe Bedeutung, die Dr. P. bei nicht gravierend auffälligem Befund den Ergebnissen der der Klägerin vorgelegten Selbstbeurteilungsbögen (zum Beispiel deutscher Schmerzfragebogen) beimisst. Derartigen Selbstbeurteilungsbögen, die für die Behandlung von Schmerzerkrankungen bzw. psychischen Erkrankungen entwickelt worden sind, kann im Rentenverfahren nur eine untergeordnete Bedeutung zukommen. Denn anders als bei dem Einsatz dieser Instrumente im Rahmen einer (Schmerz)Therapie besteht für einen Probanden mit Rentenwunsch kein Anreiz, die dort gestellten Fragen zutreffend zu beantworten. Vielmehr ist hier die Auswahl einer Antwortmöglichkeit, die auf eine besonders schwerwiegende Beeinträchtigung hindeutet, besonders attraktiv, um damit eine Einschränkung des quantitativen Leistungsvermögens zu belegen. Die bloße Behauptung einer schwerwiegenden Beeinträchtigung – unabhängig davon, ob diese im Rahmen eines Testverfahrens oder eines Klageschriftsatzes erfolgt – genügt aber nicht, um eine solche zu beweisen. Die Antworten in diesen Testbatterien sind daher nur ein Mosaikstein, stellen aber keinen Beleg für eine schwere, zu einer Einschränkung der quantitativen Leistungsfähigkeit führende depressive Erkrankung oder Schmerzkrankheit dar."

6.6.10 Verweisungstätigkeit

Das Sozialgericht Altenburg urteilte am 13.12.2021 AZ: S. 17 R 196/21 (Auszug):

„Eine Verweisungstätigkeit als Sicherheitsmitarbeiter im Objektschutz- bzw. Separatwachdienst, die auf das konkrete Einsatzgebiet der Nebenpforte beschränkt ist, kann nicht mehr als arbeitsmarktgängig angenommen werden (Anschluss an LSG Halle vom 26.7.2018 – L 3 R 428/15 und LSG Berlin-Potsdam vom 12.7.2018 – L 8 R 883/14). Die Tätigkeit eines Pförtners ist regelmäßig eine solche im Wachschutz, die körperliche Belastbarkeit und Flexibilität voraussetzt … Die Kammer ist zu der Überzeugung gelangt, dass zwar das Leistungsvermögen des Klägers nicht unter sechs Stunden täglich herabgesunken ist, jedoch bei ihm – jedenfalls ab dem 14.09.2021 – eine schwere spezifische Leistungsbehinderung vorliegt und eine zumutbare Verweisungstätigkeit nicht benannt werden kann. … Das vorliegende Gerichtsgutachten ist umfassend und in sich schlüssig sowie in fachgerechter Weise von einem dem Gericht als erfahrenen Gutachter bekannten Facharzt erstellt worden. Der Sachverständige hat die vorhandenen Unterlagen ausgewertet, den Kläger selbst eingehend untersucht, eine eigenständige Anamnese erhoben und nachvollziehbar die vorliegenden Gesundheitsstörungen und hieraus resultierenden qualitativen Beeinträchtigungen des Klägers festgestellt. Die Kammer folgt nach eigener kritischer Überprüfung den überzeugenden Ausführungen des Sachverständigen sowohl hinsichtlich der erhobenen und dokumentierten Befunde als auch der daraus abgeleiteten Schlussfolgerungen für die Leistungsfähigkeit des Klägers …"."

6.6 Einschätzung der Gerichte

Liegt eine schwere spezifische Leistungsbehinderung vor, hat der Rentenversicherungsträger eine geeignete Verweisungstätigkeit konkret zu benennen. Es ist dann das körperliche, geistige und kognitive Leistungsvermögen mit dem beruflichen Anforderungsprofil zu vergleichen. Hierbei ist auch zu fragen, ob die/der Versicherte die fachlichen Qualifikationen hat bzw. ob sie/er sie in drei Monaten erlernen kann. Kann der Versicherte die Verweisungstätigkeit nicht ausüben, ist er auch dann (voll) erwerbsgemindert, wenn sein zeitliches Leistungsvermögen uneingeschränkt ist (vgl. BSG, Urteil v. 11.12.2019 – B 13 R 7/18 R, Rn. 40).

6.6.11 Qualität eines Gutachtens

Vom Bundessozialgericht wurde mit Urteil vom 07.05.2019 AZ: B 2 U 25/17 R u. a. ein fehlerhaftes Gutachten und die damit einhergehende Beweiskraft als Grundlage einer Entscheidung beurteilt. Auszug:

„Zwar können Verwaltungsgutachten auch alleinige Entscheidungsgrundlage sein ... Dies setzt allerdings voraus, dass das Gutachten in Form und Inhalt den (Mindest-) Anforderungen entspricht ... Das LSG geht jedoch weder auf die Frage ein, ob das Verwaltungsgutachten des Prof. Dr. E. bzw. des Dr. B. den förmlichen und inhaltlichen Anforderungen eines ordnungsgemäßen Sachverständigengutachtens entspricht, noch lässt es erkennen, dass es sich bei dessen Verwertung über die Unterschiede zwischen Sachverständigen- und Urkundenbeweis im Klaren gewesen ist. Dies wird das LSG nachzuholen haben."

6.6.12 Vollbeweis eines Gutachtens

Der Unterschied zwischen Glaubhaftmachung und Vollbeweis ist das Beweismaß, das heißt, der Grad der Überzeugung, den das Gericht gewinnen muss, um ein Gutachten als Entscheidungsgrundlage übernehmen zu können.

Das Sozialgericht Karlsruhe beschäftigte sich mit diesem Schwerpunkt im Urteil vom 12.08.2022 AZ: S. 9 R 2835/20 (Auszug):

„Leitsätze
1. Eine Erkrankung auf psychiatrischem Fachgebiet ist nicht bereits deshalb vom Vollbeweis nachgewiesen, weil sie von einem behandelnden oder begutachtenden Arzt oder Therapeuten in der Diagnoseliste aufgeführt wird, dies stellt für das Gericht zunächst nur einen Anhaltspunkt dafür dar, dass diese Gesundheitsstörung vorliegen könnte ...

2. Die Diagnostik von psychiatrischen Erkrankungen fußt weitestgehend auf der Selbst- sowie Fremdbeschreibung. Nichts anderes kann für die Bestimmung der im Rahmen der Prüfung der medizinischen Voraussetzungen einer Erwerbsminderung entscheidenden Funktionsbeeinträchtigungen auf psychiatrischem Gebiet gelten.
3. Anamnestische Schilderungen krankheitstypischer Symptome erreichen den Status eines psychopathologischen Befundes, wenn diese glaubhaft sind.

… Das Sozialrecht kennt drei Beweismaßstäbe: den Vollbeweis, die Wahrscheinlichkeit und die Glaubhaftmachung. Die Beweismaßstäbe der Wahrscheinlichkeit oder der Glaubhaftmachung müssen jeweils ausdrücklich im Gesetz angeordnet sein oder sich aus der Auslegung des Gesetzes ergeben (vgl. Bundessozialgesetz, Urteil vom 15.12.2016 AZ: B 5 RS 4/16 R). Ansonsten gilt – wie auch hier – der Maßstab des Vollbeweises. Vollbeweis bedeutet, dass sich das Gericht grundsätzlich die volle Überzeugung vom Vorliegen oder Nichtvorliegen der Tatsachen verschaffen muss (…). Absolute Gewissheit ist dabei so gut wie nie möglich und auch nicht erforderlich (…). Ausreichend ist daher eine an Gewissheit grenzende Wahrscheinlichkeit (…). Mit anderen Worten: Gewisse Zweifel sind unschädlich, solange sie sich nicht zu gewichtigen Zweifeln verdichten (…)."

Anmerkung: Ein Gutachten nach den wissenschaftlichen Standards dürfte den Vollbeweis erbringen. Hierzu das Gericht:

„Dr. W. erhebt eine geordnete und für den medizinisch laienhaften Leser klar verständliche Anamnese, aufgetrennt in „Aktuelle Beschwerden", „Aktuelle körperliche Beschwerden", „Aktueller Tagesablauf und aktuelle Lebenssituation", „psychiatrische Vorgeschichte", „vegetative und somatische Anamnese", „Substanzanamnese", „Aktuelle Medikation", „Familienanamnese", Biografische Anamnese mit schulischer und beruflicher Entwicklung". Erst dann folgen ab Seite 31 des Gutachtens die erhobenen Untersuchungsbefunde…"

6.6.13 Kündigungsgrund Alkoholabhängigkeit

Das Bundesarbeitsgericht urteilte am 20.12.2012 AZ: 2 AZR 32/11 (Auszug):

„An eine Kündigung, die auf ein Verhalten des Arbeitnehmers gestützt wird, das im Zusammenhang mit einer Alkoholsucht steht, sind grundsätzlich die gleichen Anforderungen wie an krankheitsbedingte Kündigungen zu stellen. … Ein vorwerfbarer Pflichtverstoß liegt nicht vor. Zwar verletzt der Kläger, wenn er unter Alkoholeinfluss seine Tätigkeit ausübt, seine arbeitsvertraglichen Hauptpflichten … Ist im Zeitpunkt der Kündigung die Prognose gerechtfertigt, der Arbeitnehmer biete aufgrund einer Alkoholsucht dauerhaft nicht die Gewähr, in der Lage zu sein, die vertraglich geschuldete Tätigkeit ordnungsgemäß zu erbringen, kann eine ordentliche Kündigung des Arbeitsverhältnisses gerechtfertigt sein. Voraussetzung ist, dass daraus eine erhebliche Beeinträchtigung der betrieblichen Interessen folgt, diese durch mildere Mittel – etwa eine Versetzung – nicht abgewendet werden kann und sie auch bei einer Abwägung gegen die Interessen des Arbeitnehmers vom Arbeitgeber billigerweise nicht mehr hingenommen werden muss ... Der Beklagte hat dem Kläger nach Alkoholauffälligkeiten im Dienst mehrfach die Chance einer Bewährung gegeben."

Anmerkung: Die Kündigung war nicht rechtens, aber nur aus dem Grund, dass der Arbeitgeber sich nicht an ein vereinbartes Verfahren bei Suchtverhalten gehalten hatte.

6.7 Hilfe von Ärzten und Therapeuten

Psychotherapie bedeutet wörtlich übersetzt „Behandlung der Seele". Das Ziel einer Psychotherapie ist es, psychische Erkrankungen festzustellen, zu heilen oder zu lindern. Psychotherapie darf nur von psychologischen Psychotherapeuten, Kinder- und Jugendlichenpsychotherapeuten oder Fachärzten durchgeführt werden.

Bei psychischen Beschwerden gibt es eine Reihe von Ansprechpartnern, die Hilfen anbieten. Erster Ansprechpartner ist stets der Hausarzt. Es ist auch möglich, direkt einen Psychotherapeuten aufzusuchen, eine Überweisung ist nicht nötig.

Psychotherapeut ist eine gesetzlich geschützte Berufsbezeichnung, wie zum Beispiel Arzt. Die Bezeichnung Psychotherapeut darf nur verwendet werden, wenn eine staatlich geregelte Ausbildung und Prüfung vorhanden ist und psychische Krankheiten mit wissenschaftlich anerkannten psychotherapeutischen Verfahren behandelt werden. Die Namensgebung kann Psychotherapeut sein, psychologischer Psychotherapeut, Kinder- und Jugendlichenpsychotherapeut oder ärztlicher Psychotherapeut. Heilpraktiker gehören nicht zu diesem Berufsfeld, Kosten für Heilpraktiker werden daher auch nicht von den gesetzlichen Krankenkassen übernommen.

Psychologische Psychotherapeuten haben ein Psychologiestudium an einer Universität abgeschlossen und anschließend eine drei- bis fünfjährige staatlich geregelte psychotherapeutische Ausbildung erhalten. Erst danach erhalten sie die Approbation zum Psychotherapeuten.

Diplom-Psychologen haben ebenfalls ein Psychologiestudium absolviert, aber keine zusätzliche Ausbildung in Psychotherapie. Sie sind in erster Linie in der Forschung, im Personalwesen oder in Beratungsstellen tätig.

Ärztliche Psychotherapeuten studierten Medizin an einer Universität und absolvierten anschließend eine Weiterbildung für die Behandlung psychischer

Krankheiten. Hier sind insbesondere die Fachärzte für Psychiatrie und Psychotherapie sowie Psychosomatische Medizin und Psychotherapie zu nennen.

In psychotherapeutischen Beratungsstellen arbeiten Sozialarbeiter, Sozialpädagogen und Psychotherapeuten. Die Beratung ist kostenlos. Finanziell getragen werden diese Beratungsstellen von Städten, Gemeinden, Kirchen, Wohlfahrtsverbänden und Vereinen. Beispiel für den Wetteraukreis in Hessen: https://wetteraukreis.de/alleinerziehende/ich-meine-kinder/denk-an-dich/psychologische-beratung-therapie

Um in einem Krankenhaus behandelt zu werden, wird in der Regel eine Überweisung nötig. Für die Behandlung von psychischen Erkrankungen sind verschiedene Kliniken zuständig, wie Krankenhäuser für Psychiatrie und Psychotherapie, Krankenhäuser für Psychosomatische Medizin und Psychotherapie oder Allgemeinkrankenhäuser mit Fachabteilungen.

Es gibt die ambulante, teilstationäre (Tagesklinik) oder stationäre Psychotherapie. Eine Psychotherapie kann in Gruppen- oder Einzelsitzungen oder in einer Kombination aus beidem stattfinden. Außerdem existieren unterschiedliche Verfahren in der Psychotherapie. Für vier Verfahren

- (kognitive) Verhaltenstherapie,
- psychoanalytische Therapie (Psychoanalyse),
- tiefenpsychologisch fundierte Psychotherapie und
- systemische (Familien-)Therapie

übernehmen die gesetzlichen Krankenkassen die Kosten. Darüber hinaus gibt es noch die Gesprächspsychotherapie (keine Kostenübernahme durch die gesetzliche Krankenversicherung).

In einer Verhaltenstherapie wird der Patient dabei unterstützt, seine Schwierigkeiten zu verstehen und zu bewältigen, eine Hilfe zur Selbsthilfe. Bei der psychoanalytischen Therapie unterstützt der Therapeut den Patienten, unbewusste Konflikte und deren Auswirkungen auf die Gegenwart sichtbar zu machen und diese gemeinsam zu verstehen und zu bearbeiten. Die tiefenpsychologisch fundierte Psychotherapie legt den Schwerpunkt auf psychische Grundkonflikte, die aktuell wirksam sind. Es werden vorhandene, aber unbewusste Fähigkeiten aktiviert, um damit die aktuellen Probleme zu lösen.

Die Dauer einer Psychotherapie reicht von einer Akutbehandlung (bis zu 12 h) über eine Kurzzeittherapie (bis zu 25 h) bis zu einer Langzeittherapie (zwischen 80 bis zu 300 h).

6.7 Hilfe von Ärzten und Therapeuten

Die Bearbeitung der Therapien erfolgt auf der Grundlage von Leitlinien. Diese Leitlinien beruhen auf aktuellen wissenschaftlichen Erkenntnissen und in der Praxis bewährten Verfahren.

- Einen Überblick bietet das Portal https://www.psychenet.de/de/psychische-gesundheit/leitlinien.html. Das Portal bietet ferner zahlreiche Hilfestellungen für Entscheidungshilfen, Selbsttests u.v.m.
- Auch die Bundespsychotherapeutenkammer in Berlin stellt zahlreiche Wege dar, wenn Hilfen benötigt werden: https://www.bptk.de/patient-innen/.
- Die Stiftung Deutsche Depressionshilfe und Suizidprävention hat ein kostenfreies Onlineportal eingerichtet. Hier können Betroffene sich über die Erkrankung informieren und Tipps zum Umgang mit der Erkrankung erhalten. Das Programm soll auch zur Unterstützung der Behandlung mit Medikamenten bei Hausärzten eingesetzt werden, um die Wartezeit auf einen Therapieplatz zu überbrücken oder nach der Entlassung aus der Reha oder einer Klinik weiterhelfen. Es ist erreichbar mit dem Link: www.deutsche-depressionshilfe.de/unsere-angebote/fuer-betroffene-und-angehoerige/ifightdepression-tool.
- In Suchtfragen unterstützt die Deutsche Hauptstelle für Suchtfragen, www.dhs.de. Ist keine kurzfristige Hilfe zu finden, besteht die Möglichkeit, über die Patientenhotline 116 117 (oder unter dem Link www.116117.de.Psychotherapie116117.de – Psychotherapie eine Arzt oder Psychotherapeutensuche zu starten. Für Notfälle sind Termine innerhalb von drei Wochen möglich, die normale Wartezeit beträgt rund fünf Wochen.
- Auch psychotherapeutische Hilfsangebote ohne Genehmigung durch eine Krankenkasse sind möglich. Wenn eine psychotherapeutische Behandlung besonders dringend und akut erforderlich ist, können bis zu 12 Gespräche je 50 min durchgeführt werden.
- Darüber hinaus haben viele Städte und Regionen einen Krisendienst eingerichtet für Menschen in seelischen Notsituationen. Zu finden mit dem Stichwort Krisendienst und der Stadt. Beispiel für Frankfurt am Main: https://krisendienst-frankfurt.de/.
- Eine weitere Möglichkeit ist die Telefonseelsorge mit der bundesweiten Telefonnummer 0800 111 0 111 oder 0800 111 0 222.

Literatur

1. AWMF, Das Portal der wissenschaftlichen Medizin (2019), Leitlinie zur Begutachtung psychischer und psychosomatischer Störungen, Teil 1 Gutachterliche Untersuchung, Marburg.
2. AWMF, Das Portal der wissenschaftlichen Medizin (2019), Nationale Versorgungsleitlinie, unipolare Depression, Marburg.
3. Bundessozialgericht (2022), Pressemitteilung: Begleitung durch Vertrauensperson, Berlin.
4. Deutsche Rentenversicherung Bund (Hg.) (2011), Sozialmedizinische Begutachtung für die gesetzliche Rentenversicherung, Springer Verlag, Berlin, Heidelberg
5. Deutsche Rentenversicherung, rvRecht®, Berlin.
6. Deutsche Rentenversicherung (2011), Sozialmedizinische Begutachtung für die gesetzliche Rentenversicherung, Auflage 7, Berlin
7. Deutsche Rentenversicherung (2018), Leitlinie für die sozialmedizinische Begutachtung bei neurologischen Krankheiten, Berlin.
8. Deutsche Rentenversicherung (2010), Leitlinie für die sozialmedizinische Begutachtung bei psychischen und Verhaltensstörungen, Berlin.
9. Deutsche Rentenversicherung (2014), Positionspapier zur Bedeutung psychischer Erkrankungen in der Rehabilitation und bei Erwerbsminderung, Berlin.
10. Deutsche Rentenversicherung (2018), Das ärztliche Gutachten für die gesetzliche Rentenversicherung, Band 21, Berlin.
11. Deutsche Rentenversicherung (2022), Rehaentlassbericht, Leitfaden, Berlin
12. Deutsche Rentenversicherung (2005), Leitlinien zur Rehabilitationsbedürftigkeit, Berlin.
13. Deutsche Rentenversicherung (2022), Modul 1 Sozialmedizinische Grundlagen, Berlin.
14. Deutsche Rentenversicherung (2022), Modul 2 Psychotherapeutische Beiträge, Berlin.
15. Deutsche Rentenversicherung (2022), Modul 2g Ärzte in der sozialmedizinischen Leistungsbeurteilung, Berlin.
16. Deutsche Gesellschaft für Psychiatrie und Psychotherapie, Psychosomatik und Nervenheilkunde (DGPPN) (2020), Screening, Diagnose und Behandlung alkoholbezogener Störungen, Berlin.
17. Humboldt Universität zu Berlin (2020), Institut für Rehabilitationswissenschaften, Wege psychisch belastete Menschen in die EM-Rente.
18. Muschalla, Beate Dr. (2017), Deutsche Rentenversicherung, Beschreibung von Fähigkeitsbeeinträchtigungen in der sozialmedizinischen Leistungsbeschreibung, Berlin.
19. Robert Bosch Stiftung (2020), Chronisch krank sein in Deutschland, Stuttgart.
20. Robert Koch Institut (2023), Entwicklung der psychischen Gesundheit, Berlin.
21. Robert Koch Institut (2021), Psychischen Gesundheit in Deutschland. Fokus Depression, Berlin
22. Schneider, Frank Prof. Dr. Dr. und andere (2020), Grundlagen der psychiatrischen Begutachtung, Heidelberg.

Praxis: Antragsverfahren 7

> **Zusammenfassung**
>
> Eine Erwerbsminderungsrente wird, wie bei jeder Rente, erst gezahlt, wenn vorher ein Antrag gestellt worden ist. Die zahlreichen unterschiedlichen Dokumente beinhalten häufig Fragen, die ein Laie nicht beantworten kann. Es wäre deshalb zu empfehlen, dies mit fachkundiger Hilfe (siehe Kap. 10 *Hilfe von Experten*) durchzuführen.

7.1 Antrag und Unterlagen

Folgende Informationen und Unterlagen sind von Belang:

Formulare von der Deutschen Rentenversicherung
- Antrag auf Erwerbsminderungsrente (Formular R100, siehe Abb. 7.1),
- Ggf. Selbsteinschätzungsbogen (Formular R0215, siehe Abb. 7.2)
- Meldung zur Krankenkasse (Formular R 0810)
- Ggf. Antrag auf Zuschuss zur Krankenkasse (Formular R 0820)

Persönliche Unterlagen
- Personalausweis oder Reisepass
- Name und Anschrift der Krankenkasse (Krankenkassenkarte)
- Bankverbindung (IBAN/BIC)
- Sozialversicherungsausweis bzw. Rentenversicherungsnummer

© Der/die Autor(en), exklusiv lizenziert an Springer Fachmedien Wiesbaden GmbH, ein Teil von Springer Nature 2024
P. Schewe, *Erwerbsminderungsrente bei psychischen Krankheiten*,
https://doi.org/10.1007/978-3-658-45749-5_7

Antrag auf Versichertenrente   R0100

Hinweis: Um sachgerecht über Ihren Antrag entscheiden zu können, benötigen wir aufgrund des Sechsten Buches Sozialgesetzbuch von Ihnen einige wichtige Informationen und Unterlagen. Wir möchten Sie deshalb bitten, die gestellten Fragen vollständig zu beantworten und uns die erbetenen Unterlagen möglichst umgehend zu überlassen. Ihre Mithilfe, die in den §§ 60 bis 65 Erstes Buch Sozialgesetzbuch (SGB I) ausdrücklich vorgesehen ist, erleichtert uns eine rasche Erledigung Ihrer Angelegenheiten. Bitte bedenken Sie, dass wir Ihnen, wenn Sie uns nicht unterstützen, die Leistung ganz oder teilweise versagen oder entziehen dürfen (§ 66 SGB I).
Wir informieren Sie zum Umgang mit Ihren personenbezogenen Daten und Ihren Rechten im Internet unter www.deutsche-rentenversicherung.de/Datenschutzinformationen. Auf Wunsch senden wir Ihnen diese Informationen auch gern zu.

Sie können diesen Antrag auch elektronisch auf www.deutsche-rentenversicherung.de/eAntrag stellen.

Handschriftliche Ergänzungen bitte in Druckschrift in schwarz oder blau

1   Beantragte Rente

☒   Rente wegen Erwerbsminderung   Vordrucke R0210 / R0215 bitte beifügen   75

☐   Antragstellung aufgrund eines Hinweises des Rentenversicherungsträgers im Anschluss an ein Rehabilitationsverfahren

Abb. 7.1 Antrag auf Versichertenrente, Formular R100. (Quelle: Deutsche Rentenversicherung)

Selbsteinschätzungsbogen   R0215

Sehr geehrte Versicherte, sehr geehrter Versicherter,
als Ärzteteam Ihres Rentenversicherungsträgers haben wir im Rahmen der Bearbeitung Ihres Antrags die Aufgabe, uns ein möglichst umfassendes Bild von Ihren Gesundheitsstörungen zu machen. Es ist uns daher wichtig, dass Sie bereits zu Beginn des Verfahrens eine Gelegenheit finden, Ihre persönliche Einschätzung einzubringen. Wir würden uns darüber freuen, wenn Sie uns mit Ihren Antworten auf einige Fragen einen Eindruck geben, wie sich Ihre Gesundheitsstörungen oder Beschwerden in Ihrem Alltag und in Ihrem Berufsleben auswirken.

1   Angaben zur Person

Name		Vorname (Rufname)	
Namenszusatz (Beispiel: Freifrau, Graf)	Vorsatzwort zum Namen (Beispiel: von, van, de)	Titel (Beispiel: Prof. Dr. med.)	
Geburtsname			Geburtsdatum

2   Gesundheitliche Angaben
(Sofern der Raum für die Beantwortung einer Frage nicht ausreicht, verwenden Sie bitte ein zusätzliches Blatt. Geben Sie dort auch die oben genannte Versicherungsnummer, Ihren Namen und Vornamen an.)

2.1   Welche gesundheitlichen Probleme belasten Sie gegenwärtig besonders?

Abb. 7.2 Selbsteinschätzungsbogen, Formular R0215. (Quelle: Deutsche Rentenversicherung)

7.1 Antrag und Unterlagen

- Persönliche steuerliche Identifikationsnummer
- Schwerbehindertenausweis (falls vorhanden)
- Vollmacht, falls eine dritte Person Ansprechpartner sein soll

Krankheitsverlauf
- Namen und Anschriften sowie Telefonnummern der behandelnden Ärzte, Psychologen, Therapeuten (mit Schwerpunktbehandlungen)
- Krankenhaus- und Reha-Aufenthalte der letzten (acht) Jahre mit Gutachten, Entlassungsberichten, Arztberichten, Zeitraumangaben)
- Chronologische Aufstellung der letzten (acht) Jahre bezüglich der Krankheiten und der behandelnden Ärzte, Therapeuten, Reha-Einrichtungen, Krankenhausbehandlungen usw.
- Alle sonstigen vorhandenen medizinischen Unterlagen (mit Relevanz)
- Hinweis: Als Patient kann man die eigene Patientenakte verlangen (§ 630 BGB). Die Kosten sind (entgegen des BGB) für die erste Kopie nicht zu tragen (Europäischer Gerichtshof, Urteil vom 26.10.2023 AZ: C-307/22).

Informationen für die Formulare
- Kontrolle des Versicherungsverlaufes (Bruttoverdienste, Zeiten)
- Kontrolle, ob Schul-, Fachschul-, Fachhochschul-, Hochschulzeiten eingetragen sind
- Kontrolle, ob Berufsausbildungen eingetragen sind (ggf. Nachweise)
- Kontrolle, ob ggf. Kinder eingetragen worden sind (Kindererziehungszeiten, Kinderberücksichtigungszeiten – ggf. Geburtsurkunden)
- Kontrolle, ob Sozialleisten (Krankengeld, Arbeitslosengeld, Sozialhilfe usw.) eingetragen sind
- Name und Anschrift der Arbeitgeber, betriebliche Zugehörigkeiten (Jahreszahlen)
- Ggf. Informationen über betriebliche Altersvorsorgeprodukte
- Ggf. Informationen über Unfallrenten (gesetzlich)

Die entsprechenden Papierformulare stehen auf der Homepage der Deutschen Rentenversicherung zum Download bereit.

Das Formular R0215 kann freiwillig ausgefüllt werden. Mit eigenen Worten sollen hier der Gesundheitszustand dargestellt werden sowie die Schwere der Beeinträchtigungen nach eigenem Empfinden.

Die Meldung zur Krankenkasse mit dem Formular R0810 ist bedeutsam für die Angabe, ob der Eintritt in die Krankenversicherung der Rentner (KvdR) möglich ist.

Sollte der Eintritt nicht möglich sein, kann mit dem Formular R 0820 (bei freiwilliger Versicherung der gesetzlichen Krankenkasse bzw. bei einer privaten Krankenversicherung) ein Zuschuss zur Krankenversicherung beantragt werden. Weitere Einzelheiten zur Berechnung siehe Abschn. 4.2 *Von der Brutto- zur Nettorente.*

▶ **Wichtig**
Papierformulare nebst Anlagen sind per Post zu senden. Aus Beweiszwecken ist zu empfehlen, die Unterlagen per Einschreiben mit Rückschein zu schicken.

Alternativ kann ein Online-Antrag über die Homepage der Deutschen Rentenversicherung verschickt werden. Die genaue Vorgehensweise wird auf der Seite beschrieben: https://www.eservice-drv.de/eantrag/startseite.seam?zugang=OK

▶ **Wichtig**
Nach erfolgreicher Onlinebearbeitung muss eine Bestätigung vom Programm gesendet werden.

Hilfestellung beim Antragsverfahren bieten auch Rentenberater. Diese kleine Gruppe von Spezialisten ist grosssteils beim Bundesverband der Rentenberater gelistet: www.rentenberater.de

Auch die Antragsstellung über einen Versichertenberater der Deutschen Rentenversicherung ist möglich. Versichertenälteste bzw. Versichertenberater arbeiten ehrenamtlich für die Deutsche Rentenversicherung und sind selbst dort versichert bzw. bereits im Rentenbezug. Ist bei diesen Beratern in Einzelfragen keine Information abrufbar, können sie auf jeden Fall weitere Stellen ggf. empfehlen, die Expertenwissen vorweisen können: https://www.deutsche-rentenversicherung.de/DRV/DE/Beratung-und-Kontakt/v_aes_berater/versichertenaelteste_versichertenberater_node.html

Eine weitere Möglichkeit, einen Antrag auf Erwerbsminderungsrente zu stellen, ist über eine Beratungsstelle der Deutschen Rentenversicherung. Die Deutsche Rentenversicherung ist in Regionalstellen aufgeteilt, die wiederum zahlreiche Beratungsstellen anbieten. Über die Homepage gelangt man zu den zuständigen Regionalstellen des jeweiligen Wohnortes und von dort zu den Beratungsstellen: https://www.deutsche-rentenversicherung.de/DRV/DE/Beratung-und-Kontakt/Beratung-suchen-und-buchen/Meinen-Traeger-finden/meinen-traeger-finden.html?nn=6181baff-efb8-4610-8e47-dfa3b5051f25

7.2 Antragsfristen

Grundsätzlich beginnt die Erwerbsminderungsrente am Ersten des Monats, zu dessen Beginn die Voraussetzungen (sozialversicherungsrechtliche und medizinische Voraussetzungen) vorliegen, sofern der Rentenantrag innerhalb von drei Kalendermonaten ab diesem Zeitpunkt gestellt worden ist (§ 99 SGB VI). Wird die Dreimonatsfrist nicht eingehalten, beginnt die Rente am Ersten des Antragsmonats.

Beispiel 1

Leistungsfall Erwerbsminderung auf Dauer:	04.04.2024
Rentenantrag:	12.06.2024
Eine Dauerrente beginnt:	01.05.2024

Die Erwerbsminderungsrente auf Dauer wird zum nächsten Ersten des Monats nach dem Eintritt der Erwerbsminderung gezahlt.

Beispiel 2

Leistungsfall Erwerbsminderung auf Dauer:	04.04.2024
Rentenantrag:	12.12.2024
Eine Dauerrente beginnt:	01.12.2024

Wird der Antrag erst nach Ablauf von drei Kalendermonaten nach Eintritt des Leistungsfalles gestellt, beginnt die Rente am ersten Tag des Monats, in dem der Antrag gestellt wurde.

Zeitlich befristete Renten werden erst sieben Monate nach Eintritt der Erwerbsminderung geleistet (§ 101 SGB VI).

Beispiel 3

Leistungsfall Erwerbsminderung befristet:	12.01.2024
Rentenantrag:	01.08.2024

Die Antragsfrist beginnt auch bei befristeten Renten mit dem Leistungsfall und den erwähnten drei Monaten. Eine verspätete Antragsstellung würde sich allerdings erst nach sieben Monaten auf den Beginn der Rente auswirken. Wird jedoch der Rentenantrag erst zum Beispiel im November 2024 gestellt, so beginnt die befristete Rente erst am 01.11.2024.

7.3 Der Bescheid

Der Bescheid über eine Erwerbsminderungsrente (siehe Abb. 7.3) enthält alle Grundlagen, die zur Bewilligung geführt haben.

Da es sich um eine befristete Erwerbsminderungsrente handelt, beginnt die Rente mit einem Zeitverzug von sechs Monaten. Es gilt der Antrag zur Reha vom 01.08.2021, der in einen Erwerbsminderungsrentenantrag umgedeutet wurde (dennoch wurde ein separater Rentenantrag gestellt).

Ihre Rente wegen voller Erwerbsminderung

Sie haben Anspruch auf Rente wegen voller Erwerbsminderung auf Zeit. Der Rentenanspruch ist zeitlich begrenzt, weil es nach den medizinischen Untersuchungsbefunden nicht unwahrscheinlich ist, dass die volle Erwerbsminderung behoben werden kann.

Die Anspruchsvoraussetzungen sind ab dem 05.01.2021 erfüllt.

Beginn Ihrer Rente

Wir leisten die Rente ab dem 7. Kalendermonat nach Eintritt der Minderung der Erwerbsfähigkeit, weil die Rente befristet ist.

Als Rentenantrag gilt der am 01.08.2021 gestellte Antrag auf Leistungen zur medizinischen Rehabilitation oder auf Leistungen zur Teilhabe am Arbeitsleben.

Ende Ihrer Rente

Die Rente endet mit dem 31.07.2024, ohne dass wir einen weiteren Bescheid erteilen.

Die Rente kann auf Antrag weitergezahlt werden, wenn eine Minderung der Erwerbsfähigkeit weiterhin vorliegt. Wir empfehlen Ihnen in diesem Fall, rechtzeitig - ungefähr 3 Monate vor dem Ende der Rente - einen Antrag auf Weiterzahlung der Rente zu stellen. Vorsorglich weisen wir darauf hin, dass die Rentenzahlung auch dann zum 31.07.2024 eingestellt wird, wenn wir bis dahin über den Antrag auf Weiterzahlung noch nicht entscheiden konnten.

Abb. 7.3 Rentenbescheid Seite 2 (mit freundlicher Genehmigung des Empfängers)

7.4 Verlängerungsantrag

Erwerbsminderungsrenten werden in der Regel nur auf Zeit gewährt, maximal zunächst auf drei Jahre. Zeitbefristungen können maximal auf neun Jahre befristet werden. Liegt dann noch eine Erwerbsminderung vor, erhält der Versicherte eine unbefristete Erwerbsminderungsrente. Eine Ausnahme bildet die Arbeitsmarktrente, diese ist stets befristet.

Läuft die befristete Erwerbsminderungsrente aus und hat sich der Gesundheitszustand nicht wesentlich verbessert, sollte ein Antrag auf Weiterzahlung der Erwerbsminderungsrente gestellt werden. Um eine lückenlose Zahlung gewährleisten zu können, ist es ratsam, spätestens drei Monate vor Ablauf der Rente einen Weiterzahlungsantrag zu stellen. In den meisten Fällen wird vor Ablauf der Frist ein Schreiben der Deutschen Rentenversicherung eingehen, mit dem Hinweis, falls nötig einen Weiterzahlungsantrag zu stellen.

Wichtig erscheint auch die lückenlose Gewährung der laufenden Erwerbsminderungsrente. Nach dem Urteil vom 14.12.2022 – AZ L 19 R 219/20 des Landessozialgerichts München ist nämlich, falls eine Lücke zwischen den Rentengewährungen auftritt, die Erwerbsminderung erneut zu prüfen, und zwar sowohl die sozialversicherungsrechtlichen wie auch die medizinischen Voraussetzungen.

Das Formular R0120 ist hierfür auszufüllen und per Post, per Internetzugang zur Deutschen Rentenversicherung, über den Versichertenältesten oder zu einer Beratungsstelle der Deutschen Rentenversicherung zu leiten: https://www.deutsche-rentenversicherung.de/SharedDocs/Formulare/DE/_pdf/R0120.html

Es ist zu empfehlen, während des Rentenbezuges auch weiterhin die Fachärzte, Psychologen bzw. Therapeuten aufzusuchen und sich, möglichst schriftlich, eine (neue, aktuelle) Einschätzung des Gesundheitszustandes bescheinigen zu lassen. Ist eine schriftliche Einschätzung nicht möglich, kann die Deutsche Rentenversicherung aufgefordert werden (im Rahmen des Verlängerungsantrages), die nötigen Unterlagen bei den zuständigen Ärzten etc. abzufordern. Ggf. wäre hierfür im Anschreiben nochmals hinzuweisen. Auch ein selbst erstelltes Alltagsprotokoll über die (immer noch) vorhandene Leistungsminderung ist sinnvoll.

Wird der Verlängerungsantrag abgelehnt, können Widerspruch und anschließend ggf. Klage eingereicht werden (siehe Kap. 9).

7.5 Von der Erwerbsminderungsrente in die Regelaltersrente

Der Anspruch auf eine Erwerbsminderungsrente erlischt, sobald der Versicherte die Regelaltersgrenze erreicht hat. Nach § 115 SGB VI haben Versicherte im Anschluss an eine Erwerbsminderungsrente einen Anspruch auf eine Regelaltersrente.

§ 115 SGB VI (Auszug)

(3) Haben Versicherte bis zum Erreichen der Regelaltersgrenze eine Rente wegen verminderter Erwerbsfähigkeit oder eine Erziehungsrente bezogen, ist anschließend eine Regelaltersrente zu leisten, wenn sie nicht etwas anderes bestimmen.

Eine ausdrückliche Rentenantragstellung ist somit nicht erforderlich. Die Deutsche Rentenversicherung hat von Amts wegen die Regelaltersrente festzustellen und einen entsprechenden Bescheid zu erlassen. Häufig meldet sich die Deutsche Rentenversicherung beim Versicherten.

Haben sich Daten geändert oder ist noch etwas nachzutragen, empfiehlt es sich, einen (verkürzten) Antrag zu stellen: https://www.deutsche-rentenversicherung.de/SharedDocs/Formulare/DE/_pdf/R0110.html

Praxis: Leistungsbeurteilungen im Antragsverfahren 8

Zusammenfassung

Maßgeblich für die Beurteilung der vorliegenden Erkrankungen sind im besonderen Maße die Auswirkungen auf die Leistungsfähigkeit und damit auf die Arbeitswelt. Wird zum Beispiel eine Fähigkeit im Einzelnen betrachtet, so muss vom Gutachter die konkrete berufliche Situation im Kontext beachtet werden. Nicht jede Fähigkeit ist für jede berufliche Aktivität auf dem allgemeinen Arbeitsmarkt relevant. Somit ist nicht nur die Diagnostik wichtig, entscheidend sind die konkreten Symptome und deren Auswirkungen im beruflichen Alltag. Alle Befundberichte von Haus- und Fachärzten, Krankenhauszeiten, Rehabilitationen oder sonstigen Einrichtungen sollten einen guten Überblick geben, seit wann und was an Diagnosen in welcher Schwere vorliegt. Eine Prognose zur Leistungsfähigkeit wäre wünschenswert.

Auf die Angaben zu folgenden Fragen ist zu achten:

- Seit wann besteht die Behandlung beim Arzt, Hausarzt, Facharzt?
- Welche Diagnosen sind gestellt worden?
- Wie schwer ist die Erkrankung?
- Was wurde bisher unternommen, um wieder zu genesen?
- Wie lautet die Prognose aus den vorhandenen Unterlagen zur Leistungsfähigkeit?

Je länger ein Arzt oder Facharzt den Versicherten behandelt, desto besser kennt der Arzt die Krankheit und kann gute Aussagen zu Verlauf, Verschlimmerung und ggf. Verbesserung darstellen. Die verschiedenen Diagnosen zu den einzelnen Krankheiten mit deren Ausprägung sind ein wichtiges Indiz, um eine Beurteilung zur Leistungsfähigkeit darzustellen.

Dem Ausschöpfen sämtlicher Behandlungsmethoden, um wieder zu genesen, wurde bisher ein großer Stellenwert beigemessen. Im Urteil vom 18.01.2017 AZ: L 19 R 755/11 vom Landessozialgericht Bayern wurde wie folgt argumentiert:

„Psychische Erkrankungen rechtfertigen erst dann einen Rentenanspruch, wenn trotz adäquater Behandlung (medikamentös, therapeutisch, ambulant oder stationär) davon auszugehen ist, dass der Versicherter die psychischen Einschränkungen weder aus eigener Kraft noch mit ärztlicher oder therapeutischer Hilfe dauerhaft nicht mehr überwinden kann."

Hingegen beurteilte das Bundessozialgericht mit Beschluss vom 28.09.2020 AZ: B 13 R 45/19 B:

„Dass eine unterbliebene Behandlung nicht ausschließt, eine vorhandene Gesundheitsstörung als Krankheit einzuordnen ... Dies gilt unverändert für Renten wegen Erwerbsminderung nach § 43 SGB VI ... Ob ein Versicherter teilweise oder voll erwerbsgemindert ist, beurteilt sich allein aufgrund der Auswirkungen der vorhandenen Gesundheitsstörungen auf sein aktuelles Leistungsvermögen, ohne Hinzudenken einer bislang nicht durchgeführten Behandlung."

▶ **Wichtig**
Für die Prüfung auf eine Leistungsminderung spielt der Zeitablauf eine große Rolle:

- Seit wann ist die Krankheit vorhanden?
- Ist zu erkennen, dass die Krankheit langsam begann und nun einen Höhenpunkt erreicht hat?
- Wie schwer ist aktuell die Krankheit, ist eine Besserung absehbar (Prognose)?

8.1 Sozialmedizinische Leistungsbeurteilung aus der Reha

Die Einschätzungen haben unmittelbaren Einfluss darauf, ob und ggf. welche Rentenart infrage kommen könnte. So kann zum Beispiel bei der Beurteilung zur letzten Tätigkeit möglicherweise ein verringertes Restleistungsvermögen

8.1 Sozialmedizinische Leistungsbeurteilung aus der Reha

von unter drei Stunden angegeben werden, aber dennoch bei Tätigkeiten im allgemeinen Arbeitsmarkt (im unteren Teil des Formulars) eine vollschichtige Leistungsfähigkeit festgestellt werden. Im Ergebnis kann ggf. der bisherige Beruf nicht mehr ausgefüllt werden, aber dennoch (irgend) ein anderer Beruf. In diesem Zusammenhang wird auf die Zusammenfassung in Abschn. 2.5 *Erwerbsminderungsrente bei Berufsunfähigkeit* verwiesen.

Nur, wenn die Rehabilitationsleistung das Ziel voraussichtlich nicht erreichen wird, kann eine weitere Prüfung zur Erwerbsminderungsrente erfolgen. Dabei gilt als Grundsatz, dass der Antrag auf eine Rehabilitation als Rentenantrag gilt (§ 116 Abs. 2 SGV VI).

§ 116 Abs. 2 SGV VI (Auszug)

Der Antrag auf Leistungen zur medizinischen Rehabilitation oder zur Teilhabe am Arbeitsleben gilt als Antrag auf Rente, wenn Versicherte vermindert erwerbsfähig sind und ein Erfolg von Leistungen zur medizinischen Rehabilitation oder zur Teilhabe am Arbeitsleben nicht zu erwarten ist oder Leistungen zur medizinischen Rehabilitation oder zur Teilhabe am Arbeitsleben nicht erfolgreich gewesen sind, weil sie die verminderte Erwerbsfähigkeit nicht verhindert haben.

Für diese „Antragsfiktion" sind weitere Voraussetzungen zu erfüllen. Wie erwähnt, wurde das Ziel der Reha nicht erreicht und es besteht eine teilweise oder volle Erwerbsminderung, die Erwerbsfähigkeit lässt sich voraussichtlich nicht verbessern oder wieder herstellen. Wurde der Reha-Antrag bei der Deutschen Rentenversicherung gestellt, so kann der Versicherte sein Dispositionsrecht in Anspruch nehmen und ggf. (falls möglich und sinnvoll) eine Altersrente in Anspruch nehmen (Günstigkeitsprinzip).

Bei dieser Feststellung „**Reha vor Rente**" wurde noch nicht geprüft, ob die sozialversicherungsrechtlichen Voraussetzungen vorliegen oder im konkreten Fall auch tatsächlich eine Erwerbsminderung anzunehmen ist.

▶ **Wichtig**
Nach Abschluss der Rehabilitation kann der Versicherte die sozialmedizinische Leistungsbeurteilung der Reha-Klinik anfordern. Hier ist im Detail zu prüfen, ob eine Erwerbsminderung vorliegen kann. Insbesondere kann dies der Fall sein, wenn im ärztlichen Entlassungsbericht der Reha-Klinik angekreuzt wurde:
Beurteilung des zeitlichen Umfangs: 3 bis unter 6 h oder unter 3 h.

Sollte eine verminderte Leistungsfähigkeit festgestellt worden sein, so kann – wenn gewünscht – eine Erwerbsminderungsrente beantragt werden.

Im Übrigen wird im Leitfaden zum einheitlichen Abschlussbericht in der medizinischen Rehabilitation der Deutschen Rentenversicherung (Stand 01/2022).
https://www.deutsche-rentenversicherung.de/SharedDocs/Downloads/DE/Experten/infos_reha_einrichtungen/quali_allgemein/download_leitfaden_einheitl_e_bericht.html
darauf hingewiesen, dass dem Reha-Bericht der Charakter eines sozialmedizinischen Gutachtens zugeschrieben wird und er damit den Status als Beweismittel für eine Erwerbsminderungsrente genießt. Im Einzelnen:

„Der Reha-Entlassungsbericht dient der Darstellung des klinischen Verlaufs und des unmittelbaren Reha-Erfolges. Über die spezifischen Nachsorgeempfehlungen hinaus interessiert das im Reha-Entlassungsbericht festgehaltene Behandlungsergebnis insbesondere aus sozialmedizinischer Sicht. Das heißt, der Umfang der möglicherweise nach der Rehabilitation fortbestehenden funktionalen Beeinträchtigungen der Rehabilitanden mit ihrem Einfluss auf das Leistungsvermögen im Erwerbsleben muss klar beschrieben werden. Mit dieser Aufgabe bekommt der Reha-Entlassungsbericht den Charakter eines sozialmedizinischen Gutachtens und gilt damit im sozialrechtlichen Feststellungsverfahren als Beweismittel. Das Dokument bildet eine wesentliche Entscheidungsgrundlage bei der Frage, ob die persönlichen Voraussetzungen für beantragte Sozialleistungen – sei es zum Beispiel zur Teilhabe am Arbeitsleben (LTA) oder eine Rente wegen Erwerbsminderung – gegeben sind."

Reha-Berichte ersetzen allerdings keine Gutachten und können daher nur ein medizinisches Gutachten untermauern.

8.2 Medizinisches Gutachten der Krankenkasse

Die Krankenkassen sind verpflichtet, bei Arbeitsunfähigkeit und bei ggf. nötiger Sicherung eines Behandlungserfolges oder auch bei Zweifel an einer Arbeitsunfähigkeit eine gutachterliche Stellungnahme des medizinischen Dienstes (MDK) einzuholen (§ 275 SGB V). Zweifel können entstehen, wenn der Erkrankte häufig nur für kurze Dauer arbeitsunfähig ist, der Beginn der Erkrankung häufig auf den Beginn oder das Ende einer Woche fällt, oder auch, wenn die Arbeitsunfähigkeit von einem Arzt festgestellt worden ist, der besonders häufig Krankmeldungen ausschreibt und hier bereits mehrfach in Erscheinung getreten ist.

Zunächst prüft der MDK aufgrund vorliegender med. Unterlagen, ob ggf. eine Gesundheitsgefährdung möglich ist und welche geeigneten Maßnahmen getroffen werden können. Reichen die Befundunterlagen nicht aus, wird der Versicherte

Beurteilung der Erwerbsfähigkeit:
☐ Die Erwerbsfähigkeit ist erheblich gefährdet.
☐ Die Erwerbsfähigkeit ist gemindert.

Empfehlung:
☐ Med. Rehabilitation, Indikation: _____

☐ Leistungen zur Teilhabe am Arbeitsleben: _____

☐ Sonstige Empfehlungen: _____

Abb. 8.1 Begutachtungsbeurteilung Erwerbsfähigkeit. (Quelle: Spitzenverband Begutachtungsrichtlinien)

schriftlich aufgefordert, zu einer persönlichen Begutachtung in die Beratungsstelle des Medizinischen Dienstes zu kommen.

Nach § 51 SGB V muss die gutachterliche Stellungnahme (auch gemäß Bundessozialgerichtsurteil vom 07.08.1991 AZ: 1/3 RK 26/90) die erhobenen Diagnosen bzw. Befunde nach ihrer sozialmedizinischen Bedeutung enthalten. Die Aufstellung ist insbesondere in Bezug auf die berufliche Tätigkeit bzw. Erwerbstätigkeit zu benennen sowie die voraussichtliche Dauer der Leistungsminderung nebst einer Prognose für die Zukunft.

Der med. Dienst des Spitzenverbandes Bund der Krankenkassen e. V. (MDS) hat mit Stand vom 20.12.2021 Begutachtungsrichtlinien zum ärztlichen Gutachten (§ 51 SGB V) erlassen. Einen Auszug des maßgeblichen Formulars zeigt Abb. 8.1.

8.3 Ärztlicher Dienst der Arbeitsagentur

Das Gutachten des ärztlichen Dienstes der Agentur für Arbeit besteht aus zwei Teilen:

- Teil A = Medizinische Dokumentation und Erörterung
- Teil B = Sozialmedizinische gutachterliche Stellungnahme

Der Teil A verbleibt beim ärztlichen Dienst. Dieser Teil enthält Diagnosen oder sonstige Informationen zu den gesundheitlichen Einschränkungen, insbesondere Informationen zu den Fremdbefunden, Diagnosen nach ICE, wertende ärztliche Stellungnahmen und eine Zusammenfassung mit ggf. folgendem Inhalt: „Zusammenfassend wird XX zunächst für nicht in der Lage erachtet, Tätigkeiten von wirtschaftlichem Wert auf dem allgemeinen Arbeitsmarkt verrichten zu können." Es ist somit von einer Nahtlosigkeitsregelung gemäß § 145 SGB III auszugehen.

Der Sachbearbeiter erhält nur den Teil B des Gutachtens. Hier ist lediglich aufgeführt, auf welche Weise und in welchem Umfang die Arbeitsfähigkeit eingeschränkt ist. Insbesondere wird das Leistungsbild aufgeführt mit der Prognose (vollschichtig – täglich mehr als sechs Stunden leistungsfähig – oder leistungsfähig von drei bis sechs Stunden pro Tag – oder nur noch unter drei Stunden pro Tag leistungsfähig). Im Weiteren folgen die Prognose der Dauer der Leistungsminderung sowie Angaben über schwere, mittelschwere oder leichte Arbeitsfähigkeit mit Hinweisen auf die Arbeitshaltung (Stehen, Gehen, Sitzen), die noch möglich ist. Ergänzend folgen Informationen zu einem positiven und negativen Leistungsbild. Die sozialmedizinische Betrachtung kann anschließend wie folgt dargestellt werden: „Für XX ist von einer erheblichen Leistungsminderung auszugehen… es ist von der Nahtlosigkeitsregelung gem. § 145 SGB III auszugehen". Zum Schluss folgen Empfehlungen des ärztlichen Dienstes an den Sachbearbeiter.

▶ **Wichtig**
Die Unterlagen müssen bei der Agentur für Arbeit angefordert werden. In den meisten Fällen wird nur der Teil B (Sachbearbeiterunterlage) ausgehändigt. Der Teil A muss separat beantragt werden und wird auch (in den meisten Fällen) nur dem Versicherten selbst ausgehändigt.

8.4 Prüfung des Restleistungsvermögens durch die Deutsche Rentenversicherung

Bei Vorliegen der sozialversicherungsrechtlichen Voraussetzung werden im nächsten Schritt die medizinischen Bedingungen geprüft. Nach Eingang eines Antrages muss die Deutsche Rentenversicherung von Amts wegen prüfen, ob alle

8.4 Prüfung des Restleistungsvermögens durch ...

nötigen Sachverhalte vorliegen. Als Grundlage dienen alle vorliegenden medizinische Unterlagen.

Die Entscheidung darüber, ob schließlich eine Leistungsminderung vorliegt, trifft der medizinische Dienst der Rentenversicherung. Als Grundlage dienen sozialmedizinische Leistungsbeurteilungen. Anhand von Diagnosen und Befunden beschreiben die Sozialmediziner das positive und negative Leistungsbild sowie das zeitliche Leitungsvermögen des Versicherten (qualitative und quantitative Leistungsbeurteilung).

Ist der medizinische Dienst der Meinung, die vorliegenden Unterlagen seien nicht ausreichend oder eine weitere Untersuchung wäre sinnvoll, um sich ein weiteres, abschließendes Urteil bilden zu können, wird der Versicherte zu einer ärztlichen bzw. psychologischen Untersuchung eingeladen. Abb. 8.2 zeigt das

Zeitpunkt der Untersuchung	
Tag/Monat/Jahr	Uhrzeit
	Uhr

Sehr geehrte Versicherte / Sehr geehrter Versicherter,
im Auftrag der Deutschen Rentenversicherung Westfalen bitten wir Sie, sich zur ärztlichen Untersuchung **bei der oder dem oben rechts aufgeführten Gutachterin oder Gutachter zum angegebenen Zeitpunkt** einzufinden. Sofern Sie aus privaten oder betrieblichen Gründen gehindert sind, den Termin einzuhalten, informieren Sie bitte unbedingt die Gutachterin oder den Gutachter frühzeitig und vereinbaren Sie bitte einen neuen Termin.
Die Deutsche Rentenversicherung Westfalen ist – insbesondere in Ihrem Interesse – sehr daran interessiert, über Ihren Antrag auf Leistungen zur Teilhabe (Rehabilitationsantrag) so schnell wie möglich zu entscheiden. An einer raschen Entscheidung können Sie selbst maßgeblich mitwirken, indem Sie den vorgesehenen Untersuchungstermin unbedingt wahrnehmen.
Bitte bedenken Sie auch, dass die Deutsche Rentenversicherung Westfalen die beantragte Leistung ohne weitere Ermittlungen ablehnen wird, wenn Sie zu dem vorgesehenen Termin ohne Angabe von Gründen nicht erscheinen. Dies ergibt sich aus den Mitwirkungspflichten, die im Ersten Buch des Sozialgesetzbuches (SGB I) festgelegt sind. Die gesetzlichen Vorschriften (§§ 62 und 66 Absatz 1 SGB I) sind unten abgedruckt.
Folgende Unterlagen bitten wir mitzubringen:
– dieses Schreiben
– Ihren Personalausweis
– den Schwerbehindertenausweis/Anerkennungsbescheid, sofern Sie schwerbehindert sind oder an den Folgen einer Wehrdienstbeschädigung, einer Berufskrankheit oder eines Arbeitsunfalles leiden
– Verpackungen von Medikamenten, die Sie zurzeit nehmen, oder notieren Sie deren Namen.

Soweit Sie sich in ärztlicher Behandlung befinden bzw. befunden haben, bringen Sie bitte von Ihren behandelnden Ärzten medizinische Unterlagen (zum Beispiel Befundberichte, Krankenhausentlassungsberichte, Röntgenaufnahmen) zur Untersuchung mit. Diese Unterlagen sollten nicht älter als zwei Jahre sein. Bitten Sie Ihre behandelnden Ärzte - unter Vorlage dieses Schreibens - Ihnen diese Unterlagen gegen Rückgabe auszuhändigen. Der Gutachter kann sich dann ein umfassendes Bild über Ihre Erkrankungen machen. Es ist daher in Ihrem eigenen Interesse, wenn Sie diese Unterlagen mitbringen.

Die Ihnen anlässlich der Untersuchung durch die Benutzung öffentlicher Verkehrsmittel entstehenden erforderlichen Fahrkosten werden Ihnen durch die Deutsche Rentenversicherung Westfalen auf Antrag (Antragsformular siehe Rückseite des anliegenden Schreibens) gegen Vorlage der Fahrausweise erstattet.
Wenn Sie mit einem Kraftfahrzeug fahren, wird Ihnen für die Fahrt zur Untersuchungsstelle und zurück zur Wohnung auf Antrag eine Wegstreckenentschädigung in Höhe von zurzeit 0,20 Euro je gefahrenen Kilometer gezahlt. Hinfahrt und Rückfahrt werden zusammengerechnet; die Summe der Kilometer wird auf volle Kilometer abgerundet. Fahrkosten für eine evtl. erforderliche Begleitperson und sämtliche Parkgebühren sind durch die Wegstreckenentschädigung abgegolten.

Sind Sie im Besitz eines Schwerbehindertenausweises mit einer gültigen Wertmarke und damit zur unentgeltlichen Beförderung im öffentlichen Personenverkehr (Nahverkehr) berechtigt, so ist bei Benutzung öffentlicher Verkehrsmittel aus Anlass der Untersuchung von diesen Vergünstigungen Gebrauch zu machen.

Abb. 8.2 Einladung zum Gutachtertermin. (Quelle: Deutsche Rentenversicherung Westfalen, Nr. 6-120 Einladung zur ärztlichen Untersuchung; Auszug)

Beispiel eines Einladungsschreibens der Deutschen Rentenversicherung Westfalen (Auszug).

Beim Gutachter
- Vorher wichtige Informationen notieren (gestörter Tagesablauf, Medikamenteneinnahmen, welche Leistungsminderungen in welcher Stärke liegen vor z. B. „völlige Erschöpfung nach einer Stunde Hausarbeit", nach kleineren Schwierigkeiten (konkret) sind keine weiteren Aktivitäten – vielleicht über einen längeren Zeitraum – mehr möglich.
- Aktuelle Untersuchungsergebnisse mitnehmen (ggf. med. Tagebuch führen, neueste psychologische Einschätzung) und übergeben.

Die Begutachtung beginnt meist mit einer Befragung (Anamnese – Familienanamnese, Sozialanamnese – Tagesablauf – Krankheitsgeschichte, Vegetatives). Hier gilt es, nicht zu übertreiben, aber auch nichts zu verschweigen. Alles, was die Leistungsfähigkeit mindert, sollte angesprochen werden. Auch der Zeitrahmen der Krankheit, seit wann und in welcher Intensität die Beschwerden auftreten. Es folgt die klinische und die psychische Befunduntersuchung. Die Zusammenfassung schließt mit einer Empfehlung und Einschätzung zum Leistungsvermögen auf dem allgemeinen Arbeitsmarkt.

Der Bericht wird an die Deutsche Rentenversicherung gesandt, sodass der Befundbericht dort von der zuständigen Abteilung der Deutschen Rentenversicherung eine sozialmedizinische Würdigung erfährt. Die dortige (Rechts)Abteilung wird eine Entscheidung treffen, ob eine Erwerbsminderung vorliegt. Jedoch ist bei der Endbeurteilung insbesondere das letzte Gutachten des von der Deutschen Rentenversicherung beauftragten Arztes bzw. Therapeuten maßgeblich für die Entscheidungsfindung, da hier alle vorliegenden Unterlagen vorliegen (sollten) und auch bewertet worden sind.

▷ **Wichtig**
Das Endgutachten sollte bei der Deutschen Rentenversicherung (vor oder nach dem Eingang des Bescheides über eine Erwerbsminderungsrente) angefordert werden. Hier ist im Einzelnen aufgeführt, welche medizinischen Grundlagen für oder gegen eine Erwerbsminderungsrente sprechen. Zur eigenen Einschätzung wird auf das Kap. 6 *Psychische Einschränkungen und Bewertungen* verwiesen.

8.5 Eigene ärztliche Unterlagen

Die Grundlage für eine erste medizinische Einschätzung trifft der Versicherte mit seinen Ärzten und Therapeuten auf der Grundlage von Gesprächen und Unterlagen. Das sind zum Beispiel Laborberichte, Befundberichte, Entlassungsberichte von Krankenhäusern oder Rehaeinrichtungen, Behandlungsberichte von Ärzten, Therapeuten, medizinischem Fachpersonal, Einschätzungen vom Hausarzt oder Betriebsarzt, Schwerbehinderung (möglichst mit genauen Angaben, falls vorhanden und sinnvoll).

Im Antragsverfahren sollten der Deutschen Rentenversicherung umfangreiche medizinische Unterlagen zur Verfügung gestellt werden nebst einer Liste mit allen Ärzten, Krankenhausbesuchen, Rehabilitationszeiten usw.

Literatur

1. Bundesagentur für Arbeit (2019), Umgang der Vermittlungskräfte mit ärztlichen und psychologischen Gutachten, Berlin.
2. Medizinischer Dienst Bund (2024), Der medizinische Dienst im Gesundheitssystem, Essen.
3. Medizinischer Dienst des Spitzenverbandes Bund (2021), Begutachtungsanleitung Arbeitsunfähigkeit, Essen.
4. Deutsche Rentenversicherung Westfalen (2024), Gutachter, Essen.
5. Deutsche Rentenversicherung, der ärztliche Reha-Entlassungsbericht, Leitfaden…
6. Leitfaden zum einheitlichen Abschlussbericht in der medizinischen Rehabilitation der Deutschen Rentenversicherung (Stand 01/2022)

Rechtsschutz 9

> **Zusammenfassung**
>
> Die Deutsche Rentenversicherung verschickt zahlreihe Schreiben an ihre Versicherten oder an Personen, die ggf. eine Nachzahlung in ihr vorhandenes oder neu zu gründendes Versichertenkonto einzahlen sollen. Dabei sind Schreiben, die lediglich einen Informationscharakter aufweisen, wie die Renteninformation oder die Rentenauskunft, bloßes Verwaltungshandeln. Daneben sind hoheitliche Maßnahmen von der Behörde Deutsche Rentenversicherung durchzuführen. Hierzu zählen Bescheide, die die Behörde als Entscheidung oder Anordnung an eine bestimmte Person richtet. Diese Bescheide können Rechte oder Pflichten begründen, ändern, feststellen oder beenden. Gegen Bescheide können Rechtsmittel eingelegt werden.

9.1 Der Bescheid

Die Behörde Deutsche Rentenversicherung vollzieht spezielle Aufgaben nach öffentlichem Recht: den Verwaltungsakt. Diese rechtsverbindliche Feststellung eines Sachverhaltes wird in § 31 SGB X erläutert. Es handelt sich um eine hoheitliche Maßnahme einer Behörde auf dem Gebiet des öffentlichen Rechts zur Regelung eines Einzelfalles mit unmittelbarer Wirkung nach außen.

Der schriftliche Verwaltungsakt trägt den Namen „Bescheid", zum Beispiel „Rentenbescheid". Die Deutsche Rentenversicherung und die sonstigen Sozialversicherungsbehörden sind angehalten, diese Bezeichnung auch zu übernehmen. Leider ist dies nicht immer der Fall. Es ist deshalb ratsam, den Inhalt einer Mitteilung genau zu lesen, um ggf. feststellen zu können, ob es sich um einen Bescheid handelt und sich die Behörde (möglicherweise bei Schwierigkeiten) auch darauf berufen kann. Der Verwaltungsakt bzw. der Bescheid wird nach Bekanntgabe wirksam (§ 39 SGB X). Bei Versand durch die Post gilt als Zustellung der dritte Tag nach Versand der Mitteilung. Wird der Zugang bestritten, muss die Behörde diesen nachweisen.

Gegen einen Bescheid der Deutschen Rentenversicherung ist zunächst ein Widerspruch einzulegen (Vorverfahren nach § 78 Abs. 1 SGG), eine sofortige Klage ist nicht zulässig.

9.2 Rechtsmittel: Widerspruch

Gegen jeden Bescheid kann der Versicherte „Rechtsmittel" einlegen, falls der Inhalt nicht akzeptiert wird. Das Rechtsmittel Widerspruch kann selbst – ohne Rechtsanwalt oder Rentenberater – durchgeführt werden, es besteht kein Rechtsanwaltszwang vor der Behörde. Fachliche Hilfen durch Rechtsanwälte, Rentenberater oder sonstige Institutionen, falls erforderlich, sind in Kap. 10 dargestellt.

Der Bescheid beinhaltet u. a. eine „Rechtsbehelfsbelehrung" (siehe Abb. 9.1). Diese Rechtsbehelfsbelehrung zeigt auf, welche Rechtsmittel (zum Beispiel Widerspruch oder Klage) möglich sind und in welchem Zeitfenster diese eingelegt werden können (§ 36 SGB X) (Abb. 9.2).

▷ **Wichtig**
Bei einer schriftlichen Form des Widerspruchs wäre ein Einschreiben mit Rückschein ratsam, um einen Versand-Nachweis vorweisen zu können.

9.2.1 Fristen für einen Widerspruch

Wurde die Rechtsbehelfsbelehrung nicht ordnungsgemäß erstellt oder fehlt diese gänzlich, so ist der Bescheid trotzdem bindend, lediglich die Widerspruchsfrist (§ 84 SGB X) ändert sich. Die „normale" Widerspruchsfrist beträgt einen Monat. Antragsteller, die im Ausland leben, müssen innerhalb von drei Monaten einen Widerspruch einlegen. Wurde der Bescheid nicht ordnungsgemäß ausgestellt (Rechtsbehelfsbelehrung fehlt), so verlängert sich die Widerspruchsfrist auf ein Jahr.

Die Widerspruchsfrist im Inland beginnt am Tag nach der Bekanntgabe des Bescheides und beträgt, wie oben erläutert, einen Monat. Wird der Widerspruch

9.2 Rechtsmittel: Widerspruch

Ihr Recht

Gegen diesen Bescheid können Sie innerhalb eines Monats nach seiner Bekanntgabe Widerspruch erheben.

Dafür stehen Ihnen folgende Möglichkeiten zur Verfügung:

1. Schriftlich oder zur Niederschrift
Sie können den Widerspruch schriftlich erheben. Den Widerspruch richten Sie bitte an die

Deutsche Rentenversicherung
Bund

10704 Berlin

Sie können auch die folgende Stelle aufsuchen und Ihren Widerspruch schriftlich aufnehmen lassen:

Deutsche Rentenversicherung
Bund
Ruhrstr. 2
10709 Berlin

2. Auf elektronischem Weg

2.1 Durch E-Mail mit qualifizierter elektronischer Signatur
Hierfür benötigen Sie eine qualifizierte elektronische Signaturkarte. Die E-Mail senden Sie bitte an:

drv@drv-bund.de

2.2 Durch De-Mail in der Sendevariante mit bestätigter sicherer Anmeldung
Dafür benötigen Sie eine De-Mail-Adresse. Die De-Mail senden Sie bitte an:

De-Mail@drv-bund.de-mail.de

Seite 06

Abb. 9.1 Rechtsbehelfsbelehrung für Widerspruch, Seite 1 (mit freundlicher Genehmigung des Empfängers)

2.3 Über die Online-Dienste der Deutschen Rentenversicherung
Hierfür benötigen Sie einen elektronischen Identitätsnachweis nach dem Personalausweisgesetz, dem eID-Karte-Gesetz oder dem Aufenthaltsgesetz beziehungsweise eine qualifizierte elektronische Signaturkarte. Die Online-Dienste finden Sie unter folgender Internet-Adresse:

https://www.deutsche-rentenversicherung.de/online-dienste

Mit freundlichen Grüßen
Ihre Deutsche Rentenversicherung
Bund

Abb. 9.2 Rechtsbehelfsbelehrung für Widerspruch, Seite 2 (mit freundlicher Genehmigung des Empfängers)

per Post mit einfachem Brief versandt, gilt eine Zustellungsfrist von drei Tagen (§ 37 Abs. 2 SGB X).

Beispiel Widerspruchsfrist

Der Bescheid wird von der Deutschen Rentenversicherung am 19.06. versandt und per Brief zugestellt. Als zugegangen gilt dieser Brief somit am 22.06. Am darauffolgenden Tag beginnt die Widerspruchsfrist, somit am 23.06., und endet am 22.07. ◄

Hinweis
Damit keine Fristen verletzt werden, ist es ratsam, zunächst nur einen formlosen Widerspruch (ohne Begründung) einzureichen.

Beispiel formloser Widerspruch

Marion Musterfrau, Ort, Datum
Musterstraße 1

12345 Musterhausen
Deutsche Rentenversicherung Bund

10704 Berlin
Widerspruch zum Bescheid vom Datum.

Versicherungsnummer 12 040458 M 512.
Sehr geehrte Damen und Herren,

hiermit lege ich Widerspruch zum o. g. Bescheid ein. Ich bitte um Zusendung der Akten bzw. um eine wohnortnahe Einsichtnahme.
Eine Widerspruchsbegründung folgt im Anschluss.

Mit freundlichen Grüßen
Marion Musterfrau ◄

9.2.2 Widerspruchsbegründung

Die Widerspruchsbegründung ist der Kern des Widerspruchs. Zwar ist es rechtlich nicht zwingend vorgeschrieben, eine Begründung einzureichen, doch ohne detaillierte Beschreibung, warum der Bescheid nicht gültig sein kann, liefert der Widerspruch keine neuen Erkenntnisse. Die Behörde wäre somit gezwungen, auf Grundlage der vorliegenden Informationen nochmals zu beurteilen. Dass die Behörde dann anders entscheiden wird, ist wahrscheinlich nicht zu erwarten.

Ist nicht genau zu erkennen, warum die Deutsche Rentenversicherung die Erwerbsminderungsrente abgelehnt hat, ist es ratsam, die Akten (Verwaltungsakte, Medizinische Akte) einzufordern (§ 25 SGB X). In der Akte bzw. in den Akten sind alle entscheidungsrelevanten Tatsachen enthalten, die die Behörde als Grundlage für ihre Entscheidung getroffen hat. Ein Antrag auf Akteneinsicht kann direkt bei der Behörde erfolgen, die den Bescheid erlassen hat, oder bei einer wohnortnahen Dienststelle. Der Ort der Akteneinsicht ist für Privatpersonen die Stelle, die den Bescheid erlassen hat oder eine wohnortnahe Auskunfts- und Beratungsstelle. Die Zusendung von Akten ist nur an Bevollmächtigte (Rechtsanwälte, Rentenberater etc.) möglich (§ 25 SGB X, § 84a SGG, § 120 SGG, BT-Drucksache 11/817, Seite 143). Bei medizinischen Akten kann die Zusendung evtl. über einen Arzt erfolgen.

Hinweis
Die Deutsche Rentenversicherung hat keine gesetzliche Verpflichtung, auf das Recht zur Akteneinsichtnahme hinzuweisen. Die Informationspflicht der Behörde steht hier einem zügigen und rationellen Verwaltungsverfahren entgegen.

Praxisbeispiel Widerspruchsbegründung
In einem Praxisbeispiel wurde seitens der Deutschen Rentenversicherung angegeben, die vorliegenden Erkrankungen reichten nicht für eine Erwerbsminderungsrente. Somit seien die medizinischen Voraussetzungen nicht erfüllt und eine Erwerbsminderungsrente werde deshalb versagt. Häufig sind keine weiteren Angaben vorhanden, sodass für eine detaillierte Widerspruchsbegründung zunächst die Akte angefordert bzw. durchgearbeitet werden muss.

Nun ist der Bescheid dahingehend zu prüfen, ob auch alle Gutachten, medizinischen Briefe und sonstigen medizinischen Einschätzungen (etwas Reha-Gutachten) eine andere Aussage treffen. Das kann nur aus der Akte entnommen werden, die Blatt für Blatt durchgesehen werden muss. Auf welche Aussage stützt sich zum Beispiel der letzte Gutachter, wurden vom ihm alle Unterlagen berücksichtigt oder fehlen aussagekräftige Unterlagen zur medizinischen Einschätzung. Dabei ist besonders zu prüfen, wer die Aussagen getroffen hat (Psychologe, Psychiater) und ob der Hinweis der Fachmediziner bzw. Psychologen auch eine Information darüber enthält, dass die Leistungsfähigkeit eingeschränkt ist. Die Aufreihung von Diagnosen ist häufig nicht ausreichend. Auch die medizinische

Einschätzung des Hausarztes reicht häufig nicht, dass die Deutsche Rentenversicherung einer Erwerbsminderung tatsächlich stattgibt. Wurden Fehler gefunden, etwa, dass wichtige Unterlagen nicht berücksichtigt worden sind, so sind diese fehlenden Unterlagen im Detail zu beschreiben.

> **Zum Beispiel**
>
> Sie stellen fest, dass bei Herr/Frau/ich folgende Erkrankungen vorliegen:
> …
> Im Gutachten von … vom … sind hingegen folgende Erkrankungen aufgelistet:
> …
> Diese Erkrankungen wurden auch vom Klinikum… am … bestätigt.
> Somit fehlen wesentliche Krankheitsbilder, die im vorliegenden Bescheid nicht erfasst worden sind. Nach Einschätzung meines Psychiaters (oder eines anderen fachkompetenten Arztes) führen diese Krankheitsbilder dazu, dass die Schwere der Erkrankung einer weiteren beruflichen Tätigkeit entgegensteht – anbei die schriftliche Einschätzung. Sollten Sie noch weitere Unterlagen benötigen, bitte ich um entsprechende Information. ◄

9.2.3 Widerspruchsfrist versäumt

Sollte die Widerspruchsfrist abgelaufen sein, kann versucht werden, die „Wiedereinsetzung in den vorherigen Stand" zu beantragen (§ 67 SGG). Dies ist möglich, wenn die Frist unverschuldet nicht eingehalten werden konnte. Die Gründe müssen glaubhaft nachgewiesen werden. Ein Grund, dass die Frist nicht eingehalten werden konnte, ist ggf. eine (längere schwere) Krankheit des Bescheidempfängers und eine damit verbundene Abwesenheit oder die damit verbundene Unmöglichkeit, den Widerspruch selbst einzulegen oder jemanden damit zu beauftragen. Auch eine urlaubsbedingte längere Abwesenheit von bis zu sechs Wochen kann als Hinderungsgrund gelten (BSG, Urteil vom 24.08.1976, 8 RU 130/75). Ein Formfehler (Begründung im Bescheid fehlt) nach § 41 SGB X führt ebenfalls zu einer Fristverlängerung.

Der Antrag auf Wiedereinsetzung in den vorherigen Stand ist binnen eines Monats nach Wegfall des Hinderungsgrundes an die Behörde zu stellen, die den Bescheid erlassen hat. Die Frist für den Antrag auf Wiedereinsetzung in den vorherigen Stand kann sich bis zu einem Jahr verzögern, falls höhere Gewalt vorliegt.

9.2.4 Ablauf eines Widerspruchsverfahrens

Im Widerspruchsverfahren überprüft die Deutsche Rentenversicherung den angefochtenen Bescheid auf Recht- und Zweckmäßigkeit. Kommt die Behörde zum Ergebnis, dass der Bescheid zu korrigieren ist, wird ein Abhilfebescheid erlassen. Verbleibt es bei der Ersteinschätzung, wird der Widerspruch an den Widerspruchsausschuss übermittelt.

Es existieren bundesweit rund 260 Widerspruchsausschüsse. Sie sind mit zwei ehrenamtlichen Mitgliedern aus der Selbstverwaltung der Behörde (Versicherter und Arbeitgeber) und einem hauptamtlichen Vertreter des Direktoriums besetzt. Diese Ausschüsse entscheiden mit Stimmenmehrheit; sie können die Entscheidungen der Deutschen Rentenversicherung akzeptieren, ändern oder überprüfen lassen (zum Beispiel bei medizinischen Angelegenheiten). Gegen einen negativen Bescheid kann der Betroffene innerhalb eines Monats Klage beim zuständigen Sozialgericht einlegen.

9.2.5 Behörde entscheidet nicht

Die Deutsche Rentenversicherung muss in angemessener Zeit über den Widerspruch entscheiden. In § 88 Absatz 2 SGG wird aufgeführt, dass die Deutsche Rentenversicherung drei Monate Zeit hat, den Widerspruch zu bewerten. Allerdings können auch wesentliche Entscheidungswege dazu führen, dass die Beurteilung sich hinauszögert. Sollten diese vorliegen, sollte die Deutsche Rentenversicherung den Antragsteller entsprechend informieren. Sind keine Informationen über die Verzögerungen vorhanden, ist es möglich, nach einer Frist von sechs Monaten vor einem Sozialgericht eine Untätigkeitsklage einzureichen (§ 88 Absatz 1 SGG). In diesem Klageverfahren vor einem Sozialgericht wird die Deutsche Rentenversicherung aufgefordert, den Widerspruch zu bearbeiten. Sie kann nicht aufgefordert werden, einen Bescheid über die Zubilligung einer Erwerbsminderungsrente zu erlassen. Das ist nur möglich durch eine Klage vor einem Sozialgericht, wenn ein vorliegender (negativer) Bescheid angefochten wird.

9.2.6 Kostenerstattung bei erfolgreichem Widerspruch

Wird beim Widerspruchsverfahren zugunsten des Bescheidempfängers entschieden, so muss die Deutsche Rentenversicherung die Kosten (allerdings nur nach einer gesetzlichen Rahmengebühr) für den Rechtsanwalt, Rentenberater etc. übernehmen. Ggf. kann auch eine Rechtsschutzversicherung, soweit vorhanden, (einen Teil) der Kosten übernehmen.

9.3 Rechtsmittel: Klage

Gegen den Ablehnungsbescheid der Deutschen Rentenversicherung kann der Versicherte weitere „Rechtsmittel" einlegen, falls der Inhalt nicht akzeptiert wird. Der nächste Schritt ist eine Klage vor dem zuständigen Sozialgericht. Auch hier kann der Bescheidempfänger wie beim Widerspruch ohne Rechtsanwalt oder Rentenberater die Klage selbst durchführen. Fachliche Hilfen durch Rechtsanwälte, Rentenberater oder sonstige Institutionen sind für den Fall der Fälle in Kap. 10 dargestellt.

Im Ablehnungsbescheid muss wieder eine Rechtsbehelfsbelehrung erkennbar sein. Es wird aufgezeigt, welches Rechtsmittel (jetzt Klage) bis wann bei welchem Sozialgericht eingelegt werden kann.

Die Klage muss innerhalb eines Monats nach Zustellung des Widerspruchsbescheides erhoben werden. Liegt der Wohnsitz des Bescheidempfängers im Ausland, beträgt die Frist drei Monate. Die Klage muss schriftlich eingelegt werden (ggf. auch direkt vor Ort bei dem zuständigen Sozialgericht bei der Rechtsantragsstelle). Auch hier kann die Begründung wie beim Widerspruch nachgereicht werden.

Formulierungsbeispiel

Name, Rentenversicherungsnummer, Datum
Hiermit erhebe ich Klage gegen
Deutsche Rentenversicherung Bund, Zentrale Widerspruchsstelle, Ruhrstraße 2, 10709 Berlin
wegen
Erwerbsminderungsrente
gegen
den Bescheid der Beklagten vom (Datum vom ersten Bescheid eintragen) in Gestalt des Widerspruchsbescheids (Datum vom Ablehnungsbescheid eintragen).

Die Begründung folgt.
(Unterschrift). ◀

9.3 Rechtsmittel: Klage

Sind nicht alle Informationen bekannt, wäre es auch hier sinnvoll, die Akte zu beantragen (§ 120 SGG).

9.3.1 Klagebegründung

Zwar besteht beim Sozialgericht der Amtsermittlungsgrundsatz. Dennoch sollte es nicht versäumt werden, dem Gericht den Sachverhalt deutlich zu schildern und die falsche Entscheidung der Deutschen Rentenversicherung zu erläutern.

Mögliches Szenario (siehe Widerspruchsbegründung)/Schreiben an das zuständige Sozialgericht

Aktenzeichen des Gerichts
  Im Rechtsstreit
  …./. Deutsche Rentenversicherung Bund
  Es wird beantragt.
  festzustellen, dass eine Erwerbsminderung bei Antragsstellung vorlag.
  Begründung:
  Ich beantragte am …. eine Erwerbsminderungsrente. Mit Bescheid vom … erklärte die Beklagte, dass keine Erwerbsminderung vorliegt, da die medizinischen Voraussetzungen nicht vorliegen. Es wurde fristgerecht Widerspruch eingelegt.
  Im Widerspruchsverfahren wurden vom Gutachter der Deutschen Rentenversicherung, Herr., die Beurteilung des Gesundheitszustandes in erster Linie nur auf die Gutachten … gestützt. Somit wurden wesentlich Gutachten nicht berücksichtigt. Insbesondere die Gutachten vom Psychiater … und Psychologen … und weitere…. stellen deutlich eine eingeschränkte Erwerbsfähigkeit fest und zwar mit einem Restleistungsvermögen von unter drei Stunden pro Tag (siehe Anlagen).
  Vor diesem Hintergrund ist antragsgemäß zu entscheiden.
  (Unterschrift). ◄

9.3.2 Ablauf eines Gerichtsverfahrens

Die Sozialgerichte sind dreistufig aufgebaut. Die erste Instanz sind grundsätzlich die Sozialgerichte (SG – als „Kammern" bezeichnet und mit einem Berufsrichter und ehrenamtlichen Richtern besetzt). Die Klage nach erfolglosem Widerspruch geht an diese Sozialgerichte. Die weiteren Gerichte sind die Landessozialgerichte und schließlich das Bundessozialgericht.

Die schriftlich eingegangene Klage bei Gericht (kann auch zur Niederschrift bei einem Urkundsbeamten in der Rechtsantragsstelle eingereicht werden) wird vom Sozialgericht als Eingang bestätigt. Mit gleicher Post erhält der Gegner (Beklagter, hier die Deutsche Rentenversicherung) eine Klageeinreichungsmitteilung mit der Aufforderung zur Stellungnahme.

Im Gegensatz zu Zivilprozessen – hier gilt der sog. Beibringungsgrundsatz – ist bei Sozialgerichten der Amtsermittlungsgrundsatz nach § 103 SGG maßgeblich. Die Sozialgerichte sind angehalten, von sich aus eigene Ermittlungen durchzuführen, und zwar unabhängig von ggf. vorliegenden Anträgen usw. Wird jedoch ein förmlich ausformulierter Beweisantrag gestellt, müssen auch die Sozialgerichte dies berücksichtigen (siehe Abschn. 9.3 und 9.3.1 Klagebegründung). Aufgrund des Amtsermittlungsgrundsatzes kann es somit vorkommen, dass das Gericht noch Informationen nachfordert, zum Beispiel eine Liste der Ärzte.

Nach dem BSG müssen schriftlich gestellte Anträge in der mündlichen Verhandlung wiederholt werden. Geschieht dies nicht, gelten die Anträge als zurückgenommen.

Praxis
Die Parteien werden vom Gericht gefragt, ob diese den Antrag so fortführen wollen.

Mindestens zwei Wochen vor Prozessbeginn bzw. einer mündlichen Verhandlung erhalten die Parteien eine Nachricht über den Termin (Sitzungstag, Uhrzeit, Sitzungssaal). Wird seitens des Gerichts ein persönliches Erscheinen des Klägers (Bescheidempfängers) nach § 111 SGG angeordnet, ist dem Folge zu leisten. Notwendige Kosten werden auf Antrag erstattet (Formular liegt der Einladung bei).

Erscheint der Kläger zum angegebenen Termin nicht bei Gericht und hat sich auch vorher nicht entschuldigt, so kann (nicht muss) ein Ordnungsgeld (§ 202 SGG iVm § 141 ZPO) verhängt werden. Das Ordnungsgeld des Gerichts ist eine Ermessensentscheidung. Das bedeutet, dass das Gericht bei einem Nichterscheinen des Klägers nur dann ein Ordnungsgeld verhängen kann, wenn dadurch ggf. das Verfahren verzögert oder wichtige Sachverhalte nicht aufgeklärt werden können (Bayr. LSG Urteil vom 10.11.2022, L 2 AS 492/22 B).

9.3 Rechtsmittel: Klage

Können Verhinderungsgründe für das Nichterscheinen vor Gericht angegeben werden, kann der Termin verschoben werden. Eine „normale" Krankmeldung (Arbeitsunfähigkeitsbescheinigung für einen Arbeitgeber) ist häufig nicht ausreichend. Die Verhandlungsunfähigkeit muss bescheinigt werden. Das Gericht entscheidet, ob die vorliegende ärztliche Bescheinigung den Anforderungen genügt. Wesentliche Anforderungen sind immer wieder Gegenstand von Verhandlungen beim Bundesverfassungsgericht (zum Beispiel BVerfG, Beschluss des Zweiten Senats vom 22.09.1993–2 BvR 173/93). Aus dem ärztlichen Attest müssen somit vom Sozialgericht überprüfbare Tatsachen ablesbar sein, die es dem Patienten bzw. Kläger unmöglich machen, an der Verhandlung teilzunehmen bzw. die Reise dahin anzutreten.

Wurde kein persönliches Erscheinen angeordnet, ist eine Teilnahme nicht erforderlich. Da die Sitzungen grundsätzlich öffentlich sind, kann jeder Interessierte den Termin als Zuhörer wahrnehmen. Für die Nichteingeladenen wird allerdings keine Kostenerstattung gezahlt. Prozessbevollmächtigte des Klägers und Vertreter der Beklagten erhalten ebenfalls eine Einladung zur mündlichen Verhandlung.

Ein erster Termin vor Gericht wäre ein Erörterungstermin zwecks Besprechung der Parteien oder Vernehmung von Zeugen. Das Gericht wird anschließend die Erfolgsaussichten des Klägers darstellen und/oder noch weitere Beweise (etwa noch ein medizinisches Gutachten) anfordern. Der Anspruch des Bescheidempfängers kann vom Gegner (die Deutsche Rentenversicherung wird einen Vertreter schicken) anerkannt oder teilweise anerkannt oder abgelehnt werden, die Klage kann vom Kläger (Bescheidempfänger) zurückgenommen werden oder es wird ein Vergleich geschlossen. Ein weiterer Beendigungsgrund wäre der Erlass eines Gerichtsbescheides (ersetzt das Urteil). Dieser Gerichtsbescheid wird erlassen, wenn alle Fragen geklärt werden konnten.

Konnte keine Einigung bzw. kein Abschluss erzielt werden, schließt sich ein Verhandlungstermin an. Hier sind ein Berufsrichter und zwei Laienrichter (ehrenamtliche Richter) anwesend. Es wird der Sachverhalt erörtert, damit auch die Laienrichter die Einzelheiten erkennen und bekannt gegeben, welche Anträge vorliegen. Anschließend erfolgt die Befragung der Parteien. Wird keine Einigung erzielt, ziehen sich die Richter zur Beratung zurück. Anschließend wird ein Urteil verkündet mit mündlicher Begründung. Das Urteil geht den Parteien später schriftlich per Post zu. Das Urteil muss eine Rechtsbehelfsbelehrung enthalten mit dem Hinweis, bis wann welche Rechtsmittel eingelegt werden können, falls das Urteil angefochten werden soll. Das weitere Verfahren kann dann vor einem Landessozialgericht betrieben werden.

Besonders wichtig wird es, wenn in einer mündlichen Verhandlung Sachverhalte erörtert werden, die bisher nicht schriftlich bearbeitet bzw. schriftlich nicht zur Kenntnis gelangt sind. Ist eine Zustimmung nicht möglich, weil ggf. eine andere Auffassung vertreten wird, sollte man ggf. eine Vertagung beantragen und den Vertagungsantrag auch protokollieren lassen.

Das Gericht verlangt die Darlegung von Beweisen für eine Aussage. In den meisten Fällen werden Gutachten etc. vorgelegt. Hierbei reicht keine Glaubhaftmachung – nur ein Vollbeweis ist zulässig. Der Unterschied zwischen Glaubhaftmachung und Vollbeweis ist das Beweismaß, das heißt, der Grad der Überzeugung, den das Gericht gewinnen muss, um ein Gutachten als Entscheidungsgrundlage übernehmen zu können. Einer Glaubhaftmachung hingegen eignet ein geringerer Grad von Wahrscheinlichkeit.

So erläutert das Sozialgericht Nordhausen mit Urteil vom 15.12.2022 AZ: S. 20 R 956/19: „Der Eintritt einer rentenberechtigenden Leistungsminderung muss im Wege des Vollbeweises festgestellt sein; vernünftige Zweifel am Bestehen der Einschränkungen dürfen nicht bestehen."

Das Landessozialgericht Thüringen mit Urteil vom 16.12.2020 AZ: L 12 R 969/18 erläutert, dass der Kläger die objektive Beweislast für die Voraussetzungen einer Rente wegen Erwerbsminderung trägt, erforderlich hierbei ist der Vollbeweis.

9.3.3 Eigenes medizinisches Gutachten in Auftrag geben

Wird bei der Prüfung des Gerichts oder später im Verfahren festgestellt, dass die vorhandenen medizinischen Unterlagen für eine weitere Prozessführung nicht ausreichen, so ist es möglich, dass das Gericht (§ 106 SGG) ein weiteres Gutachten verlangt oder der Kläger selbst (§ 109 SGG) ein solches beantragt.

Aufgrund des Amtsermittlungsgrundsatzes ist das Gericht verpflichtet, sich zu Beginn des Gerichtsverfahrens umfassend über den Gesundheitszustand des Klägers (Bescheidempfängers) zu informieren. Unterstützt wird dies zunächst durch die bereits vorhandenen Dokumente medizinischer Fachleute. Ergänzend kann das Gericht ein weiteres Gutachten anfordern. Die Anforderung erfolgt ggf. bereits vor Prozessbeginn oder während des Verfahrens. Das zusätzlich vom Gericht angeforderte Gutachten ist für den Kläger kostenfrei.

Auch der Kläger (Bescheidempfänger) kann ein neues medizinisches Gutachten in Auftrag geben. Dabei ist der Kläger frei in der Wahl der Gutachterstelle oder des Fachgebietes. Zu empfehlen ist allerdings, eine fachliche Stelle zu wählen, die eine unabhängige medizinisch fundierte Aussage treffen kann (Krankenhaus, medizinischer Verband usw.). Sozialgerichte dürfen diese Anträge auf ein (neues) Gutachten nicht ablehnen (LSG NRW 29.01.03, L 10 SB 97/02). Die Kosten des neuen Gutachters hat der Kläger selbst zu tragen. Die Höhe richtet sich nach dem Umfang des Gutachtens, jedoch ist mit einer Summe von 3000 € und mehr zu rechnen für eine umfangreiche medizinische Aufklärung des Sachverhaltes. Ggf. wird eine Rechtsschutzversicherung, falls vorhanden, einen Teil der Kosten übernehmen oder auch eine volle Kostenübernahme bestätigen. Möglicherweise übernimmt auch die Staatskasse die Zusatzkosten des medizinischen Gutachtens. Allerdings sind die Voraussetzungen dafür sehr hoch – das Gutachten muss bedeutend zur Sachaufklärung beigetragen haben und es darf keine Möglichkeit bestehen, durch kostengünstigere Alternativen zum selben Ergebnis gelangen zu können (LSG Niedersachsen-Bremen, L 13 SB 71/20 B, Beschluss vom 12.08.2020).

9.3.4 Kostenerstattung bei erfolgreicher Klage

Bei einem Urteil wird durch das Gericht auch über die Verteilung der außergerichtlichen Kosten (Rechtsanwalt, Rentenberater usw. des Klägers bzw. Bescheidempfängers) entscheiden. Die Höhe richtet sich nach einer gesetzlichen Rahmengebühr (RVG, Rechtsanwaltsvergütungsverordnung). Dem Grunde nach muss der „Verlierer" die Rahmengebühren tragen.

Literatur

1. Deutsches Anwaltsinstitut(2015), Erfolgreiche Prozessführung im Sozialrecht, Bochum.
2. Finkenbusch, Norbert (2013), Das sozialrechtliche Verwaltungsverfahren, Regensburg
3. Knödler, Christop u.a., (2014), Antragstellung und Widerspruchsverfahren in der Sozialen Arbeit, Regensburg.
4. Niesel, Klaus (2017), Der Sozialgerichtsprozess, Sinsheim.

Hilfe von Experten 10

Zusammenfassung

Hilfe im Rentenrecht erfordert eine besondere Sachkunde. Neben theoretischen Kenntnissen der SGB (Sozialgesetze), insbesondere im SGB I, IV, VI sowie SGG, ZPO usw., sind praktische Erfahrungen häufig von entscheidender Bedeutung, um einen Sachverhalt richtig einschätzen zu können und um passgenau durch den Behördendschungel zu leiten. Neben den in dieser Darstellung Aufgeführten gibt es zahlreiche Ausnahmen, häufige Änderungen in der Gesetzgebung usw. Will man sich in allen Einzelheiten zur ganz persönlichen Situation informieren, ist die Hilfe einer fachkompetenten Person sinnvoll. Fachkompetente Stellen sind zum Beispiel Rechtsanwälte für Sozialrecht, neutrale Rentenberater, Deutsche Rentenversicherung – Beratungsstellen, Sozialverbände.

§ 13 SGB X beinhaltet die Vertretungsfunktion des Bevollmächtigten vor Behörden und Gerichten:

§ 13 SGB X

(1) *Ein Beteiligter kann sich durch einen Bevollmächtigten vertreten lassen. Die Vollmacht ermächtigt zu allen das Verwaltungsverfahren betreffenden Verfahrenshandlungen, sofern sich aus ihrem Inhalt nicht etwas anderes ergibt. Der Bevollmächtigte hat auf Verlangen seine Vollmacht schriftlich nachzuweisen. Ein Widerruf der Vollmacht wird der Behörde gegenüber erst wirksam, wenn er ihr zugeht.*

(2) *Die Vollmacht wird weder durch den Tod des Vollmachtgebers noch durch eine Veränderung in seiner Handlungsfähigkeit oder seiner gesetzlichen Vertretung aufgehoben, der Bevollmächtigte hat jedoch, wenn er für den Rechtsnachfolger im Verwaltungsverfahren auftritt, dessen Vollmacht auf Verlangen schriftlich beizubringen.*

(3) *Ist für das Verfahren ein Bevollmächtigter bestellt, muss sich die Behörde an ihn wenden. Sie kann sich an den Beteiligten selbst wenden, soweit er zur Mitwirkung verpflichtet ist. Wendet sich die Behörde an den Beteiligten, muss der Bevollmächtigte verständigt werden. Vorschriften über die Zustellung an den Bevollmächtigten bleiben unberührt.*

(4) *Ein Beteiligter kann zu Verhandlungen und Besprechungen mit einem Beistand erscheinen. Das von dem Beistand Vorgetragene gilt als von dem Beteiligten vorgebracht, soweit dieser nicht unverzüglich widerspricht.*

(5) *Bevollmächtigte und Beistände sind zurückzuweisen, wenn sie entgegen § 3 des Rechtsdienstleistungsgesetzes Rechtsdienstleistungen erbringen.*

(6) *Bevollmächtigte und Beistände können vom Vortrag zurückgewiesen werden, wenn sie hierzu ungeeignet sind, vom mündlichen Vortrag können sie nur zurückgewiesen werden, wenn sie zum sachgemäßen Vortrag nicht fähig sind. Nicht zurückgewiesen werden können Personen, die nach § 73 Abs. 2 Satz 1 und 2 Nr. 9 bis 9 des Sozialgerichtsgesetzes zur Vertretung im sozialgerichtlichen Verfahren befugt sind.*

(7) *Die Zurückweisung nach den Absätzen 5 und 6 ist auch dem Beteiligten, dessen Bevollmächtigter oder Beistand zurückgewiesen wird, schriftlich mitzuteilen. Verfahrenshandlungen des zurückgewiesenen Bevollmächtigten oder Beistandes, die dieser nach der Zurückweisung vornimmt, sind unwirksam.*

10.1 Rechtsanwälte für Sozialrecht

Innerhalb der Berufsgruppe der Rechtsanwälte haben sich die Fachanwälte für Sozialrecht spezialisiert. Sie bearbeiten den Bereich „Soziales", wie zum Beispiel Kranken- und Arbeitslosenrecht sowie Rentenversicherungsrecht.

Laut Bundesrechtsanwaltskammer ist grundsätzlich eine dreijährige Zulassung und Tätigkeit innerhalb der letzten sechs Jahre vor Antragsstellung vorzuweisen. Es ist notwendig, dass Fälle des Sozialrechts weisungsfrei bearbeitet werden. Der Nachweis der besonderen theoretischen und praktischen Kenntnisse muss in einer Prüfung dargelegt werden. Weitere Einzelheiten sind in der Fachanwaltsordnung (FAO) aufgeführt.

Die Tätigkeiten der Rechtsanwälte sind kostenpflichtig. Die Vergütungen richten sich nach Umfang bzw. Aufwand der Arbeiten bzw. nach dem Rechtsanwaltsvergütungsgesetz.

10.2 Neutrale Rentenberater

Der Bundesverband der Rentenberater (www.Rentenberater.de) beschreibt diese Berufsgruppe wie folgt: „Rentenberaterinnen und Rentenberater sind keine Mitarbeiter der Deutschen Rentenversicherung oder eines Versicherungsunternehmens. Rentenberaterinnen und Rentenberater sind aufgrund ihrer besonderen Sachkunde zur unabhängigen Rechtsberatung im Bereich des Sozialrechts und weiterer Rechtsgebiete zugelassen."

Den Titel des Rentenberaters dürfen nur Personen führen, die eine theoretische und praktische Sachkunde gegenüber der zuständigen Behörde (meist eines Gerichtes) nachweisen können (§ 12 Abs. 3 RDG). Erst nach Prüfungen und umfangreichen praktischen Erfahrungen und der Genehmigung durch ein Gericht erhält der Rentenberater eine Zulassung und wird in das Rechtsdienstleistungsregister eingetragen.

Rentenberater ist somit eine geschützte Berufsbezeichnung (ähnlich wie Steuerberater). Wer ohne die erforderliche Registrierung derartige Rechtsdienstleistungen vollbringt oder die geschützte Berufsbezeichnung Rentenberater ohne Registrierung führt, kann mit einer Geldbuße bis zu 50.000 € belegt werden (Rechtsdienstleistungsgesetz).

Die Tätigkeiten der Rentenberater sind kostenpflichtig. Die Vergütungen richten sich nach Umfang bzw. Aufwand der Arbeiten bzw. nach dem Rechtsanwaltsvergütungsgesetz.

10.3 Deutsche Rentenversicherung

Die Deutsche Rentenversicherung gliedert sich in Bundesträger und Regionalträger als Körperschaften des öffentlichen Rechts. Der Bundesträger, also die Deutsche Rentenversicherung Bund und die Deutsche Rentenversicherung Knappschaft-Bahn-See, nehmen in erster Linie Grundsatzaufgaben wahr. Die Regionalträger, also die Deutsche Rentenversicherung mit einem jeweiligen Zusatz wie zum Beispiel Baden-Württemberg oder Hessen, sind auf die einzelnen Bundesländer verteilt und jeweils regional zuständig.

Die Beratungsstellen der Deutschen Rentenversicherung sind aufgelistet unter der Homepage der Deutschen Rentenversicherung (www.deutsche-Rentenversichung.de).

Daneben sind sog. Versichertenälteste als ehrenamtliche Mitarbeiter der Deutschen Rentenversicherung tätig. Sie helfen beim Ausfüllen von Anträgen und Formularen und können auch (teilweise) fachliche Fragen beantworten.

Die Tätigkeiten der Deutschen Rentenversicherung sind dem Grund nach kostenfrei.

Die Träger der Deutschen Rentenversicherung (Ansprechpartner) nach Bundesländern:

Zentralen
Deutsche Rentenversicherung Bund
Ruhrstraße 2, 10709 Berlin

Telefon: 030/865-0
Deutsche Rentenversicherung Knappschaft-Bahn-See
Pieperstraße 1428, 44789 Bochum

Telefon: 0234/304-0

Zweigstellen Deutsche Rentenversicherung
Baden-Württemberg
Gartenstraße 105, 76135 Karlsruhe

Telefon 0721/825-0
  Bayern Süd
Am Alten Viehmarkt 2, 84028 Landshut

Telefon 0871/81-0
  Berlin-Brandenburg

Bertha-von-Suttner-Straße 1, 15236 Frankfurt (Oder)
Telefon 0335/551-0

10.3 Deutsche Rentenversicherung

Braunschweig-Hannover
Lange Weihe 6, 30880 Laatzen.

Telefon 0511/829-0
Hessen

Städelstraße 28, 60596 Frankfurt am Main
Telefon 069/6052-0

Mitteldeutschland
Georg-Schumann-Straße 146, 04159 Leipzig

Telefon 0341/5505-5
Nord

Ziegelstraße 150, 23556 Lübeck
Telefon 0451/485-0

Nordbayern
Wittelsbacherring 11, 95444 Bayreuth

Telefon 0921/607-0
Oldenburg-Bremen

Huntestraße 11, 26135 Oldenburg
Telefon 0441/927-0
Rheinland

Königsallee 71, 40215 Düsseldorf
Telefon 0211/937-0

Rheinland-Pfalz
Eichendorffstraße 46, 67346 Speyer

Telefon 06.232-17-0
Saarland

Neugrabenweg 24, 66123 Saarbrücken
Telefon 0681/3093-0

Schwaben
Dieselstraße 9, 86154 Augsburg

Telefon 0821/500-0
Westfalen

Gartenstraße 194, 48147 Münster
Telefon 0251/238-0

10.4 Sozialverbände

Sozialverbände sind in der Regel für Privatpersonen ein Ansprechpartner zum Themenbereich Sozialrecht. Ob einige Sozialverbände auch Selbständige unterstützen, sollte vorher abgeklärt werden.

Gewerkschaftlicher Rechtsschutz
Einige Gewerkschaften bieten ihren Mitgliedern Unterstützung in sozialrechtlichen Angelegenheiten. Häufig sind dies Unternehmen (z. B. gewerkschaftsnahe GmbHs), die im Auftrag der Gewerkschaft für deren Mitglieder Unterstützungsleistungen anbieten. Die Unterstützungsleistung erfolgt häufig durch Rechtsanwälte. Mögliche Kosten sollten vorher abgeklärt werden.

Sozialverbände
Sozialverbände unterstützen ihre Mitglieder in sozialen Fragen. Hierfür ist es nötig, in einen Verband bzw. Verein als (zahlendes) Mitglied einzutreten. Die Unterstützungsleistung erfolgt häufig durch ehrenamtliche Mitglieder, bei rechtlichen Fragestellungen auch durch Rechtsanwälte.

Die größten Sozialverbände
Laut Internetauftritt des SoVD (www.sovd.de) handelt es sich um eine soziale, humanitäre und sozialpolitische Selbsthilfeorganisation. Der SoVD vertritt die Interessen der Mitglieder auf Bundes- und Landesebene und ist in allen Bundesländern zu finden.

Der Sozialverband VdK gliedert sich in den Bundesverband mit Sitz in Berlin sowie Landes-, Kreis- und Ortsverbände. Der Verbandsname VdK war ursprünglich die Abkürzung für „Verband der Kriegsbeschädigten, Kriegshinterbliebenen und Sozialrentner Deutschlands e. V.". Er wurde im Jahre 1950 gegründet. Einzelheiten erfahren Sie auf der Homepage www.vdk.de

Glossar

Aktueller Rentenwert Entspricht den Wert eines Entgeltpunktes und wird jeden ersten Juli des Jahres angepasst. Die Berechnung erfolgt aus den Beiträgen eines Durchschnittsverdieners.

Anforderungsprofil Das (tätigkeitsbezogene) Anforderungsprofil ist die Gesamtheit aller qualitativen und quantitativen Merkmale, die zur Ausübung einer genau definierten beruflichen Tätigkeit erforderlich sind.

Auf nicht absehbare Zeit Eine Erwerbsminderungsrente wird nur dann zugesprochen, wenn die rentenrelevante Erkrankung auf nicht absehbare Zeit vorliegt. Darunter ist ein Zeitraum von mindestens sechs Monaten zu verstehen.

Arbeitsschwere Die Einteilung erfolgt nach REFA (Verband für Arbeitsgestaltung, Betriebsorganisation und Unternehmensentwicklung e. V.). Die Klassifizierung der Arbeitsschwere ist zur Bewertung der körperlichen Beanspruchung an Arbeitsplätzen gedacht. Sie wird bei den ärztlichen Diensten der Sozialversicherungsträger berücksichtigt. Die Beeinflussung der Arbeitsschwere wird bei der Beurteilung der Sozialmedizin einbezogen und bildet einen wesentlichen Punkt bei der sozialmedizinischen Beurteilung des (Rest)Leistungsvermögens.
Körperliche Beanspruchung:

- Grad 1: Leichte Arbeiten wie Handhaben leichter Werkstücke und Handwerkzeuge, Bedienen leichtgehender Steuerhebel und Kontroller oder ähnlicher mechanisch wirkender Einrichtungen, auch langdauerndes Stehen oder ständiges Umhergehen.

- Grad 2: Mittelschwere Arbeiten wie Handhaben 1 bis 3 kg schwergehender Steuereinrichtungen, unbelastetes Begehen von Treppen und Leitern, Heben und Tragen von mittelschweren Lasten in der Ebene (von etwa 10 bis 15 kg) oder Hantierungen, die den gleichen Kraftaufwand erfordern. Ferner: leichte Arbeiten entsprechend Grad 1 mit zusätzlicher Ermüdung durch Haltearbeit mäßigen Grades wie Arbeiten am Schleifstein, mit Bohrwinden und Handbohrmaschinen.
- Grad 3: Schwere Arbeiten wie Tragen von etwa 20 bis 30 kg schweren Lasten in der Ebene oder Steigen unter mittleren Lasten und Handhaben von Werkzeugen (über 3 kg Gewicht), auch von Kraftwerkzeugen mit starker Rückstoßwirkung, Schaufeln, Graben, Hacken. Ferner: Mittelschwere Arbeiten entsprechend Grad II in angespannter Körperhaltung, z. B. in gebückter, kniender oder liegender Stellung Höchstmögliche Dauer der Körperbeanspruchung in diesem Schweregrad bei sonst günstigen Arbeitsbedingungen (Umwelteinflüsse) = 7 Stunden
- Grad 4: Schwerste Arbeiten wie Heben und Tragen von Lasten über 50 kg oder Steigen unter schwerer Last, vorwiegender Gebrauch schwerster Hämmer, schwerstes Ziehen und Schieben. Ferner: Schwere Arbeiten entsprechend Grad III in angespannter Körperhaltung, z. B. in gebückter, kniender oder liegender Stellung. Höchstmögliche Beanspruchung in diesem Schweregrad bei sonst günstigen Arbeitsbedingungen (Umwelteinflüsse) = 6 h

Hinweis: Belastende Körperhaltungen (Haltearbeit, Zwangshaltungen) erschweren die Arbeit um eine Stufe. Belastende Umgebungseinflüsse müssen ebenfalls berücksichtigt werden.

Arbeitshaltung:
Die vorgegebenen Zeitkategorien zur Arbeitshaltung definieren den für jede Arbeitshaltung zumutbaren maximalen Zeitrahmen, aus denen sich dann auch folgerichtig die im Einzelfall erforderlichen Haltungswechsel ergeben. Die folgenden Zeitkategorien gelten im Kontext sozialmedizinischer Bewertungen für alle quantitativen Leistungsmerkmale und sind daher immer – auch im Rahmen nicht standardisierter Stellungnahmen – im Sinne der nachfolgend genannten Definitionen zu benutzen:

- ständig: 91–100 % der Arbeitszeit oder mehr als 12-mal pro Stunde
- überwiegend: 51–90 % der Arbeitszeit
- zeitweise: ca. 10 % der Arbeitszeit

- gelegentlich: ca. 5 % der Arbeitszeit.

Arbeitsorganisation:
Mit den drei unten genannten Schichtarten ist die in der Arbeitswelt vorkommende Vielzahl der Organisationsformen (Schichtregime) nicht differenziert genug abgebildet. Falls bestimmte Organisationsformen aus ärztlicher Sicht nicht zugemutet werden dürfen, müssen diese in der „Beschreibung des Leistungsbildes" genannt werden.

- Tagesschicht: Innerhalb eines Zeitrahmens von 6 bis 18 Uhr. Sie wird auch als Normalschicht bezeichnet.
- Früh-/Spätschicht: Zwei-Schichtsystem mit kontinuierlicher oder diskontinuierlicher Arbeitszeit am Tage, dabei ist ungünstiger Schichtwechsel möglich. Die oft gebrauchte "Schichtarbeit" ist kein einheitlicher Begriff, ihre Bedeutung hängt von der jeweiligen Abweichung zur Tagesschicht ab.
- Nachtschicht: Meist im Ein- oder Dreischichtsystem

Arbeitserprobung Bedeutet die praktische Abklärung von beruflichen Fähigkeiten und noch vorhandener Restleistungsfähigkeit im Rahmen einer Rehabilitation oder bei einer Beschäftigung während des Bezuges einer Erwerbsminderungsrente (siehe § 43 Abs. 7 SGB VI).

Arbeitsmarkt, verschlossen Gemäß § 43 Abs. 3 Halbsatz 2 SGB VI ergibt sich, dass bei einem Leistungsvermögen von weniger als sechs Stunden täglich die jeweilige Arbeitsmarktlage zu berücksichtigen ist. Liegt medizinisch nur eine teilweise Erwerbsminderung vor, so ist bei einem verschlossenen Arbeitsmarkt eine volle Erwerbsminderung zu leisten. Die Prüfung eines verschlossenen Arbeitsmarktes führt die Deutsche Rentenversicherung durch (Arbeitsagentur, alter Arbeitgeber).

Befundbericht Es handelt sich um einen standardisierten Bericht eines Arztes/Therapeuten für die Deutsche Rentenversicherung im Rahmen eines Erwerbsminderungsrentenverfahrens. Dieser kann nach vorheriger Untersuchung oder auch nach Aktenlage erstellt werden und beinhaltet u. a. die Diagnosen, Beschwerden, Funktionseinschränkungen.

Entwöhnungsbehandlung Es ist eine Leistung zur medizinischen Rehabilitation, ambulant oder stationär, für Versicherte, wenn eine Abhängigkeit vorliegt (zum Beispiel Alkohol).

Erwerbsminderung Voll erwerbsgemindert sind Versicherte, die weniger als drei Stunden auf dem allgemeinen Arbeitsmarkt tätig sein können. Bei einer teilweisen Erwerbsminderung können die Versicherten noch zwischen drei und sechs Stunden pro Tag arbeiten. Versicherte, die noch mindestens drei, aber weniger als sechs Stunden täglich arbeiten können, erhalten eine volle Erwerbsminderungsrente, wenn sie keine Teilzeitbeschäftigung finden können und deshalb arbeitslos sind (Arbeitsmarktrente). Für Versicherte, die vor dem 02.01.1961 geboren sind, besteht noch ein Berufsschutz und sie können nicht auf eine andere Tätigkeit verwiesen werden. Gegebenenfalls erhalten sie eine Berufsunfähigkeitsrente (= halbe Erwerbsminderungsrente) auch dann, wenn sie in ihrem bisherigen oder einem zumutbaren anderen Beruf nicht mehr sechs Stunden täglich arbeiten können.

Gesundheit, auf Kosten der Auf Kosten der Gesundheit wird eine Tätigkeit dann ausgeführt, wenn diese unmitelbar eine Gefahr für die Gesundheit darstellt. Nach dem Bundessozialgericht kann eine derartige Tätigkeit beim Verfahren für eine Erwerbsminderungsrente nicht negativ ausgelegt werden.

Leistungsbild bei psychischen Störungen (Leitlinien Rehabedürftigkeit DRV) (Auszug)
- Positives Leistungsbild:
  - Sachbezogene, strukturierte, vollschichtige Tätigkeiten im Tagesdienst gelten bei psychischer Minderbelastbarkeit aufgrund des Vorliegens einer neurotischen, Belastungs-, somatoformen, Impulskontroll- und Persönlichkeitsstörung als leidensgerecht. Im Einzelfall können auch personenbezogene Tätigkeiten möglich sein. Die teilweise sehr differenzierten beruflichen Leistungsanforderungen begründen die Notwendigkeit der Erstellung eines individuellen Leistungsprofils, um einen Abgleich zu ermöglichen.
- Negatives Leistungsbild:
  - Die Beeinträchtigungen von Aktivitäten und Teilhabe durch neurotische, Belastungs-, somatoforme, Impulskontroll- und Persönlichkeitsstörungen sind sowohl störungsbezogen als auch intra- und interindividuell sehr unterschiedlich ausgeprägt. Dabei sind weniger störungsspezifische berufliche Leistungseinbußen als vielmehr trotz unterschiedlicher Symptomatik gleichartige Beeinträchtigungen der psychischen Belastbarkeit im Alltag und Berufsleben von Bedeutung.

Diese allgemeine psychische Minderbelastung manifestiert sich u.a. in einer verminderten Fähigkeit zum Umgang mit schwierigen oder konflikthaften Situationen.

Das Ausmaß der psychischen Minderbelastbarkeit hat für die Einschätzung des Leistungsvermögens sowohl in der letzten beruflichen Tätigkeit (so genannter Bezugsberuf) als auch für die angestrebte berufliche Alternative eine wesentliche Bedeutung. Belastungssituationen oder -faktoren werden häufig mit dem Begriff „Stress" bezeichnet, i. e. S. definiert als allgemeiner Oberbegriff für bestimmte Reaktionen des Organismus auf verschiedene unspezifische Reize. Sozialmedizinisch relevant ist jedoch die differenzierte Analyse der individuell vorhandenen Stressoren einerseits und der durch sie hervorgerufenen individuellen Reaktionen andererseits. Die folgenden Belastungsfaktoren/Stressoren sind für das Leistungsvermögen bei Menschen mit psychischen Störungen wesentlich:

- Psycho-physische Dauerbelastung (z. B. Daueranforderungen an Konzentration, Aufmerksamkeit, Umstellungsvermögen und emotionale Stabilität) mit möglichen Überlastungsfolgen („strain" mit psychophysischer Erschöpfung bis hin zu manifester psychopathologischer Symptomatik)
- Besonderer Zeitdruck, gehobene Verantwortung für Personen und/oder Sachwerte
- Lärm, überdurchschnittlich hohe Kommunikationsdichte. Ein zusätzlicher, die Erwerbsfähigkeit in der Regel jedoch nicht erheblich beeinträchtigender Aspekt besteht in drohender Arbeitslosigkeit sowie zunehmender Entsolidarisierung in der Arbeitswelt mit zunehmender Unzufriedenheit und Sinnentleerung, aber auch vielfältiger psychophysischer Symptomatik wie Schlaf- und Appetitstörungen, Spannungskopfschmerzen und abnormer Ermüdbarkeit.

Glaubhaftmachung Wenn keine Nachweise vorhanden sind, können bestimmte Tatsachen (zum Beispiel Beitragszeiten) glaubhaft gemacht werden. Die Tatsachenbehauptung muss überwiegend wahrscheinlich sein. Hierzu können Zeugenaussagen oder eine eidesstattliche Versicherung vorgelegt werden. Dabei werden strenge Maßstäbe angelegt. Die Entgeltpunkte für glaubhaft gemachte Beitragszeiten werden um ein Sechstel gekürzt.

Gutachten Es ist allgemein ein dokumentiertes Ergebnis einer Begutachtung durch einen Sachverständigen auf den Einzelfall bezogen. Bei einem Gutachten zur Prüfung einer ggf. vorhandenen Erwerbsminderung sind umfangreiche Qualitätsstandards zu berücksichtigen..

Hinzuverdienstgrenzen Seit dem 01.01.2023 sind die Hinzuverdienstgrenzen für Altersrenten gestrichen worden. Für Erwerbsminderungsrenten existieren noch Hinzuverdienstgrenzen.

Beim Bezug einer Rente wegen teilweiser Erwerbsminderung ergibt sich ab Januar 2024 eine jährliche Mindesthinzuverdienstgrenze von 37.117,50 € (6/8tel der 14-fachen monatlichen Bezugsgröße), bei Renten wegen voller Erwerbsminderung sind es 18.558,75 € (3/8tel der 14-fachen monatlichen Bezugsgröße). Wurde vor dem Eintritt der teilweisen Erwerbsminderung ein höheres Einkommen erzielt, gilt hier die höhere individuell-dynamische Grenze. Die Hinzuverdienstgrenzen ändern sich jedes Jahr, da sich die Berechnungsgröße (Bezugsgröße) jedes Jahr ändert.

Klage: Gegen einen Widerspruchsbescheid kann beim Sozialgericht Klage erhoben werden. Die Klage muss innerhalb eines Monats nach Zustellung des Widerspruchsbescheides eingeleitet werden. Bei einem Wohnsitz im Ausland beträgt die Frist drei Monate. Die Klage kann schriftlich oder mündlich in der Geschäftsstelle des Gerichts zu Protokoll gegeben werden. Das Verfahren ist in der Regel kostenlos. Es besteht kein Anwaltszwang.

Leistungen zur Teilhabe: Es sind Leistungen der Deutschen Rentenversicherung zur medizinischen Rehabilitation und zur Teilhabe am Arbeitsleben. Sie haben Vorrang vor Rentenleistungen. Darüber hinaus können sonstige Leistungen zur Teilhabe erbracht werden.

Leistungsfall: Bezeichnet im Bereich der Deutschen Rentenversicherung den Zeitpunkt, in dem sämtliche Voraussetzungen für eine Rentenleistung erfüllt sind.

Mitwirkungspflicht: Die Mitwirkungspflicht besteht für jeden Versicherten, der eine Leistung beantragt oder erhält. Im Rahmen der Mitwirkungspflicht im Zusammenhang mit einem Antrag auf Erwerbsminderungsrente sind die zumutbaren ärztlichen und psychologischen Untersuchungen zu dulden. Wird durch mangelnde Mitwirkung die Aufklärung des Sachverhalts erheblich erschwert, hat die Deutsche Rentenversicherung die Möglichkeit, die Rente so lange ganz oder teilweise zu versagen, bis der Rentenberechtigte die Mitwirkung nachgeholt hat.

Rechtsbehelf/Rechtsmittel: Das ist die Möglichkeit, den Bescheid einer Behörde objektiv prüfen zu lassen. Dies sind u. a. innerhalb der gesetzlichen Rentenversicherung

- Widersprich, bei der Behörde einzureichen,
- Klage, beim Sozialgericht einzureichen,
- Berufung beim Landessozialgericht,
- Revision beim Bundessozialgericht

Rechtskraft Nach Ablauf der Rechtsbehelfsfrist von einem Monat wird der Bescheid für den Empfänger bindend (oder rechtskräftig). Dann können der Inhalt beziehungsweise die Folgen des Bescheides nur noch unter ganz bestimmten, erschwerten Bedingungen geändert werden. Dies ist zum Beispiel der Fall, wenn der Bescheid offensichtlich falsch ist oder der Berechtigte neue Unterlagen vorlegt, die eine andere rechtliche Beurteilung ermöglichen.

Rehabilitationsbedürftigkeit Rehabilitationsbedürftigkeit liegt vor, wenn den beruflichen Anforderungen behinderungsbedingt nicht entsprochen werden kann, d. h., das Anforderungsprofil des Bezugsberufs nicht dem Leistungsbild des Versicherten entspricht. Unter Einbeziehung der branchenüblichen Anforderungen oder des konkreten Arbeitsplatzes muss sozialmedizinisch geprüft werden, ob folgende Situationen vorliegen:

- Eine erhebliche Gefährdung der Leistungsfähigkeit liegt vor, wenn wegen behinderungsbedingter Funktionseinschränkungen die Bezugstätigkeit nicht mehr ausgeübt werden kann, in absehbarer Zeit mit einer Minderung der Leistungsfähigkeit im Erwerbsleben zu rechnen ist oder das Fortschreiten der Erkrankung durch die beruflichen Belastungen begünstigt wird.
- Eine Minderung der Leistungsfähigkeit liegt vor, wenn länger dauernde oder bleibende Funktionseinschränkungen vorliegen, die ohne Durchführung von LTA zu einer Erwerbsminderungsrente führen würden.

Verweisungstätigkeit Bedeutet, dass die Deutsche Rentenversicherung den Versicherten auf eine andere Tätigkeit als die zuletzt ausgeübte oder erlernte Tätigkeit verweisen kann. Hier kann er trotz der vorliegenden gesundheitlichen Einschränkungen noch beruflich tätig und arbeitsfähig sein.

Renten, befristet Renten wegen Erwerbsminderung werden seit 2001 grundsätzlich befristet und beginnen frühestens mit dem siebten Kalendermonat nach Eintritt der Erwerbsminderung. Die Befristung erfolgt längstens für drei Jahre und kann insgesamt neun Jahre betragen. Danach wird die befristete Rente zur unbefristeten Rente. Renten auf Dauer gibt es nur, wenn aus ärztlicher Sicht eine Besserung des Gesundheitszustandes nicht zu erwarten ist.

Widerspruch Ist der Versicherte mit einem eingehenden Bescheid der Deutschen Rentenversicherung nicht einverstanden (etwa einem Ablehnungsbescheid für eine Erwerbsminderungsrente), kann innerhalb einer Frist von einem Monat ein Widerspruch bei der Behörde eingereicht werden. Die konkrete Adresse für den Widerspruch (Rechtsbehelfsbelehrung) befindet sich im Bescheid. Die Monatsfrist verlängert sich auf drei Monate bei einem Wohnsitz im Ausland

Zurechnungszeit Um Versicherten, die bereits vor dem vollendeten Lebensalter von 65 Jahren und 8 Monaten erwerbsgemindert sind, eine höhere Rente zu sichern, werden Zeiten hinzuaddiert, sog. Zurechnungszeiten.

GPSR Compliance
The European Union's (EU) General Product Safety Regulation (GPSR) is a set of rules that requires consumer products to be safe and our obligations to ensure this.

If you have any concerns about our products, you can contact us on

ProductSafety@springernature.com

In case Publisher is established outside the EU, the EU authorized representative is:

Springer Nature Customer Service Center GmbH
Europaplatz 3
69115 Heidelberg, Germany

www.ingramcontent.com/pod-product-compliance
Lightning Source LLC
LaVergne TN
LVHW020346260326
834688LV00045B/1567